T0299039

بسم الـله الرحمن الرحيم

التقويم التربوي

التقويم التربوي

د. رافدة الحريري
2008

دار المناهج للنشر والتوزيع

الفهرس

الفصل الرابع
تقويم نتائج التعلم المعرفية

الفصل الخامس
مراحل التقويم التربوي وإجراءاته

الفصل السادس
مجالات التقويم الأساسية والوظيفية
((تقويم المتعلم))

الفصل السابع
تقويم المعلم

الفصل الثامن
تقويم المنهج الدراسي

الفصل التاسع

توجهات حديثة في التقويم التربوي

الفصل العاشر
أنشطة تدريبية

مقدمة

يعد التقويم التربوي أساس النظام التربوي والتعليمي، فهو يشكل أرضيته الصلدة ويدفع به نحو التطور المستمر والمتلاحق، فهو لا يقتصر على الامتحانات ومراجعة أعمال التلاميذ فحسب، بل يتناول كل جزيئات العملية التربوية والتعليمية بما تشتمل عليه من مناهج وطرق تدريس وإعداد الكوادر، والإدارة المدرسية والتعليمية والمباني والمرافق والوسائل والمعدات والامتحانات وما إلى ذلك.

وعملية التقويم التربوي لا تؤتي ثمارها إلا بالاستمرارية دون توقف وبملاحقة المستجدات والتطورات المتلاحقة في مجال التربية والتعليم، فالتقويم علم له أصوله وأهدافه وخصائصه مما يجعل دراسة هذا العلم في مجال التربية والتعليم أمراً هاماً وضرورياً لتزويد الدارسين بالمهارات والعلوم والنظريات اللازمة لعلم التقويم التربوي

ويتناول هذا الكتاب من خلال فصوله المتعددة مفهوم التقويم التربوي، العلاقة بين مفاهيم التقويم والتقييم والقياس، أهمية التقويم، وظائفه وأهدافه، أنواعه وأدواته، مراحله وإجراءاته، مجالاته الأساسية، وأهم التوجهات الحديثة في مجال التقويم التربوي. كما يعرض هذا الكتاب نماذج متعددة لأدوات التقويم المختلفة ليستفيد منها الدارس في هذا المجال.

ويقدم هذا الكتاب بجهده المتواضع صورة شاملة متكاملة عن أساسيات التقويم التربوي والتي قد ينتفع بها العاملون في حقل التربية والتعليم. أسأل الله أن يقدم هذا العمل ولو الجزء اليسير من الفائدة لقارئيه الكرام.

" ربنا لا تؤاخذنا إن نسينا أو أخطأنا "

الفصل الأول

التقويم التربوي

مفهومه، أهميته، أهدافه، ووظائفه

عناصر الفصل

- مفهوم التقويم التربوي

- التقويم التربوي والتقويم التعليمي

- العلاقة بين مفهوم التقويم التربوي وكل من: التقييم والقياس

- أهمية التقويم في التربوي .

- أهداف التقويم التربوي

- وظائف التقويم التربوي

- معايير عملية التقويم التربوي

- مراجع الفصل

13

الفصل الأول

التقويم التربوي

مفهومه، أهميته، أهدافه، ووظائفه

مفهوم التقويم التربوي

قال تعالى في محكم كتابه العزيز "لقد خلقنا الإنسان في أحسن تقويم" (التين4) وهذا يعني انه سبحانه صور الإنسان بشكل حسن وميزه بالعقل والتفكير وأحسن خلقه بصورة قويمة أي سليمة دون اعوجاج أو خلل.

ويعرف التقويم التربوي بأنه عملية منظمة لجمع البيانات ثم تفسيرها وتقييمها، فالحكم عليها، وبالتالي الشروع باتخاذ إجراءات عملية في شأنها بهدف التغيير والتطوير. (دروزة، 2005) كما أنه عملية تربوية تتطلب الدراسة المستفيضة والبحث والنظر والإمعان والتحقيق والتمحيص والتثمين للموضوع المراد تقويمه. وهذا يتطلب العمل المنظم لجمع البيانات والمعلومات بطريقة صادقة وموضوعية ومن ثم تحليلها وتفسيرها وتبويبها بهدف التوصل إلى نتائج يمكن الحكم بواسطتها على قيمة الموضوع وبيان حسناته وسيئاته، بهدف اتخاذ القرار واتخاذ الإجراءات الفعلية اللازمة لسد النقص والإصلاح. (المرجع السابق)

والتقويم بحد ذاته إصدار حكم شامل وواضح على ظاهرة معينة بعد القيام بعملية منظمة لجمع المعلومات وتحليلها بغرض تحديد درجة تحقق الأهداف واتخاذ القرارات بشأنها.

والتقويم التربوي هو تقرير رسمي حول جودة أو قيمة برنامج تربوي أو مشروع تربوي أو منهج تربوي أو عملية تربوية أو هدف تربوي أو منتج تربوي.

وتستخدم في التقويم طرق الاستقصاء وإصدار الأحكام حيث يشمل: تقرير معايير الحكم على الجودة وما ينبغي لتلك المعايير من أن تكون نسبية أو ضمنية، جمع المعلومات والبيانات ذات العلاقة بالجوانب المختلفة لعملية التقويم، وتطبيق المعايير المرتبطة بتقرير الجودة. وهو عملية واسعة تتضمن قياس مخرجات أي نظام تربوي، وتقويم نواتجه، ومن ثم علاج ما قد يظهر من قصور فيه. كما أنه عملية منهجية منظمة مخططة تتضمن إصدار الأحكام على السلوك أو الفكر أو الوجدان أو الواقع المقاس وذلك بعد مقارنة المواصفات والحقائق لذلك السلوك أو الواقع الذي تم التوصل إليه عن طريق القياس القائم على معيار أو أساس تم تحديده بدقة. وهذا يعني أن التقويم التربوي هو الحكم على مدى تحقيق الأهداف التربوية. (يوسف والرافعي، 2001)

والتقويم التربوي هو عملية نظامية مستمرة ترمي إلى تحديد مدى تحقيق العملية التربوية لأهدافها، أي تحديد نواحي القوة ونواحي الضعف في كل مكونات المنظومة التربوية لكي يتم علاج نواحي الضعف وتعزيز نواحي القوة فيها. (سيد وسالم، 2005)

ويعتمد التقويم بصفة عامة على تحليل البيانات التربوية التي يتم الحصول عليها باستخدام وسائل القياس المختلفة وأهمها الإختبارات التربوية والنفسية بهدف التعرف على التغيرات التي تطرأ على نمو المتعلم، وتمثل العملية التربوية منظومة ذات حلقات مترابطة ومتفاعلة يؤثر بعضها في البعض الآخر ويتأثر به وتشتمل هذه الحلقات على الأهداف التربوية والمناهج الدراسية والوسائل التعليمية وأساليب وطرق التعليم والتعلم ونظم التقويم التربوي ومبدأ التفاعل بين هذه المكونات يؤكد على أن أي تحديث في احد هذه المكونات يؤثر في المكونات الأخرى، ولذلك فإن التقويم التربوي يعكس صورة النظام التعليمي بكل ما يشتمل عليه من أهداف وأساليب وممارسات ونواتج. (شعلة، 2000)

ويعرف التقويم من ناحية اللغة، تقدير قيمة الشيء أو الحكم على قيمته وتصحيح أو تعديل ما أعوج. فإذا قال شخص ما أنه قوم الشيء، فذلك يعني أنه ثمنه

وجعل له قيمة معلومة. وإذا قال انه قوم غصن الشجرة، فمعنى ذلك أنه عدله وجعله مستقيماً. أما في مجال التربية، فالتقويم هو إصدار الأحكام على قيمة الأشياء أو الموضوعات أو الأفكار. وهو أيضاً إصدار الأحكام القيمية واتخاذ القرارات العملية. (كاظم، 2001) والتقويم هو فعالية تربوية ترمي إلى معرفة نمو الطالب في اتجاه الأهداف الشاملة للتربية، ويعتمد على أساليب متعددة. (علام، 2003) وقد عرف ثورندايك وهيجين المشار إليهما في (خضر، 2004) التقويم على أنه وصف شيء ما ثم الحكم على قبول أو ملائمة ما وصف، وهو أيضاً إعطاء قيمة لشيء ما وفقاً لمستويات وصفت أو حددت سلفا. وعملية التقويم هي عملية منهجية، ومنظمة، ومخططة، تتضمن إصدار الأحكام على السلوك أو الفكر أو التوجهات أو الواقع المقاس وذلك بعد موازنة المواصفات والحقائق لذلك السلوك التي تم التوصل إليها عن طريق القياس مع معيار جرى تحديده بدقة ووضوح. (الحيلة، 2002) والتقويم عملية تعاونية مستمرة تشمل كل الوظائف الإدارية بدءً بالتخطيط وانتهاء بوظيفة التقويم ذاتها. (البنا وآخرون، 2004)

ويعتبر التقويم التربوي اسلوبا علمياً يُعنى بالتشخيص الدقيق لأي موضوع، ومؤشراً له دلالته في تحديد مدى كفاءة جميع عناصر العملية التعليمية وفي مقدمتها الإدارة المدرسية باعتبارها المحك الرئيسي في إنجاح بقية العناصر الأخرى. والتقويم هو استخدام وتحليل البيانات التي يوفرها القياس بغية اتخاذ قرارات تتعلق بإنجاح العملية التعليمية. وهو بهذا يركز على التقدير الكمي والكيفي للظواهر. (الأغبري، 2000) وعملية التقويم تشمل مدخلات الموضوع والعمليات التي تجري عليه والمخرجات التي تنتج عنه. (عريفج وآخرون، 1987)

ويعرف التقويم تربوياً بأنه: "عملية منظمة لجمع وتحليل المعلومات بغرض تحديد درجة تحقق الأهداف التربوية واتخاذ القرارات بشأنها لمعالجة جوانب الضعف وتوفير النمو السليم المتكامل من خلال إعادة تنظيم البيئة التربوية وإثرائها". (الصمادي وزميله، 2004)

نستخلص مما ذكر أعلاه، بأن التقويم التربوي هو عملية إصلاح وتعديل، وهو العملية التي يتم من خلالها تشخيص جوانب القصور في العملية التربوية ووصف العلاج اللازم لتعديل جوانب الضعف، وهو العملية التي يتم من خلالها اكتشاف مواطن القوة في العملية التربوية وتعزيزها. والتقويم عملية مستمرة شاملة لكل العناصر التي تتداخل وتتشابك فيما بينها لتشكل كل أركان العملية التربوية وذلك بغية تحقيق الأهداف المرجوة. وتهدف عملية التقويم إلى التطوير والتجديد، إضافة إلى معرفة مدى ما تحقق من الأهداف، ووضع المقترحات لتحقيق ما لم يتم تحقيقه منها.

التقويم التربوي والتقويم التعليمي

يختلف مصطلح التربية عن مصطلح التعليم، حيث أن التربية أشمل وأعم من التعليم والتعليم جزء من العملية التربوية، وعليه فإن مصطلح التقويم التربوي Educational Evalucation يختلف عن مصطلح التقويم التعليمي Instructional Evaluation ويعمد الكثير من الأشخاص إلى عدم التفريق بين التربية والتعليم حيث ينظرون إلى هذين المصطلحين على أساس أنهما مترادفان وذلك بسبب عدم توخي الدقة في ترجمة المصطلحات الأجنبية إلى اللغة العربية فكلمة Education والتي تعني تربية تترجم بعض الأحيان على أنها تعليم وهناك فرقاً كبيراً بين كلمتي Education التي تعني تربية و Instruction التي تعني تعليم. (صبري، 1999)

ويؤكد (مسعود، 1992) والمشار إليه في (يوسف والرافعي 2001) بأن الفارق في اللغة العربية بين مصطلحي (تربية وتعليم) واضحاً، فأصل كلمة تربية هو الفعل (ربى) ومضارعه (يربي) بمعنى يهذب وينشئ ويؤدب، أما أصل كلمة تعليم هو الفعل (علم) ومضارعه (يعلم) ويقال (علم الفرد) أي جعله يكتسب المعارف ويدرك. والتربية تؤدي إلى تعليم وتعلم، والتعليم هو أحد أهم أساليب التربية، وأن عملية التعليم كما اشرنا آنفاً هي جزء من عملية التربية.

ومن هذا المنطلق يتضح أن التقويم التربوي أشمل وأعم من التقويم التعليمي الذي هو جزء من التقويم التربوي وهو الجانب الإجرائي منه. والتقويم التعليمي هو

عملية الحكم على مدى تحقق أهداف أي نظام أو مؤسسة تعليمية وهو عملية منهجية تقوم على أسس علمية تستهدف إصدار الحكم بدقة وموضوعية على مدخلات ومخرجات أي نظام تعليمي، وتحديد مواطن القوة والضعف في كل منهما واتخاذ القرارات والإجراءات اللازمة لعلاج وإصلاح ما يتم تحديده من مواطن القصور، وهكذا نجد أن الفرق بين التقويم التربوي والتقويم التعليمي هو فارق في درجة العمومية والشمول، أي أنه فارق في الدرجة وليس في النوع، وتبقى العلاقة وثيقة بينهما، ويلتقي التقويم التربوي مع التقويم التعليمي في عدة نقاط هي: الأهمية، الهدف، الأساليب، الإجراءات، الوسائل، والنظم، لكنه يختلف عنه في عمومية المجال فهو أي التقويم التربوي يشمل كافة الميادين والمؤسسات والمشروعات والعمليات التي تستهدف تحقيق أهدافا تربوية مباشرة أو غير مباشرة، فهو يتعدى المؤسسات التعليمية التي يركز عليها التقويم التعليمي ليمتد إلى غيرها من المؤسسات التربوية الأخرى التي يمثل العمل التربوي هدفاً مباشراً لها، أو التي يكون لها أهدافاً تربوية ضمنية غير مباشرة. ولذلك فإن التقويم التعليمي يمثل جانباً واحداً من جوانب التقويم التربوي الذي يتضمن إصدار أحكام عن العملية التعليمية. (يوسف والرافعي، 2001)

العلاقة بين مفهوم التقويم التربوي وكلاً من التقويم والقياس

Evaluation, Assessment and Measurement

سبقت الإشارة إلى أن عملية التقويم التربوي هي العملية التي يحكم بها على مدى نجاح العملية التربوية في تحقيق الأهداف المنشودة وهي عملية ترمي إلى معرفة مدى تحقق التغييرات المرغوب بها في سلوك المتعلمين أو معرفة مدى تقدمهم نحو الأهداف التربوية المراد تحقيقها.

والتقويم هو عملية منظمة ينتج عنها معلومات تفيد في اتخاذ قرار أو إصدار حكم على قيمة معينة للأشياء أو الموضوعات أو المواقف أو الأشخاص اعتماداً على معايير أو محكات معينة. (الزيود وعليان، 2002)

أما التقييم Assessment أو التقدير فهو تحديد قيمة الشيء وهو عملية إصدار حكم على قيمة الشيء أي أنه ينطوي على شق تشخيصي فقط، والتقييم في مجال التربية يعني تقدير قيمة أي عنصر من عناصر المنظومة التربوية، وإصدار الحكم على مدى جودة تلك المنظومة.

وفي المجال التعليمي فإن التقييم هو العملية التي يمكن من خلالها تقدير قيمة مدخلات وعمليات ومخرجات أي نظام تعليمي، وإصدار الحكم على مدى جودة وفاعلية هذا النظام وتشخيص مواطن القوة والقصور في أي عنصر من عناصر النظام، وقد يتم ذلك من خلال عمليات قياس أو بدونها.

والتقييم أقدم من القياس وسابق عليه وهو يعتمد على تحديد قيمة الشيء بالحدس أو التخمين دون الاعتماد على مقاييس، ولكن في مجال التربية والتعليم لابد أن يكون التقييم معتمداً على عمليات قياس باستخدام مقاييس واختبارات على قدر كبير من الدقة والموضوعية. (يوسف والرافعي، 2001)

والتقييم يعني تقدير قيمة الشيء فهو يتناول تثمين تحصيل المتعلم وإنجازه ثم الحكم عليه بالنجاح أو الفشل في ضوء معايير صادقة وموضوعية بينما تعكس عملية التقويم معنى الإصلاح والتعديل والتغيير، بالإضافة إلى التثمين، فالمعلم على سبيل المثال يثمن تحصيل المتعلم وانجازه بهدف تشخيص نقاط القوة والعمل على تعزيزها، ونقاط الضعف والعمل على إصلاحها وعلاجها. فتقييم نتائج الاختبار الشهري للمتعلمين بهدف التعرف على المهمات التعليمية التي أتقنوها والتي لم يتقنوها بعد، والعمل على دعم مواطن القوة وعلاج مواطن الضعف هي عملية تقويم، بينما ينظر إلى تقدير المتعلمين في نهاية العام الدراسي وإعطائهم درجة تحدد مدى نجاحهم أو فشلهم ثم اتخاذ القرار الذي يقضي بترقيتهم أو إعادتهم هي عملية تقييم. (دروزة، 2005)

أما القياس فيعرف على أنه العملية التي تحدد بواسطتها كمية ما يوجد في الشيء من الخاصية أو السمة التي تقاس (خضر، 2004) والقياس عملية يتوجه من

يقوم بها إلى تعيين دليل عددي أو كمي للشيء الذي يتفحصه. وغالباً ما يتم تعيين الدليل المشار إليه بالنسبة لوحدة قياس مختارة. فالقياس إذاً عملية كمية يعبر عن نتائجه بالأرقام. (إبراهيم وآخرون، 1989)

والقياس لغة التقدير، فإذا قيل أن فلان قاس الشيء بغيره أو على غيره، فهذا يعني أنه قدرة على مثاله. وهو عملية إعطاء الأشياء أرقاماً وفق قواعد محددة. (كاظم، 2001) والقياس كما يقول بين المشار إليه في (الطيب، 1999) هو مجموعة مرتبة من المثيرات أعدت لتقيس بطريقة كمية أو كيفية بعض العمليات العقلية أو السمات أو الخصائص النفسية. ويعني القياس بالتحقيق الكمي من مدى فاعلية استراتيجيات وأهداف الإدارة المدرسية بعناصرها المختلفة، وذلك من خلال استخدام وسائل وأدوات كالملاحظة، والمقابلة، والإختبارات، والإستفتاءات والإستبيانات، وقوائم المراجعة، ومقاييس التقدير، والسجلات، وغيرها. (الأغبري، 2000) ويعرف ستيفنز المشار إليه في (الصمادي وزميله، 2004) القياس على أنه إعطاء قيم رقمية لخاصية ما بحيث يتمثل مقدار ما يتملكه الفرد أو الشيء من الخاصية وفق شروط أو قواعد معينة. وهو العملية التي يتم من خلالها التعبير عن الخصائص المختلفة للأشياء أو الحوادث أو الظواهر أو الأشياء بقيم كمية تحدد بناء على قواعد وشروط محددة. ويرى كينيث (المرجع السابق) أن القياس يتضمن التقدير، والتقدير عملية يتم من خلالها تفرقة وتمييز الأشياء، فمثلاً يمكن قياس طول الطاولة بالمتر لمعرفة طولها الحقيقي، ويمكن أيضاً تقدير طول تلك الطاولة من خلال إدراكاتنا وإحساساتنا للمثيرات البيئية المختلفة. وتعتبر عملية القياس أشمل وأدق من عملية التقدير.

وهكذا نجد من خلال التعريفات المذكورة، أن عملية القياس تمثل جزء من عملية التقويم حيث أنها تأخذ الصفة الرقمية فقط دون إصدار أي حكم على الشيء المقوم، أو تشخيص الحالة وطرح العلاج اللازم. وتتضمن عملية التقويم القياس والتقدير بينما يتضمن التقدير عملية القياس.

21

أنواع القياس ومستوياته

القياس على نوعين هما:

1- **القياس المباشر:** وهذا النوع يتعلق بقياس شيء مادي بآخر مثل قياس طول قطعة خشب على أخرى (فتح الله ، 2000)

2- **القياس غير المباشر:** وهو القياس الذي يحدث في حالة قياس تحصيل التلاميذ في مادة معينة بواسطة عدد من الأسئلة أو قياس درجة الحرارة بواسطة الترمومتر (إبراهيم وآخرون، 1989)

ويعتبر القياس المباشر أدق من القياس غير المباشر.

مستويات القياس

للقياس مستويات يمكن من خلالها معالجة المتغيرات وهذه المستويات هي:

1- **المقاييس الاسمية:** وتسمى أحياناً بالمقاييس التصنيفية، وتعتبر هذه المقاييس أبسط مستويات القياس، وفي هذا المستوى يتم تصنيف الأشخاص أو الأشياء إلى فئات تحددها قاعدة القياس، وذلك وفقاً لاشتراكها في خاصية واحدة مثل تصنيف المعلمين إلى (ذكر، أنثى) وهذه المقاييس لا تدل على ما في الشيء من سمة بصورة كمية، ولا يمكن إجراء أية عمليات حسابية عليها، وتستعمل للتمييز فقط، مثل تصنيف الطلاب إلى (راسب ناجح) أو (ابتدائي، إعدادي، ثانوي). (الظاهر وآخرون، 1999)

2- **المقاييس الرتبية:** وتدل هذه المقاييس على امتلاك الشخص لسمة معينة أكثر أو أقل من غيره، لكنها لا تدل على مدى أو مقدار ما يمتلكه كل شخص من هذه السمة. ومن أمثلة هذه المقاييس ترتيب أحسن خمسة طلاب في الصف مثل الأول، الثاني، الثالث، الرابع، الخامس. وإذا أردنا مثلاً ترتيب أفراد أسرة ما حسب العمر فإننا نرتبهم كالتالي: أ، ب، ج، د، هـ وهذا يعني أن (أ) أكبر من (ب) و(ب) أكبر من (ج) وهكذا (الظاهر وآخرون، 1999).

3- **المقاييس الفئوية:** وتسمى أحياناً بقياس الفترة أو المسافة، ذلك لأنها مقاييس تبرز فيها وحدة القياس التي ترتبط بالرقم أو القيمة الدالة على السمة وهذه

4- المقاييس أرقى من القياس بمستوى الرتبة، حيث تحتمل الأرقام هنا معنى كمياً. (إبراهيم وآخرون، 1989) وهذا يتيح الفرصة لتحديد الفروق في السمة مقدرة بالوحدات، فمثلا نقول أن الفرق بين العلامتين 85 و80 هو 5 علامات. فالطالب الذي علامته 85 أعلى بخمس نقاط من تحصيل الطالب الذي حصل على علامة 80 وهكذا. والمقاييس الفئوية تتميز بوجود الصفر الافتراضي وهو لا يمثل غياب السمة أو انعدامها، ومن أمثلة هذه المقاييس موازين الحرارة، فإذا قلنا أن درجة الحرارة هذا اليوم صفر فهذا لا يعني أنه لا توجد حرارة للجو، ولكنه يعني أن درجة الحرارة هي عند النقطة التي تمثل درجة تجمد الماء. وحصول الطالب على صفر في الامتحان لمادة ما، لا يدل على أن الطالب لا توجد لديه أي معلومات في المادة التي جرى فيها الاختبار. (الصمادي وزميله، 2004)

5- **المقاييس النسبية:** تعد هذه المقاييس أرقى الأنواع، حيث أنها تمتاز بأن لها وحدات متساوية، ولها صفر مطلق، ويمكن إجراء العمليات الحسابية عليها. والصفر المطلق يدل على غياب أو انعدام السمة أو الخاصية. ومثال ذلك متغيرات: الطول، الوزن، السرعة، الحجم، والدخل الشهري وغيرها. (المرجع السابق) ومن أمثال هذه المقاييس هو أننا نستطيع أن نقول أن الشيء الذي طوله 4 أمتار ضعف الشيء الذي طوله متران. (الظاهر وآخرون، 1999) أن استخدام هذه المقاييس في مجال التربية وعلم النفس يعتبر نادراً، فالشخص لا يمكن أن يتدنى مستوى الذكاء لديه إلى الصفر، ليعني أنه عديم الذكاء.

وهكذا نجد أن هناك علاقة وثيقة بين التقويم والتقييم والقياس وأن هناك فروقاً بين تلك المصطلحات الثلاثة، حيث أن التقويم يشتمل على التقييم والقياس، وأن القياس يقودنا إلى التقييم والتقدير. أي أن كل عملية من العمليات الثلاثة تقود إلى العملية التي تليها وتساعدها في إتمام مهامها بنجاح ودقة وهي بالترتيب (سيد وسالم 2005) تكون كالتالي:

القياس ← التقييم ← التقويم

القياس إعطاء قيمة رقمية للأشياء

التقييم تقدير قيمة الأشياء (تشخيص)

التقويم (اتخاذ القرارات لأجل التحسين)

والجدول التالي يوضح العلاقة بين مفاهيم التقويم والتقييم والقياس والفرق بينهم، حيث أنهم يختلفون في الإجراءات إلا أنهم يرتبطون ببعض لخدمة غرض واحد هو اتخاذ القرارات أو إصدار أحكاما معينة تتعلق بالأهداف الموضوعة مسبقاً

التقويم	التقييم	القياس
هو عملية إصدار حكم على أهمية شيء ما من حيث التكاليف المناسبة أو من حيث الفعالية ويكون مقارناً أو نسبياً يتم في ضوء معايير متفق عليها أو محكات اختيارية (الخليلي 1985)	هو عملية تقدير قيمة الأشياء وتشخيصها	يشير مصطلح القياس إلى مجموعة من الإجراءات التي تتضمن تحديد وتعريف ما يجب قياسه وترجمته إلى معلومات يسهل وضعها بمستوى مقبول من الدقة (عودة 1985)
التقويم أعم وأشمل من القياس حيث أن عملية التقويم تتضمن وسائل عديدة إضافة إلى القياس كالملاحظة والمقابلة والرجوع إلى السجلات وغيرها، والتقويم مصطلح شامل وعام ويتولى القيام بعملية التقويم جميع القائمين على العملية التعليمية بكاملها، مع انه يشتمل على عملية التقدير التي تتضمن القياس. والتقويم تقدير كمي ووصفي للسلوك والمستويات (فتح الله 2000)	التقييم هو تقدير قيمة الشيء من خلال مخرجات أي نظام تعليمي وإصدار الحكم على مدى جودة وفاعلية هذا النظام التقييم جزء من عملية التقويم	القياس أضيق في معناه من التقويم لأنه لا يعطينا سوى فكرة جزئية عن الشيء الذي يقاس. عملية القياس تسبق عملية التقويم وتتم باستعمال إختبار أو فحص فقط (إبراهيم وآخرون 1989)

يتضح من الجدول المبين أن عملية التقويم تشتمل على عمليتي التقييم والقياس وعلاقة التقويم بالتقييم والقياس هي علاقة الكل بالجزء. والتقويم لا يعتمد على التقييم والقياس فحسب بل يلجأ إلى استخدام وسائل متعددة أخرى، لكنه لا يمكن الاستغناء عن التقييم والقياس في عملية التقويم، ذلك أن القياس يوفر فرصة جمع المعلومات وإعطاء البيانات الرقمية أو القيم الرقمية عنها، أما التقييم فهو يوفر فرصة تقدير قيمة المخرجات والمدخلات في النظام مما يفيد كثيراً في عملية التقويم التي تعتمد على ما يتوفر لها من بيانات رقمية وتقديرية ومعلومات كيفية للوصول عن طريقها إلى إصدار الحكم واتخاذ القرارات التي من شأنها خدمة الأهداف التي قامت عليها عملية التقويم.

أهمية التقويم التربوي في العملية التعليمية

يعتبر التقويم التربوي بعداً مهماً وضرورياً للإدارة والقيادات التربوية، وهو عملية مقصودة ومطلوبة يقوم من خلالها المعنيون بالإشراف والتطوير بالتأكد من نوعية المنهج وجودته وباقي جوانب العملية التعليمية وذلك بهدف التحسين والتطوير، وعملية التقويم تكشف لنا عن مدى حسن سير العملية التعليمية، كما أنها تمدنا بمؤشرات عن مدى إمكانية هذا التحسين ومن ثم يعتبر التقويم التربوي وتطوير أساليبه واحدا من المداخل الأساسية لتطوير التعليم، فهو الأسلوب العلمي الذي يتم من خلاله تشخيص دقيق للعملية التعليمية وتعديل مسارها. فهو جزء مكمل للعملية التعليمية واحد المؤشرات الهامة للتعرف على مدى كفاءة المناهج وطرق التدريس وإعداد المعلم، إلى جانب التعرف على مدى كفاءة مدخلات العمليات التعليمية الأخرى في تحقيق الأهداف التربوية المرجوة. (شعلة، 2000)

ولعملية التقويم التربوي أهمية كبرى لأنها تقدم في نتائجها معلومات ضرورية لكل من المعلمين والمتعلمين والمسئولين الإداريين وأولياء الأمور وأعضاء البيئة المحلية ولكل المهتمين بالعملية التربوية ومتابعة تطورها. وتقدم عملية التقويم التربوي معلومات تتعلق بالمتعلم، معلومات تتعلق بالمعلم، معلومات تتعلق بالمواد والبرامج التعليمية، ومعلومات تتعلق بالمسئولين والإداريين. (دروزة، 2005)

1- **معلومات تتعلق بالمتعلم:** تفيد عملية التقويم في تزويد المتعلم بمعلومات تتعلق بمستوى أدائه وتعلمه وقدراته، فهي تمده بمعلومات عن مستوى انجازه والأهداف التي حققها والأهداف التي لم يحققها بعد، والمعلومات والمهارات التي اكتسبها والتي لم يكتسبها بعد ومستوى المعلومات التي اكتسبها وغزارتها وتنوعها، وهذا يعد من الحوافز التي تدفع المتعلم إلى التعلم والمثابرة وتساعد عملية التقويم المتعلم في معرفة نقاط القوة ونقاط الضعف لديه مما يساعده في تعزيز نقاط القوة وتذليل نقاط الضعف، وتزود عملية التقويم المتعلمين بمعلومات مفيدة وقيمة عن التخصصات التي سيسجلون فيها والمهارات التي سيمارسونها، والمواد التعليمية التي سيراجعونها، كما أنها تساعد في إرشادهم نحو البرامج التربوية المناسبة والمهن المستقبلية التي تتناسب مع ميولهم واستعداداتهم وقدراتهم، هذا إضافة إلى أن عملية التقويم تمد أولياء الأمور بمعلومات حول مستويات أبنائهم وقدراتهم واحتياجاتهم.

2- **معلومات تتعلق بالمعلم:** تساعد عملية التقويم في إمداد المعلم بمعلومات حول مستوى تأهيله وأدائه ومهاراته وممارساته لطرق التدريس ومدى تمكنه من إثارة دافعية تلاميذه، والتفاعل معهم بشكل ايجابي وتنويعه في طرق التدريس وتشويق التلاميذ وشد انتباههم، ومدى قدرته على تنمية الاتجاهات الايجابية لدى تلاميذه. والتقويم التربوي يزود المعلم بالتغذية الراجعة عن نتيجة عمله ويبصره بنقاط ضعفه ونقاط قوته وبمدى قدرته على إدارة وقيادة الصف وتحقيق الانضباط داخل حجرة الدراسة وبمدى قدرته على التنويع في عملية تقويم أداء التلاميذ ومراعاة الفروق الفردية بينهم.

3- **معلومات تتعلق بالمواد والبرامج التعليمية:** تساعد عملية التقويم التربوي بإمداد المعلمين والإداريين والقائمين على تصميم المناهج التعليمية وواضعيها بمعلومات قيمة عن مدى ملائمة المنهج وما هي الثغرات الموجودة فيه والتي تحتاج إلى إعادة نظر وتقدم البرامج العلاجية والمقترحات المفيدة لزيادة فاعلية المواد التعليمية والأنشطة والبرامج التعليمية المختلفة، وتقدم المقترحات المجدية باستخدام التقنيات الحديثة والاستفادة من المستحدثات التربوية المتطورة.

4- **معلومـات تتعلـق بالمسئولين الإداريين:** مـن خـلال عمليـة التقـويم التربـوي يتمكـن المسئولين الإداريين من معرفة نوعية القرارات الواجب اتخاذها إزاء المتعلمـين في حالـة تـرقيتهم إلى صـف آخـر أو مسـتوى آخـر أو إعـادتهم للسـنة الدراسية بسـبب تـدني مستواهم التحصيلي، كما أنها تمد المسئولين الإداريين بمعلومات وبيانـات حـول مستوى العاملين والمعلمين والبرامج التي يحتاجونها للتصعيد من مستوى الأداء لديهم، وتمـدهم أيضا بالمعلومات الوافية حول مدى نجاح إداراتهـم وما هـي الثغـرات الموجودة فيها وكيفية إصلاحها، وتبـين لهم عمليـة التقـويم الاحتياجات اللازمـة للمؤسسة المدرسية والإصلاحات المطلوبة في المبنى المدرسي والمرافق التي يجب إضافتها، والتجهيزات والمواد التي تحتاجها المدرسة، إضافة إلى تلك التي تحتاج إلى صيانة أو إتلاف. وتتضح أهميـة التقويم التربوي بصورة عامة في النقاط التالية: (سيد وسالم، 2005)

1.   التعرف على مدى تحقيـق الأهـداف المنشـودة، فهـي تبـين مـن ناحيـة اتجـاه نمـو التلاميذ ومداه، ومن ناحية أخرى تبين مدى نجـاح المعلـم في عملـه ومدى قدرتـه على التنويع في استخدام طرق التدريس الفاعلة والأنشطة المصاحبة والوسائل وأدوات التقويم المختلفة.

2.   يشخص التقويم الصعوبات التي يواجهها كل من المعلم والمتعلم والإدارة المدرسية والبرامج والمنهج بمفهومه الشامل، ويقدم الحلول المناسبة بناء على ذلك التشخيص.

3.   يساعد التقويم في تحفيز التلاميذ على التعلم لأنـه يمدهم بمعلومات حـول نقـاط ضعفهم ونقاط قوتهم.

4.   يساهم التقويم في تدريب المتعلم على تقويم الأمور والحكم عـلى نفسـه ومعرفة اتجاهاته وميوله وقدراته وتقدير مـدى تحقيقـه لأهدافه التـي يرسمها في حياتـه بشكل عام.

5.   الكشف عن مدى فاعلية الجهاز التربوي والأقسام والبرامج التربوية والتعليمية

6. الاطمئنان إلى أن الجهات المختصة تقدم الخبرات اللازمة للتلاميذ.
7. الحصول على معلومات وإحصائيات تتعلق بمدى الانجازات والأوضاع الراهنة لرفع التقارير إلى المسئولين أو إلى أولياء الأمور.

إضافة إلى ما ذكر فإن عملية التقويم التربوي تقود إلى التطوير والتحسين في كل جوانب العملية التعليمية التعليمة، لاسيما إذا اتسمت بالشمول والاستمرارية.

أهداف التقويم التربوي

يهدف التقويم التربوي بشكل أساسي إلى إعادة النظر وتصحيح المسار من أجل التطوير والتحسين لنواتج ما يتم تقويمه. ويتفرع من هذا الهدف الرئيسي أهداف فرعية خاصة بعملية التقويم هي: (الصمادي وزميله، 2004) و (يوسف والرافعي، 2001) و (عبود وآخرون، 1994) و (الطيب، 1999)

1- معرفة مدى تحقق الأهداف المرسومة لبرنامج محدد.
2- الكشف عن مدى فاعلية المعلم في تقديم مادة التعلم.
3- التحقق من مدى ملاءمة المنهج المدرسي للمرحلة العمرية والنمائية للتلاميذ.
4- إرسال تقارير لأولياء الأمور حول مدى تقدم أبنائهم.
5- توفير المعلومات اللازمة لاتخاذ قرارات مختلفة مثل: ترفيع التلاميذ، تصنيفهم في مجموعات، تشخيص جوانب الضعف والقوة، اختيار مجموعة من التلاميذ لتكليفهم بمهمات محددة.
6- معرفة جوانب القصور والمعوقات في المؤسسة المدرسية والقضاء على الظواهر السلبية، والعمل على تذليل الصعوبات بعد تشخيصها.
7- تحفيز إدارة المدرسة على بذل مزيد من العمل، وتحفيز المعلم على النمو المهني، والتلميذ المتعلم على التعلم.
8- الكشف عن حاجات التلاميذ وميولهم وقدراتهم واستعداداتهم ورغباتهم.
9- معرفة اتجاهات التلاميذ.
10- معرفة نوع العادات والمهارات التي تكونت لدى التلاميذ، ومدى استفادتهم منها في حياتهم.

11- توجيــه التلاميـذ إلى أوجــه النشـاط المناسبة لقــدراتهم وميـولهم واستعداداتهم واتجاهاتهم.

12- معرفة مدى فهم التلاميذ لما درسوه مـن حقـائق ومعلومـات، ومـدى قـدرتهم عـلى الاستفادة من هذه المعلومات في حياتهم.

13- تحديد متطلبات نمو المتعلمين الشخصي (عقلياً ومهارياً ووجدانياً)

14- الحكـم عـلى مـدى ثقافة أفراد المجتمع وتحديد مـدى امـتلاكهم للحد الأدنى مـن أساسيات العلم والتكنولوجيا واتجاهاتهم العلمية.

15- تمكين التربويين من ربط البرامج التعليمية للمراحل والمستويات التعليمية المختلفـة رأسياً وأفقياً وتنظيم الخبرات التعليمية لهذه البرامج منطقياً بما يتناسب مـع خصائص نمو المتعلمين.

وظائف التقويم التربوي

يحتل التقويم مكانة كبيرة في كل مجالات الحياة بأنواعها، فلا يمكن أن يتم أي عمل دون تقويم وذلك للإشارة إلى مواطن الضعف والقوة فيه، وعملية التقويم في كل هـذه المجالات إنما هي عملية مستمرة ومشتركة في معظم الأحيان.

وهكذا الحال في مجال التربية، فوظائف التقـويم في هـذا المجال عديـدة ومتشعبة، ومستمرة، وأنها في تزايد دائـم، وذلك بسبب المستجدات والتغيرات المتلاحقة والانفجار المعرفي والتقني الذي لا يتوقف عند حد. وتتلخص وظائف التقويم التربوي في الآتي:

1- **إعداد مواقف تعليمية تتناسب والفروق الفردية:** من وظائف عمليـة التقويم التربوي الكشف عن مواطن القوة والضعف في البرامج التعليمية وعن مـدى ملاءمتها للفروق الفردية بين التلاميذ وهذا الجانب تكشفه لنا عملية التقويم التربوي. والتي يمكن في ضوء نتائجها تعديل البرامج التعليمية الخاصة بالمنهج الدراسي وطرق التـدريس بشكل يناسب ما تتطلبه الفروق الفردية بين التلاميذ في الذكاء والتحصيل والقدرات والمهارات. (الطيب، 1999)

29

2- **استثارة دوافع المتعلمين للتعلم:** أن الاختبارات بطبيعتها تنمي دوافع المتعلمين للتعلم، حيث أن معرفة التلميذ بنتائج الاختبارات التي قدمها تدعم تعلمه وتجعله أكثر جودة وأسرع تقدماً وأبقى أثراً، كما أن معرفته بما حققه من أهداف تعليمية وإدراكه لقدراته وإمكاناته، يعينه على التخطيط الواقعي لأعماله واتخاذ القرارات اللازمة لبناء مستقبله. كما أن التقويم يكشف عن مواطن القوة والضعف في تحصيل التلاميذ وجوانب نموهم المختلفة، مما يساعد على تقديم العلاج اللازم. (فتح الله ، 2000)

3- **الوظيفة الكشفية:** تساعد عملية التقويم التربوي على اكتشاف مواهب التلاميذ وقدراتهم ومهاراتهم، وميولهم، وحاجاتهم، ومشكلاتهم، مما يساعدهم على تحقيق التكيف في الحياة، إضافة إلى أن ذلك سيساعدهم بلاشك في التنبؤ بالمستقبل التعليمي وفق النتائج التي حصلوا عليها. وتساعد الوظيفة الكشفية أيضا في عملية تصنيف التلاميذ إلى مجموعات متجانسة.

4- **تقويم التقنيات التربوية:** أن التسارع المتلاحق في استخدام تقنيات المعلومات في الحقل التربوي، جعل الحاجة ماسة إلى أساليب منهجية صادقة لتقويم هذه التقنيات في إطار المناهج المدرسية. وحيث أن التقنيات في مجال التربية تتغير تغيراً مستمراً، وخاصة تقنيات الحاسوب التي هي وسيلة لتحقيق الأهداف التربوية الجديدة، وإعادة تشكيل ظروف التعليم والتدريس، ومنح المزيد من الفرص في التعلم. ولذلك فإن تقويم التقنيات التربوية التي تتناسب والاحتياجات التربوية وتطبيقات الحاسوب المتغيرة أصبح وظيفة مهمة من وظائف التقويم التربوي. ويختلف تقويم التقنيات اختلافاً واضحاً عن تقويم المواد التعليمية كالمقررات الدراسية، حيث أن تقويم التقنيات يحتاج إلى مهارات متنوعة وطرق جديدة تتميز بالمرونة الكافية التي تسمح بالتعامل مع مختلف أنماط تطبيقات الحاسوب. (علام، 2003)

5- **دعم عملية اتخاذ القرارات:** تضطلع عملية التقويم التربوي بمسؤولية تسهيل ودعم عملية اتخاذ القرارات، حيث أن نتائج التقويم تمد المسئولين عن عملية اتخاذ

القرارات بمعلومات دقيقة تسهل عملية اتخاذ القرارات في مجالات عديدة مثل القبول، والتوزيع، والترقية، والاستغناء عن بعض الأفراد، ونسب الرسوب والتسرب والنجاح وغير ذلك من الأمور الكثيرة التي تشمل كل عناصر المؤسسة المدرسية. (الطيب، 1999)

6- **الوظائف التنظيمية**: تشهد المجتمعات المعاصرة تغيراً سريعاً في حياتها الرتيبة، وذلك لمواكبة التطورات والمستجدات التي تجتاح العالم كله، مع الحفاظ على قيمها وتقاليدها ومعتقداتها، وبالتالي فإن الأهداف التي يسعى المجتمع إلى تحقيقها من خلال المؤسسات التربوية، في تغير مستمر وذلك لملائمة حاجات المجتمع المتطور، والتقويم التربوي يقدم لنا نتائج تخص التعرف على الأهداف. ومدى تحقيقها، وبالتالي تعديل هذه الأهداف إذا اتضح أنها فوق المستوى أو دونه، أو أنها لم تعد صالحة لسد حاجات المجتمع المعاصر، وطبيعة التلميذ وطبيعة المادة الدراسية، وكذلك يكون ترتيب الأهداف على حسب أولوياتها. هذا من ناحية، ومن ناحية أخرى فإن عملية التقويم تساهم في وظيفتها التنظيمية في تنظيم التلاميذ في مجموعات وفقاً لمستوياتهم واستعداداتهم، وكذلك في عملية قبولهم وتوجيههم أكاديميا ومهنياً، وإتباع أفضل طرق التدريس معهم، وذلك عن طريق التعرف على كفاية المعلم في وظيفته وتقديم البرامج التدريبية اللازمة له من خلال معرفة نتائج التقويم، وكذلك تحديد تعديل مناهج إعداد المعلمين. وقد تفيد وظيفة التقويم التنظيمية في مساعدة المخططين في التعرف على كفاءة العملية التعليمية وذلك من خلال ما يقدم لهم من معلومات أساسية عن الظروف التي تحيط بالعملية التعليمية، وعن المعوقات التي تقف حائلاً دون تحقيق الأهداف المنشودة. (فتح الله ، 2000)

7- **مساعدة أولياء الأمور في التعرف على مستوى نمو أبنائهم**: تقدم عملية التقويم التربوي وظيفة في غاية الأهمية فهي تهيئ الفرصة لأولياء الأمور بالتعرف على مدى نمو أبنائهم، ومعرفة نقاط القوة ونقاط الضعف لديهم، وهذا بالطبع يدفع بأولياء الأمور للتواصل والتعاون مع المدرسة للارتقاء بمستوى أبنائهم.

8- **تحسين البيئة التربوية:** تعد حجرة الدراسة من أهم البيئات التربوية التي يشارك فيها الطلبة في مختلف مراحل التعليم، مما يستوجب التعرف على أنماط التفاعلات الاجتماعية البيئية المدرسية وتأثيرها في سلوكيات الطلبة وغيرها من نواتج التعلم. وحيث أن التقويم الشامل يشتمل على كل جزئيات وعناصر العملية التربوية، فإنه من الضروري الاستناد إلى أساليب منهجية منظمة في تقويم البيئة التربوية لمعرفة كيفية تأثر الطلبة بهذه البيئة، وتأثيرها فيهم وتوفير كل وسائل الراحة النفسية فيها كالمساحة، والتهوية والإنارة، والمعدات، بل تتناول المباني المدرسية والمرافق حيث أن تصميم المباني المدرسية، وتنظيم الفصول الدراسية يمكن أن يؤثر في النواحي النفسية والسلوك الاجتماعي للمتعلمين. (علام، 2003) هذا إضافة المرافق الأخرى كالمكتبة والمختبرات وصالات العرض وصالات الرياضة وغيرها من المرافق.

9- **تقويم أداء العاملين في المجال التربوي:** يشترك في العملية التعليمية التعلمية مجموعة من الأطراف تتداخل وتتشابك وظائفهم لتكمل بعضها الأخرى، وهذه الأطراف تشمل المعلمين، والمشرفين التربويين، ومديري المدارس، والمسئولين الإداريين، والأخصائيين الفنيين، وغيرهم ممن يساهمون في العملية التربوية، ولذلك فإن عملية التقويم تقوم بتقديم المعلومات التي تفيد في توجيه عملية الانتقاء، والإعداد، والتدريب، والتوظيف، والترقية، والمتابعة، والتنمية المهنية. وتتم عملية تقويم أداء العاملين وفق فلسفة واضحة ومعايير ثابتة متفق عليها. (المرجع السابق)

10- **دعم النشاطات اللاصفية:** إلى جانب تقويم المنهج الدراسي المعتمد، يقدم التقويم التربوي وظيفة أخرى، هي النشاطات المتنوعة والخارجة عن المنهج، مثل اللجان، والجمعيات، والرحلات، والزيارات، والمعارض، والمسرحيات، والصحف والمجلات الداخلية، والمسابقات، وما إلى ذلك. وقد تستحدث نشاطات أو تدمج نشاطات، أو تطور نشاطات، وذلك بناء على ما تقدمه عملية التقويم التربوي من نتائج وبيانات.

11- **إعادة النظر في الأهداف التربوية** وفي طرق وأساليب التدريس وفي الكتاب المدرسي والنشاطات الصفية واللاصفية، فإذا عجز التلاميذ عن إجابة أسئلة موضوع ما، فمعنى ذلك أن تعلمهم كان ناقصاً. (خضر، 2004)

12- **إجازة انتقال التلاميذ من صف إلى صف أعلى** أومن مرحلة دراسية إلى أخرى.

13- **إعداد البرامج التدريبية والعلاجية للتلاميذ وللمعلمين** بناء على تشخيص مواطن القوة والضعف لدى كل فئة منهما.

14- **تزويد التلاميذ بالتغذية الراجعة** التي تساعدهم على إدراك مدى التقدم الذي أحرزوه أو النقص الذي يجب عليهم سده.

15- **المساعدة في تحديد مسار حدوث التعلم**، فالتلاميذ يركزون في عملية التعلم على ما سيمتحنون فيه، فإذا كان المعلم يعني بإتقان الحقائق فإن التلاميذ سيوجهون عنايتهم لهذا الجانب على حساب غيره من الجوانب، مما يستوجب ضرورة مراعاة التوافق بين مجالات التقويم ومجالات الأهداف ومستوياتها. (سيد وسالم، 2005)

16- **توفير معلومات وافية وصحيحة عن الفرد أو مجموعة الأفراد** الذين يتخذ بشأنهم قرار يتعلق بتعليمهم من الناحيتين الكمية والكيفية، كذلك توفير معلومات تفيد في توضيح الطريقة التي يعامل بها الفرد في أي مجال محدد كالتدريس أو التدريب أو العلاج. (المرجع السابق)

17- **تمكين صناع القرار من اتخاذ قرارات رشيدة حول مسألة التطوير التربوي** وذلك بإمدادهم بمعلومات وبيانات دقيقة عن المستوى الحالي للأداء والظروف والإمكانات المتاحة والأمور المطلوبة لأجل تطوير وتحسين العملية التعليمية التعلمية.

إضافة إلى ما ذكر فإن عملية التقويم التربوي تساعد كثيرا في التقليل من الفاقد التعليمي والهدر التربوي وذلك عن طريق وضع الخطط العلاجية للحد من مشكلات الرسوب والتسرب وتدني المستوى التحصيلي للتلاميذ وتدني مستوى إعداد المعلمين وتكلفة التلميذ واقتصاديات الحجم.

معايير عملية التقويم التربوي

إن كل تقويم لأي برنامج أو أي فرد أو مجموعة أفراد يستند على مجموعة من المعايير التي يجب أخذها بعين الاعتبار والعمل بموجبها؛ فهناك معايير لتقويم البرامج، ومعايير لتقويم الموظفين، وأخرى لتقويم التلاميذ. وهذه المعايير التي أقرتها اللجنة المشتركة لمعايير ومستويات تقويم البرامج عام 1987 والمشار إليها في (الدوسري، 2004) والتي أجريت عليها تعديلات عديدة ومتلاحقة مواكبة للتطوير المتلاحق في تقويم البرامج تتلخص بالآتي:

1- **تحديد من لهم حصة في التقويم**: أي تحديد الأشخاص المشتركين في التقويم، أو المتأثرين بنتائجه. وذلك لتلبية حاجاتهم من التقويم.

2- **مصداقية القائم بعملية التقويم**: يجب على من يتولى مهمة التقويم لأي برنامج أو أي شخص أو أشخاص أن يكون موضع ثقة علمية وأخلاقية ومشهود له بالنزاهة والكفاءة لإجراء التقويم.

3- **انتقاء وجمع المعلومات والبيانات**: يجب على القائم بعملية التقويم جمع البيانات والمعلومات بحيث تنتقى بشكل واسع ومن مصادر متعددة، وأن تستجيب لأهداف التقويم المراد، وكذلك لحاجات ومصالح المستفيدين من التقويم.

4- **تحديد القيم**: يجب توصيف الإجراءات والأسس المنطقية المستخدمة في تفسير نتائج التقويم بعناية، وذلك من أجل جعل أسس الأحكام القيمية واضحة.

5- **وضوح تقرير عملية التقويم**: من الضروري أن يكتب تقرير عملية التقويم بشكل مفصل وواضح، والإجراءات والنتائج التي توصل إليها، وذلك لجعل المعلومات واضحة ومفهومة وغير قابلة لأكثر من تفسير.

6- **توقيت ونشر تقرير التقويم**: يجب نشر تقارير التقويم وتوصيلها إلى مستخدميها المحددين مسبقاً، لكي يتم استخدامها بشكل صحيح وفي وقتها الملائم.

7- **أثر التقويم**: يجب التخطيط لعملية التقويم، وأن تتم إجراءاتها وكتابة نتائجها بطريقة تشجع وتسهل المتابعة من قبل الأشخاص المشتركين بعملية التقويم، مـما يضمن أثـر التقويم إلى حد كبير.

8- **الإجراءات العملية**: من الضروري أن تكون إجراءات التقويم عمليـة، وذلك مـن أجل تفادي أي إرباك أو خلل يعترض عملية التقويم ويعرقل سيرها.

9- **الحيوية السياسية**: عند التخطيط لعمليـة التقويم وإجراءاتها يجـب التكهن لمختلف التوجهات السياسية والآراء المتباينة لمختلف وجهات النظر والتوجهات الفكرية التي لها مصلحة في التقويم ونتائجه، وذلك للحد من مسألة التقليل من شان التقويم وحجمه ومن أي تحيز ممكن أن يحدث.

10- **فاعلية التكلفة**: أن عملية التقويم التربوي تكلف بلاشك النفقات الكثيرة سواء المادية منها أو البشرية، ولتبرير استخدام الموارد الكثيرة والمتعددة في تقويم أي برنـامج، يجـب أن تراعي الدقة المتناهيـة في التقويم وفي مسـتوى كفاءتـه، وأن تقدم معلومـات ذات قيمة وأهمية وذلك لتجنب الهـدر في الوقـت والجهـد والمـال، هـذا إضـافة إلى جـدوى عملية التقويم وفائدتها.

مراجع الفصل الأول

1. القرآن الكريم
2. أحمد، أحمد إبراهيم (2003) الإدارة المدرسية في مطلع القرن الحادي والعشرين، القاهرة: دار الفكر العربي
3. إبراهيم، عاهد والمومني، ثاني وشطناوي، عبدالكريم والرفاعي، جاسر (1989) مبادئ القياس والتقييم في التربية. عمان: دار عمار للنشر والتوزيع.
4. الأغبري، عبدالصمد (2000) الإدارة المدرسية، البعد التخطيطي والتنظيمي المعاصر، بيروت: دار النهضة العربية.
5. البناء، رياض والحريري، رافده وشريف، عابدين (2004) إدارة الصف وبيئة المتعلم، - الكويت: الجامعة العربية المفتوحة.
6. الخليلي، خليل يوسف (1985) القياس والتقويم والتغذية الراجعة في سن الروضة، إربد: جامعة اليرموك، مركز البحث والتطوير التربوي.
7. الدوسري، راشد حماد(2004) القياس والتقويم التربوي الحديث، عمان: دار الفكر.
8. الزيود، نادر فهمي وعليان، هشام عأمر (2002) مبادئ القياس والتقويم في التربية، عمان: دار الفكر.
9. الصمادي، عبدالله والدرابيع، ماهر(2004) القياس والتقويم النفسي والتربوي، عمان: دار وائل للنشر.
10. الطيب، أحمد محمد (1999) الإدارة التعليمية، أصولها وتطبيقاتها. الاسكندرية: المكتب الجامعي الحديث.
11. الظاهر، زكريا محمد وتمر جيان، جاكلين وعبدالهادي، جودت عزت (1999) مبادئ القياس والتقويم في التربية، عمان: مكتبة دار الثقافة للنشر والتوزيع.
12. خضر، فخري رشيد (2004) التقويم التربوي، دبي: دار العلم للنشر والتوزيع.
13. دروزة، افنان نظير (2005) الاسئلة التعليمية والتقييم المدرسي، عمان: دار الشروق
14. سيد، علي أحمد وسالم، أحمد محمد (2005) التقويم في المنظومة التربوية، الرياض: مكتبة الرشد.

15. شعلة، الجميل محمد عبدالسميع (2000) التقويم التربوي للمنظومة التعليمية، القاهرة: دار الفكر العربي.

16. صبري، ماهر اسماعيل (1999) من الوسائل التعليمية إلى تكنلوجيا التعليم، الرياض: مكتبة الشقري.

17. عريفج، سامي ومصلح، خالد حسين (1987) في القياس والتقويم، عمان: مطبعة رفيدي.

18. علام، صلاح الدين محمود (2003) التقويم التربوي المؤسسي، القاهرة: دار الفكر العربي.

19. عليان، ربحي مصطفى وغنيم، عثمان محمد (2000) مناهج وأساليب البحث العلمي، عمان: دار صفاء للنشر.

20. عودة، أحمد سليمان (1985) القياس والتقويم في العملية التدريسية، اربد:دار الأمل.

21. عودة، أحمد سليمان وملكاوي، فتحي حسن (1992) أساسيات البحث العلمي،ط2، الأردن: كلية التربية جامعة اليرموك.

22. فتح الله ، مندور عبدالسلام (2000) التقويم التربوي، الرياض: دار النشر الدولي.

23. كاظم، علي مهدي (2001) القياس والتقويم في التعلم والتعليم، إربد: دار الكندي للنشر.

24. مراد، خلود علي (2001) أساليب التقويم لدى معلمي ومعلمات الحلقات الأولى من التعليم الابتدائي في ظل نظام التقويم التربوي، رسالة ماجستير غير منشورة، جامعة البحرين، كلية التربية.

25. يوسف، ماهر اسماعيل والرافعي، محب محمود (2001)التقويم التربوي، الرياض: مكتبة الرشد.

الفصل الثاني
خصائص وأنواع التقويم التربوي

عناصر الفصل

- خصائص وشروط التقويم الجيد.

- أخلاقيات التقويم التربوي.

- أنواع التقويم التربوي وتصنيفاته.

- مراجع الفصل الثاني.

الفصل الثاني

خصائص وأنواع التقويم التربوي

خصائص وشروط التقويم التربوي الجيد

بما أن التقويم التربوي الـذي يقـوم عـلى أسـاس جيـد وقاعـدة متينـة في جمع البيانـات الدقيقة وخلوها من الأخطاء، يقود إلى اتخاذ قرارات سليمة في مجال التطوير والتحسـين وبناء البرامج المختلفة في حقل التربية والتعليم، لذا فإن التقويم التربوي يجب أن يتصف بالخصائص التالية:

1- **الموضوعية**: ويقصـد بالموضـوعية إلا تتـأثر نتـائج التقويم بالعوامـل الذاتيـة للقائمـين عـلى التقويم، وإلا يعتمد التقويم على وجهات النظر الشخصية، كالتعاطف مع البعض والمحاباة، أو العكس، وأن لا يكون المقوم متوتراً أو منفعلاً لظروف خاصة يمر بها فينعكس ذلك سـلباً على نتائج التقويم التي يقدمها. ولذلك يجب أن يحتكم المقوم إلى معايير واحدة ومحددة في تحليل وتفسير نتائج عملية التقويم. (فتح الله ، 2000)

2- **الصدق**: بمعنى أن التقويم في العملية التربوية والتعليمية ينبغي أن ينطلق مباشرة مـن أهدافه ولا يحيد عنها، كما ينبغي أن ينصب مباشرة عـلى عنـاصر العمليـة التعليميـة المـراد تقويمها، هـذا إلى جانـب ضرورة اعتماد التقويم عـلى اختبـارات ومقاييس وأدوات أخـرى صادقة أي تقيس ما وضعت لقياسه. (يوسف والرافعي، 2001)

3- **الثبات**: أي أن نتـائج التقـويم لا ينبغـي أن تختلـف في حالـة تكرار عمليـة التقويم لـنفس عناصر الموقف التعليمي، أو لنفس المخرجات تحت نفس الظروف. هـذا إضافة إلى ضرورة اعتماد التقويم على أدوات قياس ثابتة لا تتغير نتائجها من وقت لآخر، فيما إذا تـم تكـرار استخدامها في ظروف واحدة. (المرجع السابق)

4- **المرونة**: مرونة التقويم تعني مواجهة ما يطرأ من بعض التغيرات على عناصر العملية التعليمية، بحيث يجب أن يعطي التقويم بدائل مرنة غير جامدة لاسيما فيما يتعلق بمسألة اتخاذ قرارات الإصلاح والعلاج. كما أن مرونة عملية التقويم تجعله مناسباً لفئات متباينة من المتعلمين لمراعاة الفروق الفردية بينهم فتنويع التقويم ينعكس بالطبع على مرونته، فكلما تنوعت أساليب التقويم ووسائله زادت مرونته وأصبح مناسباً لكل المتعلمين.

5- **البنائية**: التقويم الجيد هو ذلك التقويم الذي يهدف إلى تحسين الواقع وتطويره، بعيدا عن النقد السلبي والتركيز على العيوب وأوجه القصور التي تتعلق بالشيء المقوم. (علام، 2003)

6- **اقتصادية النفقات**: التقويم الجيد هو الذي يبني على أسس اقتصادية في نفقاته، أي أنه يجب أن يكون بأقل تكلفة مادية ممكنة، وبأقل وقت ممكن. فعلى سبيل المثال، يجب ألا يصرف التلاميذ وقتاً طويلاً في الامتحان، وألا تكلف عملية وضع أسئلة الامتحانات سعراً مرتفعاً في الطباعة واستهلاك الأوراق بشكل مسرف. (الطيب، 1999)

7- **الجدوى**: التقويم يجب أن يكون ذا فائدة، وان يكون واقعياً تسهل إجراءات تنفيذه، وهذا يستوجب التنبؤ حول احتمال تباين وجهات النظر المختلفة بين الأفراد القائمين على عملية التقويم، ومراعاة ذلك التباين عند تخطيط وتنفيذ عمليات التقويم بما يسمح لهم بالتعاون وعدم عرقلة العمل أو التحيز ضد النتائج. (علام، 2003)

8- **أن يكون التقويم هادفاً**: أن مسألة القيام بأي عمل، تتطلب تحديد الأهداف التي ينبغي تحقيقها من وراء القيام بذلك العمل، وعليه فإن تحديد ما يجب تقويمه من معارف، واتجاهات، ومهارات، وسلوكيات، وغيرها مما يراد تقويمه هي نقطة البدء. فأهداف التقويم يجب أن تكون واضحة ومحددة تحديداً دقيقاً ومرتبطة بسلوك معين قابل للتقويم، أي أن تكون مصاغة سلوكياً. فالأهداف التي لا تصاغ بشكل سليم ودقيق، ستقود بلاشك إلى نتائج غير دقيقة. (كاظم، 2001)

9- **أن يتصف التقويم بالشمول:** التقويم الجيد هو الذي يشتمل على جميع جوانب الموضوع المراد تقويمه، فإذا كان التقويم موجهاً نحو نمو التلميذ، فإنه يجب أن يشتمل على كل جوانب شخصية التلميذ، أي يتناول الجانب المعرفي، والاجتماعي، والانفعالي، والجسمي، ويجب أن تكون فقرات التقويم مشتملة على المفاهيم، والمبادئ، والمهارات المتعددة. (الظاهر وآخرون، 1999)

10- **الملائمة:** ويقصد بالملائمة، وجوب ملائمة أسلوب التقويم مع طبيعة الأشخاص المراد تقويمهم. (المرجع السابق)

11- **أن تتنوع أساليب التقويم وأدواته:** بما أن التقويم السليم هو التقويم الشامل الذي يشتمل على كل جزئيات الشيء المراد تقويمه، لذا فإن تنوع أساليب وأدوات التقويم أمر في غاية الأهمية، حيث أنه يساعد في قياس جميع جوانب الشيء المراد تقويمه أو الشخص المراد تقويمه. فالاعتماد على أكثر من إسلوب في تقويم المتعلم يساعد في الكشف عن كل جوانب السلوك، مما يقدم صورة متكاملة عن المتعلم تمكننا من إصدار الحكم الصائب عليه. (كاظم، 2001)

12- **أن تكون عملية التقويم مستمرة:** أن تقويم العمل التربوي لا يمكن أن يكون عملية نهائية، ذلك انه جزء لا يتجزأ من العملية التربوية، والتقويم يبدأ مع بداية الموقف التعليمي ويسير معه جنباً إلى جنب حتى نهايته، وذلك لمتابعة سير العملية التربوية وملاحقة نقاط الضعف التي تواجهها للتخلص منها، كما أن عملية التقويم تسعى إلى التطوير والتجديد المستمر في ميدان التربية والتعليم، وعليه فأنها عملية مستمرة لأن التطوير لا يمكن أن يتوقف عند حد معين.

13- **أن تكون عملية التقويم عملاً تعاونياً:** يقوم التقويم الجيد على العمل الفريقي وذلك للتعاون والتشارك حيث يتشارك فيه عدة أشخاص والتقويم يجب أن يكون قائماً على التعاون ويساهم فيه كل الأطراف المعنية كالمعلم والمدير، والمشرف التربوي، وأولياء الأمور، والتلاميذ، وكل من له صلة بالعملية التعليمية التعلمية. وهذا بالطبع سيقود إلى نتائج طيبة وأحكام سليمة. (الصمادي وزميله، 2004)

14- **أن ترتبط عملية التقويم بالواقع:** أن عملية التقويم مرتبطة بشؤون الحياة الفعلية بواقع ما يمارسه المتعلم في حياته اليومية وما سيمارسه لاحقاً في حياته العملية بعيداً عن التجزؤ وحاصلة في أطر طبيعية، بحيث تكون المشكلات والمهام والأعمال المطروحة للتنفيذ واقعية وذات أهمية تربوية، وذلك للارتقاء بمستوى عملية التقويم التربوي، بحيث يعطي المتعلم بواسطة هذا التقويم – منتوجاً منظماً في شمول وتكامل، مما يتطلب أن يكون التقويم حقيقياً متعدد الوجوه والميادين متنوعاً في أساليبه مشتملاً على تقنيات متنوعة تبنى حكماً على تعلم حقيقي للتأكد من حدوث التعلم الحقيقي المتكامل.(مراد، 2001)

15- **أن يكون التقويم وسيلة وليس غاية:** بما أن التقويم وسيلة نتمكن من خلالها أن نحكم على مدى نجاح أو فشل العملية التعليمية، فإن نتائج عملية التقويم هي تغذية راجعة لكل تفاصيل العملية التعليمية، وبالتالي فإن التقويم وسيلة تقودنا إلى معرفة نقاط الضعف والقوة في المناهج، وطرق التدريس، ومستوى التلاميذ، وغيرها من التفاصيل الخاصة بالمؤسسة المدرسية، وعليه فإنه لا يمكن بأية حال من الأحوال اعتبار الهدف من التقويم هو الحكم على نجاح أو فشل التلميذ بل الهدف من ذلك هو إعادة النظر في حالته.

16- **الدقة:** من الضروري أن يقدم التقويم معلومات فنية كافية تتعلق بالشيء المراد تقويمه، وذلك لتوضيح نقاط القوة التي يمكن دعمها. والكشف عن نقاط الضعف لتلافيها. وهذا يحتاج إلى دقة وتفصيل في تقديم البيانات التي يقوم عليها التقويم والتأكد من كفايتها، وصدقها وانسجامها (علام، 2003)

17- **العلمية:** ويقصد بعلمية التقويم أن تكون عملية التقويم قائمة على أسس علمية، مثل الثبات والصدق والموضوعية الواجب توافرها في أدوات عملية التقويم. (فتح الله ، 2000) والمقصود بالثبات هو استقرار نتائج التقويم في حالة إعادة التقويم في فترتين مختلفتين أو في حالة قيام أكثر من شخصين بعملية التقويم باستخدام الوسيلة ذاتها. أما الصدق، فالمقصود به أن تقيس أداة التقويم ما وضعت لقياسه فعلاً وعلى سبيل المثال: إذا كان المقوم يريد قياس

قدرة التلميذ لما تلقاه في مادة التاريخ، فيجب أن يقيس قدرة التلميذ حول ما يتعلق بمادة التاريخ دون النظر إلى مقدرته في الإملاء أو حسن الخط وما إلى ذلك، والموضوعية تعني عدم تأثر نتائج التقويم بالعوامل الذاتية أو الشخصية للمقوم.

18- **مراعاة الضوابط الأخلاقية والقانونية:** إن إجراءات عملية التقويم تحتم على المقوم مراعاة بعض الضوابط الأخلاقية التي تراعي من خلالها مصالح المشاركين في التقويم والمستفيدين من نتائجه وأن تكون تقارير النتائج منفتحة ومباشرة وعادلة، وحدود استخدام هذه النتائج واضحة. كما أنه من الضروري إخبار الأشخاص الذين يجرى عليهم التقويم بالهدف من التقويم مع احترام آرائهم فيما يتعلق بالأمور التي تؤثر عليهم. هذا إضافة إلى التمثيل المتوازن لشرائح المجتمع المستهدف، والتصميم المتكافيء لأساليب التقويم المستخدمة. ومن الضروري عدم حجب طبيعة عمليات التقويم عن المشاركين، أو إشراكهم دون علمهم، أو تعريضهم لمواقف يمكن أن تسيء إليهم أو تلحق بهم الضرر، كما يجب عدم التدخل في خصوصيات الأشخاص الذين تجرى عليهم عملية التقويم أو حرمان بعضهم من مزايا معينة. (علام، 2003)

وهكذا نجد أن التقويم الجيد يمتاز بخصائص تساعد على تحقيق أهدافه وتقود إلى نتائج سليمة وقرارات رشيدة، فكلما كانت المعلومات دقيقة وشاملة والبيانات وافية ومتكاملة، كلما قاد ذلك إلى نتائج إيجابية قادرة إلى أن تقود على التطوير والتحسين. فعملية التقويم لا يمكن أن تترك للصدفة أو التخبط كيفما اتفق، بل أنها خطة محكمة ومدروسة وقائمة على أسس ومبادئ. وتحكمها الخصائص المذكورة آنفاً والتي تحدد رسم إطارها العام والإجراءات المطلوبة في تنفيذها على أرض الواقع.

أخلاقيات التقويم التربوي

تحتاج عملية التقويم التربوي إلى خبرة ودراية باعتبارها عملية شاقة ومعقدة، ولذلك فإنه يستوجب اختيار الأفراد الذين تلقى على عواتقهم عملية التقويم

التربوي بأن يكونوا أكفاء ملمين بوسائل التقويم وأساليبه ومهاراته، ولهم الخبرة الطويلة في هـذا المجال. وحيث أن عملية التقويم تستوجب الدقة والحذر، والعدالة، والابتعاد عن الحكـم الـذاتي والتحيز الشخصي، وتشجيع العمل الفريقي. فإن هناك أخلاقيات يجب أن يراعيها المقوم ويلتـزم بها. إضافة إلى ذلك فإن المقوم يتعامل عادة مع أفراد وجماعات. مـن خلفيات متباينة وأعمار مختلفة، وقد يؤدي بعض التصرف مع هؤلاء مـن قبل المقوم سـواء بطريقة مقصودة أو غـير مقصودة إلى إلحاق بعض الأضرار بهم سواء كانت أضراراً نفسية أم تربويـة أم اجتماعيـة، أم جسمية، أم مادية، ولذلك يجب أن يلاحظ المقوم احترام هذه الحقوق وعدم انتهاكها، وملاحظـة العديد من الأمور والتي توضح مـا للمقـوم مـن حـق ومـا عليـه مـن واجبات، وهـذه الأمـور (الأخلاقيات) هي:

1- الاطلاع والمعرفة الواسعة حول موضوع التقويم.

2- أن تتوافر لدى المقوم المعرفة ببعض الأساليب الإحصائية (عليان وآخرون، 2000)

3- أن يكون مستعداً للإجابة عن الأسئلة التي قد تطرح عليه من قبل المديرين أو المعلمـين أو التلاميذ مثل: ما هو الغرض من الدراسة؟ هل لنتائج الدراسة انعكاسات على التربية بشكل عـام أو عـلى المدرسـة بشـكل خـاص؟ كم الفـترة الزمنيـة التي تستغرقها مسـألة جمـع المعلومات؟ وغيرها من الأسئلة المختلفة. إن أي ضعف في العلاقة بين المقوم والمقوم سـتؤثر بلاشك على دقة النتائج وسلامتها. (عودة وزميله، 1992)

4- الصبر والقدرة على التحمل.

5- الموضوعية والحياد في تصميم التقويم وفي عرض النتائج (عليان وآخرون، 2000)

6- قيام أخصائي التقويم بتعريف الأطراف المعنية بتوجهاتـه وقيمـه، وأن يوقـع عقـد الاتفـاق معهم ويلتزم بتنفيذ بنوده. (علام، 2000)

7- يجب أن يصمم التقويم ويطبق بطريقة تضمن احترام وحماية حقوق مـن يطبق علـيهم التقويم ومن لهم منفعة منه. (الدوسري، 2004)

8- يجب أن يكون التقويم كاملاً وعادلاً في فحص وتسجيل كل جوانب القوة والضعف في البرنامج المقوم، وذلك لتعزيز جوانب القوة، وتذليل جوانب الضعف. (المرجع السابق)

9- الاحترام – ويقصد به توازن السلطة بين الشخص القائم بعملية التقويم والمشاركين، وذلك باختيارهم من المتطوعين وأعلامهم بالهدف من التقويم، واحترام آرائهم فيما يتعلق بالأمور التي تؤثر عليهم سلباً. (علام، 2003)

10- توخي العدالة في التعامل، أي المعالجة المتكافئة والتمثيل المتوازن والمتناسق لشرائح المجتمع المستهدف، إضافة إلى التصميم والقياس المتكافئ لأساليب التقويم المستخدمة، وإتاحة الفرصة المتكافئة للحصول على البيانات من أجل إعادة تحليلها في حالات الضرورة. (المرجع السابق)

11- يجب التعامل مع صراع المصالح بطريقة مرنة وأمينة، وذلك لتجنب مقايضة عمليات التقويم ونتائجه. (الدوسري، 2004)

12- تقديم تقرير تفصيلي ومتوازن عن نتائج التقويم، وجعل النتائج متاحة للجهة المسئولة المعنية، ومنح الفرص للآخرين ممن تعنيهم عملية التقويم من المختصين لفحص إجراء التعليقات المشتركة عن التفسيرات المتعارضة في التقرير وحث المشاركين في عمليات التقويم على التعاون المشترك. (علام، 2003)

13- أخذ موافقة أولياء الأمور أو المعلمين في حالة إشراك الصغار في الاستفتاءات أو استطلاع الرأي. (عودة وزميله، 1992)

14- من حق المشترك بعملية التقويم رفض الإجابة على بعض الأسئلة التي تتطلب رأياً شخصياً. (عليان وآخرون، 2000)

15- احترام خصوصيات الأفراد وحقهم في الاطلاع على المعلومات، وأخبارهم بالممارسات غير الواجبة فيما يتعلق بتقويم البرامج والممارسات التربوية (علام، 2003)

16- عدم تعريض المشاركين لأنشطة أو مواقف يمكن أن تكون ضارة بهم أو تقلل من تقديرهم لذواتهم، والتدخل في أمورهم، وحرمان بعضهم من مزايا معينة.

17- عدم تحميل المشاركين في تقويم البرامج والنشاطات أية تكاليف تنتج عن مشاركتهم كالسفر أو أجور البريد أو ما شابه ذلك.

18- الحفاظ على سرية المعلومات التي يقدمها المشاركون حول تقويم برامج أو نشاطات معينة. (عليان وآخرون، 2000)

19- يجب أن يعكس تحديد مصادر التقويم ومصروفاته إجراءات تتمتع بالمسؤولية والحس الأخلاقي والرصانة والأحكام لضمان أن تكون المصروفات مناسبة وبطريقة يعتمد عليها. (الدوسري، 2004)

20- للفرد المشترك الحق في معرفة أهداف التقويم قبل أو بعد المشاركة. (عودة وزميله، 1992)

أنواع التقويم التربوي وتصنيفاته

للتقويم التربوي أنواع متعددة وذلك نتيجة لتعدد وكثرة أنواع الأساليب والأدوات المستخدمة في التقويم، ولقد صنفت هذه الأنواع إلى عدة تصنيفات:

أولا: تصنيف التقويم على أساس توقيت تطبيقه

يصنف التقويم على أساس توقيت تطبيقه في جميع مراحل العملية التعليمية التعلمية إلى ثلاث مستويات هي:

1- **التقويم التشخيصي أو المبدئي:** يهدف هذا المستوى من التقويم إلى تحديد المستوى المدخلي لكفاية التلاميذ عند بداية التعلم، وبعد استخراج نتائج التقويم، يتمكن المعلم في ضوء تلك النتائج من تصنيف التلاميذ وتنظيم برامج مناسبة لكل مجموعة. ولا يقتصر التقويم التشخيصي على بداية عملية التعلم، فحسب، بل يستمر باستمرار المواقف التعليمية. فالانتباه إلى أن بعض التلاميذ يعانون من مشكلات سمعية أو بصرية أو ذهنية تعرقل قدرتهم على التعلم أو تحد من قدرتهم، أنما هو نوع من أنواع التقويم التشخيصي، كما أن تحديد العوامل الجسمية والاجتماعية والنفسية التي تؤثر في مستوى التحصيل عند التلاميذ تدخل في نطاق هذا النمط من أنماط التقويم. والتقويم التشخيصي يهدف إلى

تحديد قدرات واستعدادات التلاميذ لاكتساب خبرات تعليمية معينة، وهو يساعد في تصحيح مسار العملية التعليمية التعلمية أثناء حدوثها وليس بعد الانتهاء منها. (خضر، 2004)

2- **التقويم التكويني (البنائي) Formative Evaluation:** هو ذلك التقويم الذي يتم أثناء عملية التعليم والتعلم، ويهدف لتقديم تغذية راجعة من خلال المعلومات التي يستند إليها في مراجعة مكونات البرامج التعليمية أثناء تنفيذها وتحسين الممارسات التربوية. ويقدم التقويم التكويني معلومات للمخططين والمنفذين لعملية التقويم حول كيفية تطوير وتحسين البرامج التعليمية وبشكل مستمر. (الدوسري، 2004)

ويركز التقويم التكويني على ما أحرزه التلاميذ من تقدم، وما أخفقوا فيه خلال تعلم موضوع دراسي معين، فإذا فشل أغلبية التلاميذ في التقويم التكويني، وجب إعادة النظر في طرق وأساليب التعليم، أما إذا فشل قلة منهم، فيجب إعداد وصفات من شأنها تصحيح الأخطاء التعلمية الفردية. (الظاهر وآخرون، 1999)

3- **التقويم الختامي Final Evaluation:** التقويم الختامي يهتم بدرجة اكبر بالنواتج الختامية، ويهدف لمعرفة مدى تحقيق برنامج تعليمي معين لأهدافه المحددة وذلك بعد الانتهاء من تنفيذه. (علام، 2003) فالتقويم الختامي يركز على التقويم الإجمالي لجودة وتأثير البرنامج ومدى تحقيقه للأهداف المرسومة له، وذلك لأغراض الاحتسابية (المسؤولية) ووضع سياسة المؤسسة المدرسية (الدوسري، 2004) ويمكن القول هنا بأن التقويم التكويني يهتم بتقويم العمليات أو مراقبة تنفيذ الأنشطة، بينما يهتم التقويم الختامي بتقويم الأثر أو النواتج. والتقويم التكويني هو تقويم ختامي مرحلي يجري بعد تنفيذ كل مكونة من مكونات برنامج معين، بينما التقويم الختامي يتعلق بالبرنامج كله. (علام، 2003)

وفيما يلي جدولاً يبين أوجه المقارنة بين التقويم التكويني والتقويم الختامي.

أوجه المقارنة بين التقويم التكويني والتقويم الختامي (الدوسري، 2004)

وجه المقارنة	التقويم التكويني	التقويم الختامي
الجمهور الأساسي	مطورو ومديرو ومنفذو التقويم	صانعو القرار والمهتمون من الناس والممولون
التركيز الأساسي في جمع البيانات	توضيح الأهداف وطبيعة البرنامج والعمليات والتنفيذ ومشكلاته، والتقدم في المخرجات ومستوى مصغر في تحليلات التنفيذ والمخرجات	توثيق النواتج والتطبيق. مستوى مكبر في تحليلات التنفيذ والمخرجات.
الدور الأساسي لمطوري ومنفذي التقويم	متعاونون	مزودون للبيانات
الدور الأساسي للمقوم	تفاعلي	مستقل
المنهجية المستخدمة	كمية ونوعية (تركيز النوعية)	كمية مع بعض الإثراء بالنوعية
تكرار جمع البيانات	رصد مستمر	محدد
الآليات الأساسية لتقارير التقويم	النقاش والاجتماعات والتفاعل الودي	تقارير رسمية
تكرار كتابة التقارير	متكرر خلال التقويم	في الختام
التركيز في تقرير التقويم	• العلاقة بين العمليات والعناصر. • العلاقة بين السياق والعملية. • العلاقة بين العملية والناتج. • مضامين للتطبيقات والتغييرات	• علاقات مكبرة (السياق، العملية الناتج) • مضامين لضبط السياسة المؤسسية والإدارية.
متطلبات المصداقية	فهم زخم البرنامج مع المطورين مع الثقة.	الزخم العلمي وعدم التحيز.

ثانياً: تصنيف التقويم على أساس وظيفته

يصنف التقويم التربوي تبعاً للوظائف التي يقدمها في مجال التربية والتعليم إلى ما يلي:

(سيد وسالم، 2005) و(يوسف والرافعي، 2001)

1- **التقويم التشخيصي Diagnostic Evaluation:** يهدف هذا النوع من التقويم إلى الكشف عن مشكلات وصعوبات تنفيذ العملية التعليمية، ومن ثم تحديد أسبابها، وبناء على التشخيص يتم اتخاذ الإجراءات اللازمة لعلاج أوجه القصور أو تذليل العقبات والصعوبات التي تواجه العملية التعليمية التعلمية. وهذا النوع من التقويم يحدث قبل التدريس ويركز على الاستعدادات والاهتمامات التي تناسب أنواع معينة من التدريس. والتقويم التشخيصي يختلف عن التقويم البنائي في طبيعة الاختبارات المستخدمة في كل منها. فالاختبارات التشخيصية تصمم عادة لقياس مهارات وصفات أكثر عمومية مما تقيسه الاختبارات التكوينية. ويرتبط التقويم التشخيصي بالتقويم البنائي حيث أن الأول عملية مستمرة تجري جنباً إلى جنب مع التقويم التكويني.

2- **التقويم الانتقائي Placement Evaluation:** يهدف هذا النوع إلى الانتقاء واختيار أفضل مدخلات وعمليات المؤسسة التعليمية، ومن ثم الحصول على أفضل مخرجات ونواتج تلك المؤسسة. ويساعد التقويم الانتقائي في اختيار أكثر العناصر البشرية كفاءة في مجال التدريس والإدارة، وفي اختيار أفضل المكونات المادية، وكذلك ما يتعلق باختيار الاستراتيجيات التعليمية المناسبة.

3- **التقويم البنائي Formative Evaluation:** يهدف التقويم البنائي إلى تقديم التغذية الراجعة المستمرة عن جميع عناصر المنظومة التعليمية بجميع مراحلها وخطواتها، وبيان مؤشرات الضعف والقوة في كل منها، وإصلاح مواطن الضعف والقصور، للوصول إلى مستوى الإتقان المطلوب. ويساعد هذا النوع أيضاً في تحديد نقطة البداية لكل متعلم ويحقق الوظائف التالية:

أ- مراقبة تقدم المتعلم وتطوره أولاً بأول، لاكتشاف نواحي الضعف لديه وعلاجها فوراً، ومواطن القوة وتعزيزها.

ب- إثارة دافعية التلميذ للتعلم، وذلك عن طريق تنويره وتبصيره بنتائج تعلمه.

ج- مراجعة المتعلم للدروس والمواد التي درسها، لترسيخ المعلومات لديه.

د- توجيه تعلم التلاميذ في الاتجاه المرغوب فيه.

ه- تجاوز حدود المعرفة إلى الفهم لتسهيل انتقال أثر التعلم، وذلك عن طريق تأثير التعلم الجيد السابق في التعلم اللاحق.

و- حفز المعلم على التخطيط الجيد للتدريس، وتحديد أهداف الدرس بصيغ سلوكية أو نتاجات تعليمية.

ز- مساعدة المعلم في تحسين إسلوب تدريسه، أو إيجاد طرق تدريس بديلة.

ح- وضع برامج للتعليم العلاجي، وتحديد منطلقات دروس التقويم.

4- **التقويم النهائي (التجميعي) Summative Evaluation:** يهدف هذا النوع من التقويم إلى الحكم على مخرجات منظومة التعليم، والتقويم التجميعي هو بمثابة تجميع لكافة المؤشرات التي تساعد في إصدار الحكم النهائي على أحد عناصر منظومة التعليم، أو على المنظومة بكل جزئياتها.

ومن أبرز وظائف التقويم التجميعي ما يلي:

أ- تحديد مدى ما تحقق من الأهداف العامة الشاملة للمقرر التعليمي.

ب- تحديد مستويات المتعلمين.

ج- إجازة التمكن من مهارات ومعلومات وقدرات معينة.

د- التنبؤ بالنجاح في المقررات اللاحقة ذات الصلة، مما يفيد التلاميذ في التوجه والاختيار الأكاديمي.

ه- تحديد نقطة البداية في تدريس مقرر لاحق، فالاختبارات النهائية تساعد المعلم في تحديد مستوى تلاميذ صفه.

و- التغذية الراجعة للمتعلمين ومساعدتهم على معرفة مستوياتهم وقدراتهم.

ز- إجراء مقارنات بين نتائج التلاميذ في الشعب المختلفة داخل المدرسة.

ح- الحكم على مدى ملائمة المناهج التعليمية والسياسات التربوية المتبعة، وعلى مدى فاعلية أداء المعلمين.

ط- الحكم على ما تحققه المدرسة من واجبات.

5- **التقويم التتبعي** Follow-up Evaluation: ويهدف إلى تتبع مخرجات ونواتج العملية التعليمية، وتحديد مدى جودتها. وعلى سبيل المثال، تتبع مستوى أداء المعلمين في الميدان بعد تخرجهم من كليات إعداد المعلمين لمعرفة ما إذا كانت نوعية الخريجين مناسبة لسوق العمل.

6- **التقويم العلاجي** Reformative Evaluation: ويطلق على هذا النوع أيضاً التقويم الإصلاحي، فهو يهدف إلى اتخاذ القرارات والإجراءات التي من شأنها الإصلاح والعلاج لنواحي الضعف والقصور في العملية التعليمية، أو للمشكلات التي تعترض أي نظام تعليمي أو أي جزء من مكوناته.

ثالثاً: تصنيف التقويم على أساس مجالاته:

يتناول هذا التصنيف عناصر المنظومة التعليمية، وطبيعة ونوعية مجالاتها، وأنواعه هي:

1- **تقويم المدخلات** Inputs Evaluation: يركز هذا النوع على مدخلات النظام التعليمي، فهو يهدف إلى إصدار الحكم على مدى جودة جميع المدخلات الخاصة بهذا النظام، وبالتالي اختيار أفضلها من حيث الجودة والكفاءة.

2- **تقويم العمليات** Processes Evaluation: يركز هذا النوع على عمليات النظام التعليمي ويهدف إلى إصدار الحكم على مدى جودة وكفاءة تلك العمليات، وتحديد مدى التكامل والترابط فيما بينها، وتحديد الصعوبات التي تعترض هذه العمليات والعمل على تلافيها.

3- **تقويم المخرجات** Outputs Evaluation: يركز هذا النوع على نواتج النظام التعليمي، فهو يهدف إلى إصدار الأحكام على مدى جودة وكفاءة المخرجات الفعلية للنظام، وذلك من خلال نموذج مخرجات معياري مشتق من أهداف النظام يتم بموجبه تحديد مدى تحقق تلك الأهداف وبأي مستوى، ومدى التعديلات المرغوب فيها التي أحدثها النظام في سلوك المتعلم، وتحديد جوانب الضعف

والقصور في مخرجات النظام التعليمي، وتحليلها للوقوف على مسبباتها واختيار أفضل السبل للعلاج.

4- تقويم المعلم Teacher Evaluation: يركز هذا النوع من التقويم على المعلم باعتباره من المحاور المهمة في العملية التعليمية، ويهدف إلى إصدار الحكم على مدى كفاءة المعلم في أدائه لمهمة التدريس وتحقيق أهدافها، وتحديد مدى اقترابه أو ابتعاده عن النموذج المثالي للمعلم، بما يمتلكه من صفات شخصية ومهنية.

5- تقويم المتعلم Student Evaluation: بما أن المتعلم هو محور العملية التعليمية، فإن هذا النوع يركز عليه لإصدار الحكم على مدى تحقق الأهداف التعليمية في هذا المتعلم، ومدى تأثير ذلك على مستوى نموه عقلياً ومهاريا وانفعالياً، وتحديد الصعوبات التي تعرقل نموه وتحديد أسبابها، وتقديم العلاج اللازم لتذليلها.

6- تقويم المنهج Curriculum Evaluation: يهدف هذا النوع أولاً إلى إصدار الحكم على بنية المنهج ومحتواه العلمي، وتحديد مدى جودة واتساق محتواه، ومدى قدرة هذا المحتوى على تحقيق أهداف المنهج، وإصلاح الثغرات الموجودة فيه. وثانياً إلى تشخيص وعلاج جميع جوانب وعناصر المنهج، ابتداء من خطة المنهج بما تشتمل عليه من أهداف، ومحتوى، وطرق تدريس مقترحة، ووسائل، وأنشطة، ووسائل تقويم مقترحة، ومروراً بمرحلة التنفيذ للمنهج في المؤسسات التعليمية بواسطة المعلم والهيئة الفنية والإدارية المساندة له، وانتهاء بنواتج التعلم التي يحققها المتعلم الذي تعلم وفقاً لذلك المنهج، ومن ثم يتم تقويم المنهج بناء على هذا المعنى الشامل بحيث يضم تقويم المعلم، وتقويم المتعلم، وتقويم بنية المنهج، وتقويم البيئة التعليمية التي ينفذ فيها المنهج.

7- تقويم البرامج Programs Evaluation: يتناول هذا النوع من التقويم الأنشطة التربوية والتعليمية التي تقدم خدمات بشكل مستمر، والتي تتضمن تقويم المناهج الدراسية. ومن الأمثلة على هذا النوع من التقويم، تقويم برنامج القراءة في مدرسة معينة، أو تقويم البرنامج التربوي أو التعليمي لإقليم محدد أو لفئة معينة من الدارسين، أو تقويم برنامج التعليم المستمر في جامعة معينة.

8- **تقويم المشاريع Projects Evaluation**: يختص هذا النوع بالأنشطة التربوية والتعليمية التي تقام في فترة زمنية محددة لأداء مهمة محددة. مثل تقويم ورشة عمل لمدة ثلاثة أيام حول الأهداف السلوكية، أو تقويم مشروع تطوير وظيفي لمدة ثلاثة أشهر، أو تقويم برنامج تدريبي للمعلم لمدة أسبوعين. ويختلف البرنامج التربوي أو التعليمي عن المشروع حيث يتوقع استمرار البرنامج لفترة غير محددة، بينما لا يستمر المشروع سوى لفترات محددة وقصيرة.

9- **تقويم المواد التعليمية Teaching Materials Evaluation**: يهدف هذا التقويم إلى إصدار الحكم على مدى جودة وفاعلية العناصر المادية المرتبطة بمحتوى المنهج مثل المقررات الدراسية، والأدلة، والأفلام، والصور، واللوحات والرسوم وغير ذلك من المواد التعليمية المتنوعة.

10- **تقويم البيئة التعليمية Teaching Environment Evaluation**: يركز هذا النوع من التقويم على مدى ملائمة البيئة التعليمية لاحتياجات المتعلمين والمعلمين، مثل المباني والمرافق وحجرات الدراسة والأثاث والتجهيزات والتهوية والإنارة، ومدى اقتراب أو ابتعاد عناصر ومكونات تلك البيئة من النماذج المعيارية المتعارف عليها دولياً في هذا النوع.

11- **تقويم المعاونين للمعلم Teacher's Aids Evaluation**: يركز هذا النوع على تحديد مدى كفاءة الأفراد المعاونين للمعلم من إداريين وفنيين في أداء المهام الموكلة إليهم، ومدى انعكاس ذلك على تسهيل عمل المعلم وسير العملية التعليمية التعلمية بشكل سليم.

رابعاً: تصنيف التقويم على أساس عامل الزمن.

يصنف التقويم على ضوء الزمن المستغرق لتنفيذه إلى نوعين هما: (يوسف والرافعي، 2001)

1- **التقويم الموقوت Timed Evaluation**: يعتمد هذا النوع من التقويم على اختبارات ومقاييس موقوتة، أي محددة بزمن معين يجب أن يتم انجازها خلاله، ويركز هذا النوع على سرعة الانجاز ووقته.

2- **التقويم غير الموقوت Non – Timed Evaluation:** يركز هذا النوع على أهمية جودة ودقة الأداء دون النظر إلى الزمن المطلوب للإنجاز ويعتمد على اختبارات ومقاييس غير موقوته تقيس مدى دقة وإتقان الأداء. ومن الأمثلة على هذا النوع، عمليات التقويم التي تحدث في إطار أساليب التعليم والتعلم للإتقان، فنقطة ارتكاز هذه الأساليب هي وصول المتعلم إلى حد الإتقان وفقاً لقدراته وسرعته الذاتية بصرف النظر عن الوقت المستغرق.

هذا وقد عرض صلاح الدين علام في (علام، 2003) أنواع التقويم من ضمنها التقويم التكويني والتقويم الختامي، وهي:

1- **التقويم الشامل والتقويم التحليلي:** يتناول التقويم الشامل المؤسسة التربوية كمنظومة متكاملة دون البدء بتقويم أبعادها ومكوناتها. ومن خلال التقويم الشامل يمكن إطلاق حكم عام على جودة أو فعالية المؤسسة، كما يمكن إجراء هذا التقويم بقياس خصائصها العامة، فمثلاً، يمكن قياس الفعالية بإيجاد نسبة المخرجات الكلية إلى المدخلات الكلية. أما التقويم التحليلي، فيختص بتقويم المكونات كل على حدة. أو تقويم الأبعاد والمظاهر أو كلاهما معاً. والمقصود بتقويم المكونات هو تقويم نوعية المدخلات، أما تقويم الأبعاد فيتناول تنظيم المهام وإدارتها والتنسيق فيما بينها. والتقويم التحليلي هو وسيلة للتقويم الشامل.

2- **التقويم الرسمي والتقويم غير الرسمي:** إن التقويم الرسمي هو ذلك النمط الذي يستند إلى منهجية منظمة لجمع البيانات وتفسير الأدلة بما يعين صانع القرار في إصدار الأحكام المناسبة والتي تتعلق بالأفراد أو المؤسسات أو بالأنشطة والبرامج. ويتولى أمر هذا التقويم جهات رسمية معينة وذلك لتقويم العمل التربوي، واتخاذ الترتيبات اللازمة في ضوء ذلك التقويم. أما التقويم غير الرسمي، فإنه لا يتحدد بمنهجيات منظمة أو أساليب علمية. ويمكن أن يتولى القيام به جهات متعددة من خارج المدرسة وداخلها. ويعتبر التقويم الرسمي مكملاً للتقويم غير الرسمي والذي هو أكثر فائدة وأقل تكلفة، إضافة إلى أنه أي

التقويم غير الرسمي يمكن أن يتناول بعض الجوانب التي لم تؤخذ بعين الاعتبار في التقويم الرسمي.

3- **التقويم المقارن والتقويم غير المقارن:** ويطلق على التقويم المقارن أيضاً مصطلح (التقويم النسبي)، كما يطلق على التقويم غير المقارن مصطلح (التقويم المطلق). ويتعلق هذان النوعان من التقويم بتطوير المناهج أو البرامج التعليمية. والتقويم المقارن يهدف إلى المقارنة بين بدائل المناهج أو البرامج المتناظرة، بينما يركز التقويم غير المقارن على العمليات ودراسات الحالات للمناهج التي تركز على القياس والوصف. ويفيد التقويم المقارن في حالات إجراء تقويمات تربوية مقارنة سواء كانت دولية أم إقليمية أم قومية حول بنية التعليم وأساليب تنظيمه وإدارته، ومستوى تمويله ومصادر ذلك التمويل، وأساليب التدريس، والتحصيل، والاتجاهات والعوامل المؤثرة فيها. أما التقويم غير المقارن، فإنه يهتم بالحكم على الأداء في ضوء محك أو مستوى أداء يتعلق بأهداف المنهج أو ببرنامج معين.

4- **التقويم الكيفي والتقويم الكمي:** يهدف التقويم الكيفي إلى فهم وتفسير الظاهرة التربوية المراد تقويمها باستخدام منهجيات تعتمد على أساليب وإجراءات وطرق تحليلية وصفية. والتقويم الكيفي يستند إلى التصميمات الكيفية أو الطبيعية ولذلك فهو يقدم معلومات أكثر عمقاً فيما يتعلق بالبرامج المختلفة والأنشطة التربوية، والأفراد، والمؤسسات التربوية في واقعها الفعلي. ويعتمد هذا النمط على الطبيعة الإنسانية (المقوم) كأداة جمع البيانات وترتيبها. كما أنه يهتم بدراسة عدد كبير من المتغيرات والظروف ولعدد أقل نسبياً من الوحدات. أما التقويم الكمي فهو يهدف إلى معرفة مدى ما تحقق من أهداف البرامج التعليمية التي يمكن قياسها، ولذلك فهو لا يفيد كثيرا في تقويم مكونات العمليات التي ينطوي عليها تطوير وتنفيذ هذه البرامج. والتقويم الكمي يركز على أثر البرامج أكثر من تركيزه على استراتيجياتها المتغيرة، وأساليب تنفيذها المختلفة.

5- **التقويم الداخلي والتقويم الخارجي:** التقويم الداخلي يتم داخل المؤسسة التربوية، وتشترك فيه أطراف متعددة مثل المعلمين، ومطوري المناهج والأساليب التعليمية، وإدارة المدرسة، والمشرف التربوي، وغيرهم من المعنيين بالعملية التعليمية التعلمية. وهذه المشاركة تعني أن المقوم يكون له دور في المواقف التي تتضمن مسؤوليات معينة إضافة إلى مهام التقويم والتقويم الداخلي لا يهتم بتقويم جهود الآخرين وإنما بتقويم طبيعة الأحداث والظروف المحيطة بها والتي يكون القائم بالتقويم مسئولا عنها ولو جزئياً، ولذلك يستخدم هذا النمط في التقويم البنائي للبرامج والمشروعات التربوية من خلال وحدات التقويم داخل المؤسسات نفسها. أما التقويم الخارجي، فيختص به أفراد من خارج المؤسسة التربوية وتكون وظيفتهم مقتصرة على التقويم لا غير. والتقويم الخارجي يستخدم في تقويم فاعلية المؤسسات ويقدم عنها صورة متكاملة تتخذ على ضوئها قرارات متعددة مثل منح التراخيص المهنية والمساءلة والتعيين.

6- **التقويم بالأهداف، والتقويم غير المتقيد بالأهداف:** يهتم التقويم بالأهداف بنوعية أو وجود أهداف المؤسسات التربوية أو البرامج والمواد التعليمية إضافة إلى درجة تحقق هذه الأهداف. بينما يركز التقويم غير المتقيد بالأهداف على النواتج الفعلية والنواتج غير المتوقعة دون التمييز بينهما، ويحاول هذا النوع تحديد النوعية أو الجودة، عن طريق فحص التأثير أو النواتج الفعلية دون الاستناد إلى الأهداف. ويرى سكريفن (Scriven, 1967) المشار إليه في (علام، 2003) أن الالتصاق بالأهداف يحد بدرجة كبيرة من منظور التقويم ومعناه، ويرى أن الأهداف ليست ضرورية لعملية التقويم، فعلى الرغم من أن معرفة الأهداف أمراً ضروري إلا أن هذه المعرفة ربما تدفع أخصائي التقويم لأن يغفل تأثيرات البرنامج التربوي المهمة. وفي كل الأحوال فإن كلاً من النمطين المذكورين يكمل أحدهما الآخر.

7- **التقويم المكبر، والتقويم المصغر:** التقويم المكبر لأداء نظام تربوي معين ينظر إلى مخرجات النظام ككل في علاقتها بسياسات وأهداف النظام. ويتناول التقويم

المكبر المتغيرات الرئيسية التي تؤثر في النظام ككل. أي معرفة الأهداف الرئيسية التي تنبثق من السياسات التعليمية وتقويم مدى تحقيقها. ومن هذه الأهداف العائد التعليمي، وعدد الطلبة الملتحقين في المرحلة، ومستويات التعلم، والفاقد في التعليم وأسبابه، وتوفير احتياجات المؤسسات التربوية من القوى البشرية العاملة، وما إلى ذلك. أما التقويم المصغر، فإنه يعني بما يحدث داخل حجرة الدراسة. وطرق التدريس، والوسائل، وتفاعل التلاميذ مع المعلم، ومدى سلامة البيئة المدرسية ومناسبتها، وغير ذلك من الأمور الجزئية أو الأنظمة الفرعية التي يحتوي عليها النظام التربوي.

8- **التقويم المؤسسي، وتقويم الأفراد:** هناك بعض المؤسسات التي تتسم بالتعقيد نظراً لاتساعها وتشعب وتداخل وتكامل مهامها. مثل: المدارس، والجامعات، والمصانع، وغيرها من الأنظمة المعقدة والتي تقوم بأنشطة واسعة النطاق، وهناك برامج تدريبية أو تربوية تتضمن أنشطة أقل اتساعاً وتعقيداً مثل: اكتساب المهارات، تعليم الحاسوب، التدريب المهني، التدريب أثناء الخدمة، وما إلى ذلك. وعليه فالتقويم المؤسسي يهتم بالأهداف العريضة والتساؤلات المتعلقة بالسياسات ويقود إلى توصيات وقرارات للتطوير والتحسين، ولا يركز على تقديم أحكام تتعلق بفشل أو نجاح المؤسسة، ذلك أن وظيفة هذا النمط هي مساعدة القائمين على إدارة المؤسسة بشكل فاعل وإيجابي دون وجود أي تأثيرات تهديديه. والتقويم المؤسسي يختلف عن تقويم الأفراد والذي تكون أنشطته محدودة مثل تقويم الأفراد من حيث التحصيل، أو اكتساب مهارات معينة أو اتجاهات من خلال أنشطة محدودة. ويمكن أن يعتبر التقويم المؤسسي بمثابة تقويم مكبر، بينما يعتبر تقويم الأفراد تقويماً مصغراً.

نستنتج مما ذكر آنفاً بأن هناك أبعاداً كثيرة يمكن أن تصنف أنماط التقويم على ضوئها. وذلك تبعاً لنوعية التقويم، وطبيعته، والأهداف التي وضعت من أجل تحقيقها.

مراجع الفصل الثاني

1- الدوسري، راشد حماد (2004) القياس والتقويم التربوي الحديث، عمان: دار الفكر.

2- الصمادي، عبدالله والدرابيع، ماهر (2004) القياس والتقويم النفسي والتربوي، عمان: دار وائل للنشر.

3- الطيب، أحمد محمد (1999). الإدارة التعليمية، أصولها وتطبيقاتها، الإسكندرية: المكتب الجامعي الحديث.

4- الظاهر، زكريا محمد وتمر جيان، جاكلين، وعبدالهادي، جودت عزت (1999) مبادئ القياس والتقويم في التربية، عمان: مكتبة دار الثقافة للنشر.

5- خضر، فخري رشيد (2004) التقويم التربوي، دبي: دار العلم للنشر.

6- سيد، علي أحمد وسالم، أحمد محمد (2005) التقويم في المنظومة التربوية، الرياض: مكتبة الرشد.

7- علام، صلاح الدين محمود (2003) التقويم التربوي المؤسسي، القاهرة: دار الفكر العربي.

8- عليان، يحيى مصطفى وغنيم، عثمان محمد (2000) مناهج وأساليب البحث العلمي، عمان: دار الصفاء للنشر.

9- عودة، أحمد سليمان وملكاوي، فتحي حسن (1992) أساسيات البحث العلمي، ط2 الأردن: كلية التربية، جامعة اليرموك.

10- فتح الله ، مندور عبدالسلام (2000) التقويم التربوي، الرياض: دار النشر الدولي.

11- كاظم، علي مهدي (2001) القياس والتقويم في التعليم والتعلم، أربد: دار الكندي للنشر.

12- مراد، خلود علي (2001) أساليب التقويم لدى معلمي ومعلمات الحلقات الأولى من التعليم الابتدائي في ظل نظام التقويم التربوي، رسالة ماجستير غير منشورة، البحرين: جامعة البحرين.

13- يوسف، ماهر إسماعيل والرافعي، محب محمود (2001) التقويم التربوي، الرياض: مكتبة الرشد.

الفصل الثالث
أساليب التقويم
التربوي وأدواته

عناصر الفصل

- خطة وإجراءات بناء أدوات التقويم

- الخصائص الواجب توافرها في أدوات التقويم.

- أدوات التقويم والقياس التربوي.

1- الملاحظة.
2- الإستبانة.
3- المقابلة.
4- الاختبارات التحصيلية.
5- التقرير الذاتي.
6- الإسقاط.
7- تحليل العمل.
8- دراسة الحالة.
9- تحليل المحتوى.

- المراجع.

الفصل الثالث

أساليب التقويم التربوي وأدواته

خطة وإجراءات بناء أدوات التقويم

تعتبر مسألة جمع البيانات في علمية التقويم التربوي، من أهم العناصر التي تحتاج إلى الوقت والجهد الكثيرين. ومن المهم جعل خطوة بناء وجمع البيانات ذات دقة وكفاءة عاليتين، لذلك يجب على المقوم استخدام أدوات القياس وجمع البيانات المتوافرة مسبقا إذا كانت ملائمة للبرنامج وأهدافه وأن يتوفر فيها الصدق والثبات، مثل استبيانات المسح، والسجلات، ومفكرات الأحداث اليومية، والتسجيلات، والمؤشرات الاجتماعية، وقوائم الشطب، وأدوات الملاحظة، والمقابلة. والمقوم الفعال، هو الذي يتمكن من تكييف بعض أدوات القياس التقويم وتطويعها في حالة عدم تمكنه من الاستفادة من بعض هذه الأدوات ليتمكن من الحصول على البيانات المطلوبة من خلال إعادة بناء أدوات جديدة قابلة لأن تخدم الغرض الذي يهدف إليه التقويم. هذا إضافة إلى ضرورة التفاته لأمور هامة في أثناء عملية جمع البيانات مثل: سرية البيانات وعدم كشف هوية المفحوصين، والوقت اللازم الذي يحتاجه المقوم، وتحديد المشاركين الذين سيساعدونه في عملية جمع البيانات ومتابعتها مع تزويدهم بأدلة إرشادية تعينهم على أداء مهمتهم بكل دقة وأمانه. (الدوسري، 2004)

أن تنوع أغراض التقويم واتساع منظوره، يتطلب الاعتماد على مصادر كثيرة وأنواع متعددة من البيانات في ضوء ما يلي: (علام، 2003)

1- **طبيعة الشيء المراد تقويمه:** تتباين مواضيع ونوعيات الأشياء التي يتناولها التقويم، فقد يستهدف الأفراد، والبرامج والأنشطة والأنظمة والمؤسسات والمشروعات وغيرها وكل من هذه الأشياء لها خصائصها وطبيعتها.

2- **الأقسام العامة للمتغيرات المراد قياسها:** أن هذه الأقسام ممكن أن تتعلق بالخصائص المدخلية للتلاميذ أو للعاملين، أو متغيرات البرامج، أو متغيرات السياقات، أو متغيرات التقييم، أو متغيرات النتائج وبالتالي ترجمة هذه المتغيرات إلى مقاييس أو مؤشرات إجرائية بغية تنفيذها.

3- **أنواع القياسات وأدوات جمع البيانات:** تتعدد مصادر البيانات وتتنوع أدواتها، فبعضها يقود إلى بيانات كمية، والآخر إلى بيانات وقياسات نوعية. وقد سبقت الإشارة إلى تلك الأدوات المتنوعة التي تستخدم في عملية التقويم في المؤسسة المدرسية.

4- **مصادر المعلومات:** هناك مصادر متنوعة تساعد في توفير المعلومات مثل التقارير الذاتية، والأفراد، وآراء الزملاء، والتلاميذ، والمعلمين، والعاملين في الحقل التربوي عموما، وأولياء الأمور، وأعضاء المجتمع المحلي، ووسائل الإعلام، وغيرهم من المهتمين بالتقويم.

5- **مواقع جمع البيانات:** أن معظم البيانات التربوية تجمع في إطار البيئة المدرسية، مثل حجرات الدراسة، والمختبرات، والمكتبات، والمكاتب والأفنية، وصالات الألعاب الرياضية، وغيرها من المرافق الموجودة في المؤسسة المدرسية.

6- **مواقع أخرى ربما تتطلبها المقابلات خارج نطاق البيئة المدرسية:** وهذه المواقع تشمل مواقع تواجد الخريجين، ومراكز تدريب المعلمين والمشرفين التربويين، والقيادات الإدارية، والقيادات الإدارية العليا المتمثلة في وزارة التربية والتعليم والإدارات العامة التابعة لها. وتضيف الكاتبة مصدرا آخراً يفيد في جمع البيانات لتدعم بعض عمليات التقويم التربوي، ومنها التقويم التربوي المقارن وهي:

7- **مواقع شبكة الانترنيت:** تقدم التكنولوجيا الحديثة العديد من الخدمات التي تشمل كل مناحي الحياة، ومنها المجال التربوي، ويمكن الاستفادة من بعض مواقع الشبكة في جمع البيانات المختلفة عن الموضوع المراد تقويمه.

وبعد معرفة مصادر جمع البيانات، تحدد أدوات وأساليب التقويم وفقا لإطار خطة التقويم والأهداف المراد تحقيقها من خلاله. ومن الجدير ذكره أهمية التنويع في أساليب التقويم للحصول على صور شاملة ومتكاملة عن الشيء المراد تقويمه، وهذا ما أكدته بعض الدراسات الوصفية حيث أن أساليب تقويم التلاميذ (على سبيل المثال) كما أكدته دراسة ستيفن، يجب أن تشمل إجراء التجارب، والكتابة المطولة، وإجراء الحسابات الرياضية الدقيقة، والمشروعات الفردية والجماعية، والتقارير، والإعمال اليومية، والواجبات والتكليفات، وهذا ما يعطي صورة أشمل وأعمق عما اكتسبه التلاميذ من معارف ومهارات وتجارب، كما يعطي صورة عن مقدرة كل تلميذ ومن ثم مساعدته في ضوء ذلك. (Stephen, 1995) وعليه، فإن بناء أدوات التقويم للمؤسسة المدرسية تستوجب وضع خطة دقيقة ومدروسة، مع تحديد إجراءات تنفيذ تلك الخطة التي يجب أن يحدد في ضوئها أكثر من أداة من أجل الحصول على نتيجة أكثر دقة. وهذه الإجراءات هي: (الحر وزميله، 2003)

1- تحديد الهدف من إعداد الأدوات، ذلك الهدف الذي يستوجب توفير أدوات علمية لتقويم الجوانب المختلفة للعمل في المؤسسة المدرسية. ويجب أن تتميز هذه الأدوات بسهولة ومرونة استخدامها والتوصل من خلالها إلى نتائج دقيقة تحدد في ضوئها نقاط القوة ونقاط الضعف في العمل المدرسي ككل، مما يساعد على تطوير العمل المدرسي ومحاولة الوصول به إلى أعلى درجة ممكنة من الفاعلية والكفاءة.

2- الإطلاع على الأدبيات في مجال العمل والأداء المدرسي، وتحديد هذه المجالات ابتداء من الأهم ثم المهم، وتحديد أهم العناصر التي تشكل كل مجال والاستفادة منها في تحديد محتوى الأدوات.

3- الاستفادة من نماذج الأعمال التي نفذت في هذا المجال، بالإطلاع عليها، ودراستها وتحليلها.

4- تحديد الأدوات المناسبة لجمع البيانات والمعلومات والتي تخدم كل مجال من مجالات العمل المدرسي.

5- إعداد الصورة الأولية لكل أداة، وصياغة الأسئلة والفقرات بشكل يخدم تحقيق الهدف من عملية التقويم والمجال المراد تقويمه، مع مراعاة الدقة والوضوح في صياغة الأسئلة.

6- عرض الصورة الأولية لكل أداة على المختصين في مجال التقويم التربوي، والاستئناس بآرائهم حولها، وإجراء التعديلات اللازمة في ضوء تعليقاتهم وآرائهم.

الخصائص الواجب توافرها في الأدوات التقويمية

تتميز أدوات التقويم التربوي بخصائص ومواصفات متعددة من حيث المحتوى، وأسلوب استخدامها، واستخلاص نتائجها وهذه الخصائص هي:

1- التنويع في أساليب التقويم، وهذا يترك للمفحوصين من الأفراد متسعا من الخيارات لإثبات قدراتهم، ومهاراتهم، وإبداعاتهم مما يوفر الكثير من البيانات لمختلف جوانب المفحوصين. وكذلك الحال بالنسبة للأشياء المراد تقويمها. (Stiggins, 1994) فتقويم التلاميذ على سبيل المثال، يشمل الاختبارات التي تكشف عن مدى تطور تحصيل التلاميذ في المهارات المهمة والمفاهيم والمعلومات والنظريات إضافة إلى ملاحظة المعلمين لتلاميذهم من خلال المشروعات الفردية والجماعية، والتجارب، والتفاعل اللفظي، وطرح الأمثلة، والإبداع، والقدرة على المناقشة، والتحليل والربط، والاستنتاج، والتعليل، والتفاعل الاجتماعي مع الآخرين، والسلوكيات، مع الرجوع إلى ملف كل تلميذ وما يحتوي عليه من تقارير وإنجازات، ومستوى الإتقان لكل نشاط، والتقويم السابق الذي حصل عليه. (المرجع السابق)

2- غزارة الفقرات: هناك أنماط متعددة من أساليب جمع البيانات، وبالرغم من اختلاف هذه الأساليب وتنوعها، إلا أن العديد من المختصين في القياس والتقويم التربوي يرون أن غزارة الفقرات التي تحتوي عليها أداة جمع البيانات تساعد كثيرا في الحصول على تقويم شامل لكل جوانب الشيء المراد تقويمه وبالتالي فإنها ستمنح للمقوم فرصة استنتاج المعلومات الوافية والتي تساعده على اتخاذ القرار من أجل التطوير، وعلى ضوء تلك المعلومات الغزيرة. (Popham, 1993)

3- الجمع بين الأسلوب الكمي والأسلوب الكيفي في القياس. (الحر وزميله، 2003)

4- البساطة والوضوح في صياغة الأسئلة والفقرات التي تخدم تحقيق الهدف الذي تجرى عملية التقويم لأجله.

5- الإقلال بقدر الإمكان من الأسئلة المفتوحة.

6- وضع معايير للتقويم ملحقة بكل أداة مستخدمة. (المرجع السابق)

أدوات التقويم والقياس التربوي

تتنوع أدوات القياس والتقويم، فمنها ما يعتمد على الأسلوب الكتابي كالاختبارات التحريرية، والاستبيان واستطلاعات الرأي وغيرها، ومنها ما يعتمد على الأسلوب اللفظي وغير اللفظي كالمقابلات والملاحظات والاختبارات الشفوية وماشابه ذلك. وتعتمد مسألة انتقاء الأدوات الخاصة بجمع البيانات والمعلومات لغرض التقويم، على الهدف الذي تقام من أجله تلك العملية وعلى الأشياء المراد تقويمها. وفيما يلي عرضا مفصلا لكل أداة من أدوات التقويم:

أولا: الملاحظة

تعد الملاحظة من الوسائل القديمة في جمع المعلومات، حيث أن الإنسان القديم استخدامها في التعرف على الظواهر الطبيعية وغيرها من الظواهر، ثم توالى استخدمها وتطور ليشمل العلوم بشكل عام والعلوم الاجتماعية والإنسانية بشكل خاص. والملاحظة هي إحدى وسائل جمع المعلومات المتعلقة بسلوكيات الفرد الفعلية،

وتصرفاته، واتجاهاته ومشاعره، والملاحظة تزود الملاحظ بمعلومات كثيرة ودقيقة تلك المعلومات التي لا يمكن الحصول عليها أحيانا باستخدام الأدوات الأخرى لجمع البيانات. (عليان وآخرون، 2000) ولكي تكون الملاحظة مجدية وفعالية كوسيلة لجمع البيانات، لابد وأن تنظم وتبرمج وتحدد أهدافها، ومن ثم تدون الملاحظات في سجلات يومية، فالمعلم على سبيل المثال الذي يحدد معرفة سلوكيات معينة حول أحد تلاميذه، عليه تحديد تلك السلوكيات وملاحظتها، وتدوين الملاحظات اللافتة للانتباه، مع ذكر التاريخ والظروف المحيطة بالموقف الذي تمت الملاحظة فيه، وبعد تراكم الملاحظات، يمكن أن يحصل المعلم على تصور شامل عن تلك السلوكيات التي جمعها خلال فترة زمنية محددة. (عريفج وآخرون، 1987) ولأجل الحصول على بيانات دقيقة من خلال الملاحظة، فإنه يمكن للملاحظ كالمعلم مثلا، ملاحظة تلاميذه عن بعد، وعادة ما تزود حجرات الألعاب في المرحلة الابتدائية ورياض الأطفال بنوع من الزجاج يمكن المعلم من ملاحظة تلاميذه من خلاله إذا ما جلس في غرفة مجاورة بحيث لا يستطيع التلاميذ من جانبهم مشاهدة معلمهم. ولذلك فهم يتصرفون بتلقائية وعفوية ويبدو سلوكهم آنذاك على حقيقته دونما أي تكلف أو تصنع، وهنا يتمكن المعلم من ملاحظة سلوكيات تلاميذه فيعرف العداني، والانطوائي، والأناني، والاجتماعي، وهكذا. (خضر، 2004) والملاحظة على أنواع هي: (العساف، 1995)

1- **الملاحظة المباشرة:** وهي التي يقوم الباحث بملاحظة سلوك معين من خلال اتصاله مباشرة بالأشخاص أو الأشياء التي يدرسها.

2- **الملاحظة غير المباشرة:** حيث يطلع الباحث على السجلات والتقارير والمذكرات التي أعدها الآخرون.

3- **الملاحظة المحددة:** وهي الملاحظة التي تتم في ضوء تصور مسبق للأشياء التي يريد أن يلاحظها المقوم، أو نوع السلوك الذي يريد ملاحظته.

4- **الملاحظة غير المحددة:** عندما يقوم الشخص المقوم أو الباحث بدراسة مسحية للتعرف على واقع معين أو لجمع البيانات والمعلومات عن الشيء المراد تقويمه.

5- **الملاحظة بدون مشاركة:** عندما يقوم الملاحظ أو المقوم بدور المراقب أو المتفرج على الأحداث عن بعد.

6- **الملاحظة بالمشاركة:** المقوم هنا يدخل مع الجماعة التي يريد ملاحظة سلوكياتها كعضو في هذه الجماعة بحيث لا يمكن لأحد أن يعرف من أن مشاركته لغرض الملاحظة.

7- **الملاحظة غير المقصودة:** وهي الملاحظة التي تتم عن طريق الصدفة لاكتشاف سلوك ما لدى شخص ما. وتسمى أيضا الملاحظة البسيطة.

8- **الملاحظة المقصودة:** المقوم هنا يتعمد الاتصال بشخص ما، أو بعدة أشخاص، لتسجيل ملاحظاته حول مشاهدات أو سلوكيات حددها هو ويريد أن يجمع عنها المعلومات والبيانات. وتسمى أيضا الملاحظة المنظمة.

مزايا الملاحظة في التقويم:

تتميز الملاحظة كأسلوب من أساليب التقويم التربوي بالمزايا التالية: (علام، 2003) و(عليان وآخرون، 2000)

1- تعد الملاحظة أفضل طريقة لجمع المعلومات حول الكثير من السلوكيات والظواهر.

2- يستمد أخصائي التقويم المعلومات من خلال الملاحظة الميدانية، فهو لا يحتاج إلى تصورات فكرية فعلية عن البرنامج، مما يمده بحقائق واقعية.

3- تسمح الملاحظة المباشرة لأخصائي التقويم برؤية أشياء قد لا يلتفت إليها المشاركون والعاملون في البرنامج المقوَّم أو الشخص المقوم باعتبارها مألوفة لديهم.

4- من الممكن إجراء الملاحظة على عدد قليل من الأشخاص، وليس من الضروري أن يكون حجم العينة التي تتم ملاحظتها كبيرا.

5- يمكن استخدام الملاحظة في مواقف مختلفة ولمراحل عمرية متباينة.

6- تسمح بالتعرف على بعض الأمور التي قد لا يكون أخصائي التقويم فكر بأهميتها.

7- يتم تسجيل السلوك الملاحظ مباشرة أثناء الملاحظة مما يضمن دقة المعلومات.

8- توفر بيانات كمية ونوعية.

9- تسمح الملاحظة لأخصائي التقويم من خلال تعامله المباشر مع المواقف الميدانية أن يسهم بمعارفه الشخصية وخبرته المباشرة في تفهم وتفسير البرنامج موضع التقويم.

10- هناك بعض الأمور التي لا يستطيع أخصائي التقويم التوصل إليها باستخدام أسلوب المقابلة مثلا، وبخاصة الجوانب التي تتميز بالحساسية، ولا يود الأفراد التحدث حولها، بينما يستطيع التوصل إليها عن طريق الملاحظة.

11- توفر الملاحظة قدرة تنبؤية عالية نسبيا وذلك للتشابه النسبي لظروف السلوك الملاحظ مع السلوك المنتظر أو المتوقع.

عيوب أسلوب الملاحظة

على الرغم من مزايا أسلوب الملاحظة، فإن هناك بعض العيوب التي تجدر الإشارة إليها وهي: (العساف، 1995)

1- أن وجود الملاحظ بين المفحوصين يؤدي إلى تعديل سلوكهم من سلوك طبيعي إلى سلوك متكلف، لاسيما إذا شعروا بأنهم ملاحظين.

2- تقتصر قيمة الملاحظة على أنماط السلوك الظاهر الذي يمكن ملاحظته وتسجيله، ولا يمكن الاستفادة من الملاحظة في رصد الظواهر السلوكية المعقدة.

3- تستغرق الملاحظة وقتا طويلا.

4- إمكانية تحيز أخصائي التقويم عند تسجيله للنمط السلوكي الملاحظ، فقد يقلل أو يضخم من قيمة بعض الظواهر السلوكية التي يلاحظها، وذلك وفقا لاهتماماته وفلسفته الشخصية.

5- احتمال تأثر الموقف الملاحظ بعوامل طارئة، مما يجعل الأشخاص الملاحظين يتصرفون بشكل مغاير لتصرفاتهم الطبيعية.

مجالات ملاحظة المعلم لتلاميذه

تعد الملاحظة وسيلة فاعلة من وسائل الاتصال، فهي تهتم بمتابعة حركات الشخص الملاحظ وتحليلها وتفسيرها:

ومن هذه الحركات، وقفة الجسم، إشارات اليدين، تعتبيرات الوجه، ونظرات العيون، كذلك ملاحظة السلوكيات المختلفة والمظهر العام، وطريقة تعامل الفرد مع الآخرين، إضافة إلى ذلك ملاحظة نبرة وسرعة صوت المتحدث وتفسيرها اتصاليا لمعرفة ما إذا كان ساخطا أم فرحا أم مشتكيا أم ظالما أم مظلوما أم كاذبا أم صادقا وغير ذلك من الأمور التي يمكن ملاحظتها ومطابقتها مع مضمون الكلام للتأكد من سلامتها. وتفيد الملاحظة معلم الصف بمدى التقدم الذي يحرزه التلاميذ، والمهارات التي اكتسبوها، والمشكلات والصعوبات التي يعانون منها، كذلك العلاقات الاجتماعية بين التلاميذ مما يساعده في توطيد تلك العلاقات وتعزيزها. كما أن الملاحظة تساعد المعلم على تقويم سلوكيات تلاميذه ومعرفة احتياجاتهم وقدراتهم ومواهبهم وتطلعاتهم. ويقوم المعلم بملاحظة تلاميذه في عدة مجالات نذكر منها: (البنا وآخرون، 2004)

1- **الصحة العامة:** إن أول ما يفترض من المعلم أن يلاحظه في تلاميذه الصحة العامة لكل تلميذ، كخلوه من الأمراض، وسلامة حواسه، وملاحظة نشاطاته الحركية والاجتماعية، وسلامة جسمه، وخلوه من العاهات والأمراض المزمنة كفقر الدم وسوء التغذية، والتهاب اللوزتين، وغيرها من الأمراض التي تسبب في نحول وخمول التلميذ وعدم قدرته على التفاعل والتعايش مع الآخرين. كما أنه من

الضروري أن يلاحظ المعلم مدى التزام التلميذ بالعادات الصحية الجيدة ومساعدته على اكتسابها في حالة افتقاره إلى ذلك، وهذا يتم عن طريق التدريب والمتابعة، كما عليه أن يلاحظ النظافة العامة للتلميذ سواء نظافة الجسد أو الملابس.

ومن خلال ملاحظة التلميذ يتمكن المعلم من توجيهه في النواحي التي يحتاج فيها إلى توجيه، وذلك بالتعاون مع أسرته والتواصل والمتابعة الدائمة. ولكي يحافظ المعلم على صحة تلاميذه، يجب أن يوفر لهم البيئة السليمة التي تتوافر فيها الشروط الصحية من نظافة، وإضاءة، وتهوية، وأن يقدم لهم ما يتمكن من خدمات من شأنها الحفاظ على صحتهم كالأمن والسلامة والتأكد من عدم وجود ما قد يسبب الأذى للتلميذ داخل حجرة الدراسة وخارجها كالكراسي المكسورة أو الألعاب الصدئة أو موصلات الكهرباء التالفة. وأن يقدم المساعدة اللازمة للتلاميذ الذين يشكون من ضعف في الحواس أو من أعاقات جسدية بتحويلهم للقسم المختص ومتابعة حالاتهم مع أسرهم، ومدهم بالدعم المعنوي والإنساني لغرس الثقة في نفوسهم. كذلك على المعلم ملاحظة طريقة حديث كل تلميذ ومدى سلامة مخارج الحروف والكلمات، والتأكد من أنه لا يعاني من أي عيب من عيوب النطق وأنه يتمتع بمهارات إتصالية جيدة. وإذا ما لاحظ المعلم أي خلل أو ضعف اتصالي لدى التلميذ وجب عليه تحويله إلى الجهة المختصة بذلك ومتابعة الحالة.

2- **الصحة النفسية:** لا تقل الصحة النفسية أهمية عن الصحة العامة فالكائن البشري يمتلك شعورا بالحزن وأحاسيس قد تكون انفعالية وقد تكون عاطفية. فالإنسان يشعر بالسرور تارة، ويشعر بالحزن تارة أخرى، وذلك حسبما يتطلبه الحدث أو الموقف، كما أنه يشعر بالحب تجاه أناس معينين. ويشعر بالكره تجاه آخرين. وقد يشعر بالقلق أو الغيرة أو الخوف، أو الانزعاج، أو غير ذلك من المشاعر المختلفة والانفعالات المتعددة. وقد

تكون الانفعالات وقتية تزول بعد زوال المسبب كالخوف من الامتحان، وعدم القدرة على النوم، أو تكون انفعالات دائمة كالقلق الـدائم والتـوتر والكآبـة، مـما يسـتدعي مراجعـة الطبيب المختص لكونها حالة مرضية.

وحيث أن الصحة النفسية متممة للصحة العامة، وجب على المعلم ملاحظة سلامة الصحة النفسية لكل تلميذ من تلاميذه والتأكد من أنه لا يعاني من أية مشكلة نفسية ممكن أن تؤثر عليه سلبا أو على زملائه وأقرانه.

وفي حالة وجود بعض التلاميذ الذين يواجهون بعض المشاكل النفسية، وجب عليه تحويلهم إلى المختصين ومتابعة الحالة والتواصل الدائم مع أولياء أمورهم للتعاون وتقديم المساعدة اللازمة لهم.

3- **النمو العقلي:** يقول عالم التربية الأمريكي المعروف جون ديوي بأنه مادام الطفل يتحرك فإنه يكتشف البيئة التي من حوله. إذاً وجب على معلم الصف الاهتمام بالناحية العقلية لكل تلميذ والتأكد من أنه قد وفر البيئة الجيدة الغنية بالخبرات التي تمنح كل تلميذ الفرصة لأن يفكر، ويكتشـف، ويعبر عـما يـدور ي ذهنـه، كـما أن عليـه أن يتـذكر ضرورة التفاعـل اللفظي بينه وبين تلاميذه، وطرح الأسئلة الذكية التي تثير تفكير كـل تلميـذ وتنمـي قدراتـه العقلية.

أن المعلم الذي يتتبع النمو العقلي لكل تلميذ، ويهتم بتقدم هذا النمو وتزايده، عليـه أن يوفر الخبرات والمعارف المناسبة، وأن يساعد تلاميذه في اكتساب المهارات العقلية المختلفة كالقراءة والحساب والتفكير المنطقي، وربط السبب مع النتيجة وتشجيعهم على التجريـب والاكتشاف والسؤال والمناقشة.

ومن الوسائل التي يستخدمها المعلم لملاحظة تلاميذه:

1- **قوائم الشطب:** وهي قوائم تحتوي على مجموعة من الفقرات التي يضعها المعلـم لقيـاس سـمة مـا في سـلوك التلميـذ. وترتب هـذه الفقـرات التـي تهـتم ببعـض السلوكيات البسيطة بشكل عشوائي أو بصورة منظمة، ثم يقوم المعلم بملاحظة

كل تلميذ من ناحية السلوك الذي يقوم برصده في قوائم الشطب لمعرفة مدى تقدم كل تلميذ في اكتساب السلوك المراد، كأن يكتسب مهارة التعبير الشفوي أو مهارة الإنصات الجيد. ويقرر المعلم عادة عدد المشاهدات التي تتم فيها الملاحظة ويدون تقديره في كل مرة. وتعتبر قوائم الشطب وسيلة ملاحظة تهتم بتحليل ناتج التعلم يعتمد فيها المعلم على تحديد إجابة التلميذ بوضع أسئلة عديدة ومحددة ويقوم بوضع مقياس تقدير كأن يضع عدد من النقاط لكل إجابة، ومن ثم يضع العلامة الكلية بجمع تلك النقاط.

2- **سلالم التقدير:** وهي تشبه قوائم الشطب في مضمونها المراد ملاحظته وذلك لأن كل عبارة أو سؤال مدرج بالقائمة بهدف ملاحظة السلوك تخصص له عدة خيارات للإجابة وعادة ما تكون خمسة خيارات تتدرج في قوامها مثل: (دائما، غالبا، أحيانا، نادرا، أطلاقا) أو (ممتاز، جيد جدا، جيد، مقبول، ضعيف) وهنا يتمكن المعلم من إطلاق حكمه على السمة المراد ملاحظتها بشكل دقيق.

3- **التجميع السوشيوميتري:** ويطلق عليه أيضا علاقات التفاعل الاجتماعي. وتعتبر علاقات التفاعل الاجتماعية بين الأشخاص من الأمور بالغة الأهمية بالنسبة للسلوك الجماعي الجيد، لذا فقد وجد (مورينو) أن من الضروري تجمع الأطفال على أساس تفضيلاتهم ورغباتهم في القبول أو الرفض أو اللامبالاة بالنسبة لأعضاء الجماعة. فالأطفال الذين يترك لهم الخيار في اختيار الجماعة دون إكراه أو إجبار سترتفع معنوياتهم بلا شك. وحيث أن ذلك سيساعد على رفع روحهم المعنوية، لذا فإنهم سيتعلمون بفاعلية أكبر من غيرهم، كما أن الدافع لديهم نحو عملية التعلم سيكون أكبر مما كان عليه من قبل. ويتم تجميع الأطفال في الطريقة السوشيومتريه وفقا لأنماط الجذب أو النفور التي يشعرون بها فيما بينهم، أو ربما اللامبالاة في القبول أو الرفض. وعلى العموم فإن عملية التجميع السوسيوميتري تعتبر نمطا من أنماط تجميع الأطفال وملاحظة العلاقات الاجتماعية بينهم، وهذا يساعد على تبسيط علمية التعلم ويصعد من فاعليتها لشعور أعضاء كل جماعة صغيرة بالتآلف والانتماء والرضا النفسي. (البنا وآخرون، 2004)

ولتطبيق نظام التجميع السوشيوميتري في الفصل، يقوم المعلم عادة بإعلان رغبته في تقسيم التلاميذ إلى مجموعات صغيرة، كل ينتمي إلى المجموعة التي يختارها حسب رغبته، مع توضيح الهدف من ذلك التقسيم، أي تسمية النشاط الذي سيتم التجميع من أجله، ويطلب من كل تلميذ أن يسجل على ورقة أسماء التلاميذ الذين يحب أن يعمل أو يجلس معهم والذين لا يحب أن يعمل أو يجلس معهم أثناء تأدية نشاط معين، أو الذين لا يبالي بالعمل أو عدم العمل معهم. ومن الضروري للمعلم أن يطمئن التلاميذ حول حفاظه على سرية اختيارهم للأسماء، كما أنه من الضروري تحديد المجموعة التي سيقوم التلميذ بالاختيار منها مع ترك الحرية له لاختيار العدد الذي يريده من المجموع الكلي، مع التنبيه على أعضاء المجموعة بأهمية ذلك التجميع السوسيوميتري، ذلك يشبع حاجات الانتماء لديهم مما يجعلهم يبدون ميلا كبيرا للانتماء إلى الجماعة. وتتم طريقة التجمع السوشيوميتري بطريقتين هما:

(أ) **التجميع السوشيوميتري الفردي**: ويقصد به انجذاب عدد من التلاميذ نحو تلميذ واحد بسبب تميزه بالعلاقات الاجتماعية داخل أو خارج حجرة الدراسة أو وجود صفات قيادية لديه، أو يجذبهم إليه وجود نشاط مشترك بينه وبينهم، أو كونه ودودا وديعا أو ما إلى ذلك. وهذا يجعل التلاميذ يودون العمل مع هذا التلميذ، ويتزايد الطلب عليه للانضمام إلى أعضاء الجماعة بقبولهم له مثال:

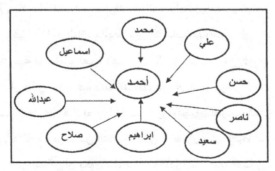

التجميع السوسيوميتري الفردي

التجميع السوشيوميتر الجمعي: وهو عبارة عن قبول يقابله قبول من الطرف الآخر، أو قبول يقابله رفض من الطرف الآخر، أو رفض يقابله قبول من الطرف الآخر. مثال:

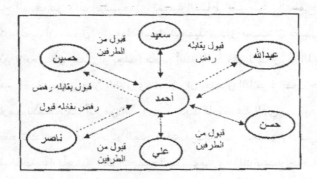

التجميع السوسيومتيري الجمعي

4- **لعب الأدوار:** إن نشاط لعب الأدوار أو كما يطلق عليه "الدراما الاجتماعية"، إنما هو نشاط موجه يهدف إلى زيادة خبرات التلاميذ والعمل على إشباع دوافعهم الداخلية، وتنمية السلوكيات المرغوب فيها لدى كل تلميذ. ويساعد نشاط لعب الأدوار التلاميذ على فهم ذواتهم، والوقوف على الصعوبات والمشكلات التي تواجههم، وإشراك الآخرين في طرح آرائهم حولها وإيجاد الحلول المناسبة. لذا فإن نشاط لعب الأدوار بالإضافة إلى أنه يساعد المعلم على ملاحظة تلاميذه ومعرفة قدراتهم واحتياجاتهم واتجاهاتهم في معالجتهم للأمور، ومهاراتهم، فهو يساعد التلاميذ أيضا على اكتساب مهارات عرض المشكلات وتحليلها وإيجاد الحلول المناسبة لها. ويتم لعب الدور عن طريق اللعب وفق قواعد وأصول ثابتة، كما يحدد المكان والزمان الذي يؤدى فيه ذلك النشاط، على أن يتم عرض الموضوع بدقة متناهية. ويتم نشاط لعب الأدوار من قبل بعض التلاميذ الذين يقومون بعرض مشاعرهم وأحاسيسهم للآخرين، بينما يكون هناك مجموعة من التلاميذ الذين يلاحظون ذلك العرض ثم يدلون بآرائهم وأفكارهم تجاه ذلك. ومن الممكن أن يكون نشاط لعب الأدوار مساعدا قويا ودعما عاليا للتلاميذ لفهم

وتحليل مشكلاتهم اليومية، سواء كانت تلك المشكلات مدرسية أو غير مدرسية. إن نشاط لعب الأدوار يساعد كثيرا في بناء العلاقات التبادلية والاتصالات بين التلاميذ كما أنه يهيء لهم الفرصة للإبداع والابتكار والمشاركة، لأنهم سيلاحظون من خلال لعب الأدوار مشاعر زملائهم، وسوف يدركون مدى تأثيرها على سلوكياتهم. وهنا سيدرك المعلم أيضا ما يعاني منه التلاميذ وما يواجهون من مشكلات، مما يتيح له الفرصة لمتابعة مهاراتهم في تقديم الحلول للمشكلات التي تعرض خلال اللعب. ويعتبر نشاط لعب الأدوار نشاطاً ترفيهيا يقدم المتعة والسرور للتلاميذ ويصعد من درجة تفاعلهم الاجتماعي كما أنه يفسح لهم المجال للتنفيس الانفعالي عن طريق التعبير الشفوي والنقاش الحر، مما يزيد أيضا من حصيلة التلاميذ اللغوية ويمدهم بالجرأة والإقدام والتخلص من بعض المشكلات السلوكية كالانطواء والخجل حيث يتم اندماجهم مع أقرانهم بشكل تدريجي مما يتيح لهم فرصة التكيف والتفاعل. إضافة إلى ذلك، فإن نشاط لعب الأدوار يمد التلاميذ بالطاقة والحيوية ويكسبهم مهارات عديدة إلى جانب تهيئة الصحة النفسية والجسدية التي هم بحاجة إليها، كما يكسبهم مهارات اتصالية واجتماعية وإنسانية عالية.

5- **التقارير القصصية:** من أساليب الملاحظة قيام المعلم بتدوين السلوكيات التي يرى أنها جديرة بالتدوين حول كل تلميذ في سجل خاص، كذلك الأحداث المثيرة والملفتة للانتباه. ويقوم بتسجيل هذه الأحداث عن كل تلميذ سواء من ناحية النمو اللغوي، أو الجسمي، أو اكتساب المهارات، أو فيما يتعلق بقدراته واتجاهاته وتصرفاته مما يشكل صورة كاملة عن شخصية كل تلميذ مع تدوين السلبيات والايجابيات لكل ما يقوم بعمله. ويكتفي بعض المعلمين بتدوين الإيجابيات وترك السلبيات، بينما يقوم البعض الأخر بتدوين السلبيات فقط، وذلك لملاحظة مدى تفاقمها أو تلاشيها. ويطلق على التقارير القصصية مصطلح (المجلة السلوكية) ويشترط في المعلومات التي تدون فيها أن تكون معلومات دقيقة وواضحة ومفصلة ليتمكن المعلم من متابعة نمو كل تلميذ على حدة.

6- **التقارير التراكمية:** يقصد بالتقارير التراكمية تلك التقارير التي تحتوي على معلومات وافية ومفصله ودقيقة حول خلفية كل تلميذ كترتيبه في الأسرة ومؤهلات والديه، والوضع الاقتصادي والاجتماعي للأسرة، كذلك ميول واتجاهات وقدرات ومهارات التلميذ ومواهبه إن وجدت، إضافة إلى المشكلات الصحية التي قد يعاني منها. وتفيد هذه التقارير معلم الصف في الإلمام التام بوضع كل تلميذ، مما يمكنه من تكوين فكرة شاملة عنه ومتابعة حالته وملاحظة مدى نموه وتطوره، وتكوّن هذه التقارير فكرة واضحة لدى المعلم الذي انضمّ إلى فصله أحد التلاميذ الجدد منقولا من مدرسة أخرى، أو مجموعة التلاميذ الذي سجلوا للتو في المدرسة كمبتدئين، مما يساعده على الملاحظة الدائمة والمتابعة وإتباع طريقة معينة في توزيع التلاميذ في مجموعات أو فصول.

7- **العينات الوقتية:** تعتبر العينات الوقتية إحدى وسائل الملاحظة التي يتعمد المعلم فيها إلى ملاحظة سلوك ما لفترة محددة من الوقت وذلك لضبط ذلك السلوك ومعرفة مسبباته ونتائجه. ويتوقف طول فترة الملاحظة على نوع السلوك وكذلك عدد تلك الفترات التي يفضل أن تتباعد عن بعضها للحصول على نتائج أفضل. ومن الضروري أن يقوم المعلم بتحديد السلوك الذي يود ملاحظته من التلميذ وإهمال السلوكيات الأخرى المصاحبة، ليتسنى له تدوين الملاحظات الدقيقة والمفصلة عن نوع السلوك الذي يهدف إلى دراسة وإيجاد المبررات والأسباب له مع ضبط المتغيرات من ظروف وغيرها.

ثانيا: الإستبانة

الإستبانة أداة تتضمن مجموعة من الأسئلة أو الجمل الخيرية التي يطلب من المفحوص الإجابة عنها بطريقة يحددها أخصائي التقويم، وذلك حسب الأغراض التي وضع الاستبيان من أجلها. (عودة وآخرون، 1992) والاستبانه وسيلة لجمع المعلومات المتعلقة بتقويم موضوع ما عن طريق إعداد استمارة يتم تعبئتها من قبل عينة ممثلة من الأفراد، ويسمى الشخص الذي يقوم بملء الاستمارة بالمستجيب (عليان وآخرون،

2000) وتعد الاستبانات من الأساليب شائعة الاستخدام في جمع البيانات المتعلقة بالتقويم التربوي للحصول على معلومات وبيانات شخصية، أو حقائق، أو إتجاهات، أو أداء، وتعتبر الإستبانة نوعا من المقابلة الذاتية، وتشتمل على مجموعة من العبارات أو التساؤلات المكتوبة التي يستجيب لها الفرد كتابيا. والاستبانة على أنواع هي:

1- **الإستبانة المفتوحة:** وتشتمل على عبارات أو تساؤلات يمكن للفرد أن يستجيب بما يراه مناسبا. ويتميز هذه النوع بأنه يعطي الفرصة للمستجيب بأن يعبر عن رايه دون قيود.

2- الإستبانة المغلقة أو المقيدة: ويشتمل هذه النوع على عبارات أو تساؤلات يمكن للفرد المستجيب اختيار استجابة أو أكثر من بين استجابات محددة. (علام، 2003) ويتميز هذا النوع بسهولة إجابة المستجيب وسرعة رصد النتائج (سعيد وآخرون، 2005).

3- **الاستبانة المفتوحة المغلقة:** وهي التي تجمع مابين النوع الأول والنوع الثاني، وتحتوي على عبارات أو تساؤلات مفتوحة وأخرى مغلقة.

4- **الإستبانة المصورة:** وتقدم هذه الإستبانة مجموعة من الصور أو الرسوم الكاريكاتيرية بدلا من الأسئلة التحريرية. وتناسب هذه الاستبانة الأفراد الذين لا يتمكنون من القراءة والكتابة كالأطفال والأميين، وذوي صعوبات التعلم. (سيد وآخرون، 2005)

خطوات تصميم الإستبانة:

تستوجب عملية تصميم الاستبانة ووضع فقراتها إتباع الخطوات الرئيسية التالية: (العساف، 1995) و (عليان وآخرون، 2000):

1- تحديد الموضوع المراد تقويمه والموضوعات الفرعية المنبثقة عنه.

2- صياغة مجموعة من الأسئلة حول كل موضوع فرعي، مع مراعاة عدم التكرار وعدم الازدواجية في السؤال، ووضوح ودقة الأسئلة وبساطتها.

3- إجراء إختبار تجريبي على الاستبانة عن طريق عرضها على عـدد محـدد مـن أفـراد مجتمـع الدراسة قبل اعتمادها بشكل نهائي، والطلب منهم التعليـق عليهـا وبيـان الأسئلة الغامضـة وتقديم المقترحات اللازمة.

4- عرض الاستبانة على عدد من المحكمين المختصين لاستطلاع رأيهم حول صياغتها.

5- تعديل الاستبانة وفقا للمقترحات المقدمة، ثم طباعتها بصيغتها النهائية، مع وضع مقدمـة عامة وإشارات للمستجيب.

6- توزيع الإستبانة على الأشخاص المعنيين.

الأمور الواجب مراعاتها عند صياغة أسئلة الإستبانة.

هناك بعض الأمـور الواجـب مراعاتهـا في صـياغة أسـئلة الإسـتبانة، وذلـك توخيـاً للدقـة، وللحصول على نتائج إيجابية من خلال توزيعها وهذه الأمور هي:

1- يجب إخراج الاستبانة بشكل جذاب يشجع المستجيب على الإجابة عـلى جميـع الفقـرات، ويشمل الإخراج حجم الكلمات، وتسلسل الفقرات، واتساع المسافات للإجابـة عـن الفقـرات المفتوحة، (علام، 2003).

2- يجب أن تصاغ الأسئلة بشكل واضح وبلغة تتناسب مع مستوى المستجيبين.

3- الابتعاد عن استخدام مصطلحات غير مفهومة أو تحتمـل أكـثر مـن تفسـير. (عليـان وآخرون، 2000).

4- تجنب طرح الأسئلة الطويلة التي قد تضلل المستجيب.

5- يفضل البدء بالأسئلة العامة ثم التدرج إلى الأسئلة الخاصة.

6- يجب أن يعالج كل سؤال مشكلة واحدة، أي تجنب الأسئلة التي تتعرض لأكـثر مـن مشكلة أو لموضوع واحد في نفس السؤال.

7- يفضل البدء بالأسئلة السهلة ثم التدرج إلى الأسئلة الأكثر صعوبة. (المرجع السابق)

8- ينبغي ألا يزيد زمن الاستجابة على 30 دقيقة. (علام، 2003)

مزايا الاستبانة:

يوفر استخدام الإستبانة العديد من المزايا أهمها:

1- توفر الكثير من الوقت والجهد على أخصائي التقويم في عملية جمع المعلومات، لاسيما إذا أرسلت الاستبانات بالبريد. (عليان وآخرون، 2000)

2- تمكن الإستبانة من الحصول على بيانات من عدد كبير من الأفراد في أقل وقت ممكن. (سيد وآخرون، 2005)

3- تقلل الإستبانة من فرصة التحيز، وخاصة إذا وضعت الأسئلة بأسلوب علمي موضوعي، ولم يطلب من المستجيب أن يذكر اسمه عليها.

4- يتعرض أفراد العينة لنفس الفقرات وبنفس الصورة. (عودة وآخرون، 1995)

5- لا تفسح المجال أما المقوم لأن يتدخل في إجابات المستجيبين إذا ما قورنت بالملاحظة أو المقابلة. (المرجع السابق)

6- لا تحتاج الاستبانة إلى عدد كبير من جامعي البيانات نظراً لأن الإجابة على أسئلة الاستبانة تتوقف على المستجيب وحده. (سيد وآخرون، 2005)

7- تعد الإستبانة أقل وسائل جمع البيانات تكلفة وجهدا.

8- تعطي الحرية الكاملة للمستجيب في اختيار الوقت والظروف المناسبة لتعبئتها وحرية التفكير في الأسئلة والرجوع إلى الوثائق والمراجع اللازمة عند الضرورة. (عليان وآخرون، 2000)

9- تساعد في الحصول على بيانات يصعب الحصول عليها من وسائل أخرى. (سيد وآخرون، 2005)

10- سهولة تقنين الإستبانة مقارنة بالوسائل الأخرى.

وإضافة إلى ما ذكر فإن البيانات التي يتم الحصول عليها من خلال الإستبانات يسهل تبويبها وتصنيفها والحصول على النتائج المرجوة.

عيوب الاستبانة:

على الرغم من أن هناك العديد من المزايا والجوانب الإيجابية للاستبانة إلا إنها لا تخلو من العيوب، والتي نوجزها بالآتي:

1- تأثير صدق الإجابة بوعي الفرد المستجيب ودرجة اهتمامه بالموضوع الذي وضعت الإستبانة من آجله. (عودة وآخرون، 1992)

2- قد يترك المستجيب بعض فقرات الإستبانة بدون إجابة، دون أن يعرف المقوم سبب ذلك. (عليان وآخرون، 2000)

3- تحتاج الاستبانة إلى متابعة للحصول على العدد المناسب من الاستجابات، لأن نسبة المسترد عادة قليلة، هذا إذا لم يتم تسليم واستلام الاستبانات باليد. (عودة وآخرون، 1992)

4- عدم فهم المستجيب لبعض أسئلة الاستبانة مما يؤدي إلى إعطاء إجابة مختلفة عن أهداف البحث. (عبيدات وآخرون، 1997)

5- وجود أسئلة لم يجب عليها من قبل المستجيب، سواء بسبب النسيان، أو لعدم الرغبة في الإجابة لسبب أو لآخر، أو لضيق الوقت. (المرجع السابق)

6- يصعب تحديد من لم يقم بإعادة الاستبانة، لأنه لا تذكر عادة معلومات تدل على هوية المستجيب لأسباب عديدة (عليان وآخرون، 2000)

7- تأثر صدق الإستبانة بمدى تقبل المستجيب لها. فقد يشعر بأنه مضطر للإجابة عنها في وقت راحته، أو يشعر بأنه يصرف وقتا على حساب الوقت المخصص لأعمال أخرى. (المرجع السابق)

8- قلة طرق الكشف عن الصدق والثبات. (عودة وآخرون، 1992)

وتجدر الإشارة هنا إلى أن الاستبانة لا توفر الحوافز للأفراد المستجيبين، وبالتالي، فإن ذلك قد يدفعهم إلى التقاعس في إهمال الرد تماماً، أو إعادة الإستبانة، أو إلى الرد على جميع الفقرات بشكل موضوعي.

أنواع الأسئلة المستخدمة في الإستبانة:

هناك عدة أنواع من أنواع الأسئلة المستخدمة في الإستبانة، وتقسم هـذه الأسـئلة إلى: (عليان وآخرون، 2000)

1- **الأسئلة المغلقة أو محدودة الإجابات:** في هذا النوع مـن الأسـئلة يحـدد الباحـث الإجابـات المحتملة لكل سؤال ويطلب من المستجيب اختيار أحدها أو أكثر، ومن أنواع هذه الأسئلة:

    أ-   الأسئلة الثنائية (أسئلة الصواب والخطأ)

    ب-   أسئلة الاختيار من متعدد.

    ج-   الأسئلة المتدرجة: وهي أسئلة تقدم عدة اختيارات أو بدائل ويجب عـلى المستجيب أن يرتب هذه الاختيارات وفق تدرج يحدده السؤال.

2- **الأسئلة المفتوحة أو الحـرة:** في هـذه النوع تـترك للمسـتجيب حريـة الإجابـة عـن السـؤال المطروح بطريقته وبأسلوبه الخاص الذي يراه مناسبا.

3- **الأسئلة المغلقة المفتوحة:** في هـذه النوع مـن الأسـئلة يطـرح المقـوم سؤالاً مغلقـا محـدد الإجابة، ثم يتبعه بسؤال مفتوح يطلب فيه من المستجيب توضيح أسباب اختيـاره للإجابـة المعينة.

وفيما يلي نموذجا توضيحيا لإستبانة مفتوحة مغلقة:

83

إستبانة حول الممارسات الفعلية للتقويم

في المرحلة الابتدائية في دولة البحرين (مراد، 2001)

الأخوة والأخوات معلمي ومعلمات الحلقة الأولى للتعليم الابتدائي بمملكة البحرين...... المحترمين

تحية طيبة وبعد،،،

أضع بين أيديكم إستبانة تتعلق بالممارسة الفعلية للتقويم في المرحلة الابتدائية في مملكة البحرين وذلك كجزء من دراسة للحصول على درجة الماجستير في التربية تخصص (تعليم ابتدائي) من جامعة البحرين بعنوان "واقع الأساليب التقويمية لدى معلمي ومعلمات الحلقة الأولى من التعليم الابتدائي في ظل نظام التقويم التربوي الحقيقي"، ونظر الأهمية المعلومات التي ستدلون بها فيما يتعلق بالأساليب المتعددة التي تقومون بتطبيقها فعليا لتقويم أداء تلاميذكم في ظل متطلبات التقويم التربوي الحقيقي الذي بدأ تطبيقه من قبل وزارة التربية والتعليم ابتداء من العام الدراسي 95 – 1996م، نأمل الاستجابة لهذا الإستبيان والحرص على استكمال جميع محاوره وفقراته بدقة وموضوعية. علما بأن ما تدلون به من معلومات سيعالج ويستخدم من قبل الباحثة لأغراض الدراسة الحالية فقط ولن يطلع عليه أحداً سوى الباحثة.

وفقنا الله جميعا لما فيه مصلحة هذا المجتمع،،

الباحثة: خلود علي مراد

أولاً: البيانات الشخصية

الجنس ☐ معلم ☐ معلمة

2- سنوات الخبرة في التدريس

☐ أكثر من 10 سنوات

☐ 8 – 10 سنوات

☐ 5 – 7 سنوات

☐ 2 – 4 سنوات

☐ أقل من سنتين

ثانيا: فقرات الإستبانة

التعليمات: يرجى التكرم بوضع إشارة (صح) في المربع الذي يتفق مع الممارسات الفعلية التي تنفذها في عملية تقويم تلاميذك في الصفوف التي تدرسها.

المحور الأول: الاختبارات

(أ) الاختبارات التشخيصية

الرقم	العبارات	دائما	غالبا	أحيانا	قليلا	نادرا
1	أقوم بتحديد مستويات أداء تحصيل تلاميذي في أول العام الدراسي.					
2	نتائج العام الماضي كانت إحدى وسائلي للتعرف على مستويات تلاميذي					
3	أراعي كفايات المادة في وضع الاختبار التشخيصي					
4	أستعين في إعداد أسئلة الاختبار التشخيصي بالكتاب المدرسي					
5	أستعين في إعداد أسئلة الاختبار التشخيصي بدليل المعلم					
6	أستعين في إعداد أسئلة الاختبارات التشخيصي بالزملاء المعلمين في المدرسة					
7	أستعين في إعداد أسئلة الاختبار التشخيصي بالزملاء المعلمين في مدارس أخرى					
8	أرى أن الاختبار التشخيصي يحدد لي نقاط ضعف التلميذ فعلا					
9	أحتاج إلى تدريب لإتقان عملية وضع الاختبار التشخيصي					
10	أضع برنامجا للعلاج في ضوء نتائج الاختبار التشخيصي					
11	أراعي الفروق الفردية في تصميم الاختبار التشخيصي					

المحور الأول: الاختبارات

(ب) الاختبارات التكوينية

الرقم	العبارات	دائما	غالبا	أحيانا	قليلا	نادرا
1	أستخدم وسائل تقويمية شفوية في الاختبارات التكوينية.					
2	أستخدم الأسئلة التحريرية في الاختبارات التكوينية.					
3	أستخدم الواجبات المنزلية كجزء من الاختبار التكويني.					
4	أراعي كفايات المادة في وضع الاختبار التكويني.					
5	أستعين في إعداد أسئلة الاختبار التكويني بالكتاب المدرسي.					

6	أستعين في إعداد أسئلة الاختبار التكويني بدليل المعلم.					
7	أستعين في إعداد أسئلة الاختبار التكويني بالزملاء المعلمين في المدرسة.					
8	أستعين في إعداد أسئلة الاختبار التكويني بالزملاء المعلمين في مدارس أخرى.					
9	أحرص على شمول الاختبار التكويني للأسئلة المقالية والموضوعية والتطبيقية.					
10	أرى أن نتائج الاختبار التكويني تكفي لاتخاذ القرار بنقل تلميذ من صف إلى آخر.					
11	أحتاج لتدريب من أجل إتقان أسس بناء الاختبار التكويني.					
12	أعتمد على التغذية الراجعة لنتائج الاختبار التكويني في تعديل أساليب التدريس.					
13	أعرف تلاميذي بنتائج تعلمهم وأزودهم بمعلومات كافية عن أدائهم.					
14	أراعي الفروق الفردية بين التلاميذ في تصميم الاختبار التكويني.					

المحور الأول: الاختبارات

(ج) الاختبارات التجميعية

الرقم	العبارات	دائما	غالبا	أحيانا	قليلا	نادرا
1	أسعى لتحقيق كفايات المادة في الاختبار التجميعي الذي أعده					
2	أستعين بالكتاب المدرسي في إعداد أسئلة الاختبار التجميعي					
3	أتبادل مع الزملاء المعلمين في المدرسة أسئلة الاختبار التجميعي					
4	أستعين بدليل المعلم في إعداد أسئلة الاختبار التجميعي					
5	أعتمد على نتائج الاختبار التجميعي لمعرفة مستوى التلميذ وانتقاله من صفه إلى صف أعلى					
6	أحرص على حث التلاميذ على تحرى الدقة في إجاباتهم عن فقرات الاختبار التجميعي					
7	أرتب الأسئلة في الاختبار التجميعي من السهل إلى الصعب					

8	يغطي الاختبار التجميعي جميع أجزاء المادة الدراسية					
9	أستفيد من التغذية الراجعة في إعداد الاختبارات التجميعية اللاحقة					
10	تغطي فقرات الاختبار التجميعي جميع المستويات التعليمة من المعرفة إلى الفهم					
11	أحرص على شمول الاختبار التجميعي للأسئلة الشفوية والمقالية والموضوعية والتطبيقية					
12	أراعي الفروق الفردية في إعداد فقرات الاختبار التجميعي					

المحور الثاني: ملف إنجازات التلميذ

الرقم	العبارات	دائما	غالبا	أحيانا	قليلا	نادرا
1	أتبع تقسيمات تتمشى مع تقسيمات الوزارة في تنظيم ملف التلميذ					
2	أستفيد من بيانات التلميذ الشخصية في متابعة تقدمه الدراسي					
3	أجدد في بيانات التلميذ الشخصية متى ما دعى الأمر					
4	أعطي الحرية للتلميذ في تحديد نوع الأنشطة الابتكارية التي تضمن الملف					
5	أترك المجال للتلميذ في الاختيار من بين الأنشطة المحددة للصفوف الأعلى					
6	أضمن الملف الأنشطة العلاجية للتلميذ الضعيف					
7	أضمن الملف الأنشطة الإثرائية المتقدمة للتلميذ المتفوق					
8	أتابع متابعة مستمرة ملف التلميذ من حيث ترتيبه ومضمونه					
9	أستفيد من الملف في تقويم التلميذ					
10	أستعين برأي الزملاء المعلمين حول محتوى وتنظيم الملف الخاص بكل تلميذ					
11	أستعين في تقويم الملف برأي إدارة المدرسة والمشرفين التربويين					
12	أضمن ملف التلميذ تقارير حول مشاكله وطرق علاجها					
13	أضمن ملف التلميذ تقارير حول تقدمه في دراسته					

المحور الثالث: الملاحظة

الرقم	العبارة	دائما	غالبا	أحيانا	قليلا	نادرا
1	أعتمد على الملاحظة كأسلوب لجمع المعلومات عن التلميذ					
2	أدون ملاحظاتي حول كل تلميذ بصورة مستمرة					
3	أصدر حكما على التلميذ من خلال عدة ملاحظات					
4	أعتمد على الملاحظة في معرفة جوانب ضعف التلميذ في المواد الدراسية					
5	أوجد الجو الملائم للملاحظة المنظمة من حيث الزمان والمكان					
6	أقوم بتلخيص المعلومات المهمة لتقويم التلميذ من خلال الملاحظة					

ثالثا: الأسئلة المفتوحة

الصعوبات التي تواجهني عند إعداد إختبار التجميعي هي:

_____

_____

_____

الصعوبات التي تواجهني عند تنفيذ الاختبار التجميعي هي:

_____

_____

_____

الصعوبات التي تواجهني عند إعداد الاختبار التكويني هي:

_____

_____

_____

الصعوبات التي تواجهني عند تنفيذ الاختبار التكويني هي:

_____

_____

_____

الصعوبات التي تواجهني عند إعداد ملف التلميذ هي:

_____

_____

الصعوبات التي تواجهني عند تقويم ملف التلميذ هي:

الصعوبات التي واجهني عند تنفيذ الملاحظة:

الصعوبات التي واجهني عند إعداد الاختبار التشخيصي هي:

ثالثا: المقابلة

تعد المقابلة إستبانة شفوية يقوم من خلالها أخصائي التقويم بجمع المعلومات بطريقة شفوية مباشرة وجها لوجه من المستجيب. والفقر بين المقابلة والإستبانة هي أن المفحوص هو الذي يكتب الإجابة على أسئلة الاستبانة، بينما يقوم أخصائي التقويم بتدوين الإجابات التي يدلي بها المفحوص أثناء المقابلة (عليان وآخرون، 2000) والمقابلة هي عبارة عن محادثة بين القائم بالمقابلة وشخص أو مجموعة من الأشخاص وجها لوجه، بغرض الحصول على معلومات معينة، أو آراء، أو وجهات نظر، حول موضوع معين. وتتميز المقابلات الشخصية بالمرونة، واتساع نطاق استخداماتها. فالقائم بالمقابلة يمكن أن يغير نمط أسئلته إذا تطلب الأمر ذلك كأن يعيد صياغة السؤال فيما إذا وجد المستجيب صعوبة في فهمه، وتتطلب المقابلة علاقة وئام بين القائم بالمقابلة والمستجيب، لكي يكون الموقف غير تهديدي، مما يشجع المستجيب على الإجابة عن الأسئلة بأسلوب صريح ومنفتح، مما يزيد من صدق المقابلة. (علام، 2003)

وتستوجب المقابلة مهارة عالية من جانب الشخص الذي يديرها سواء من ناحية الحديث أو الإصغاء. والمقابلات إما أن تكون مقابلات جماعية أو فردية حيث

أنها تتوقف على نوع الهدف الذي تتم المقابلة من أجله. فالمقابلة الجماعية تجرى عادة لإعطاء معلومات لجماعة من لأشخاص المعنيين كمقابلة المعلم لتلاميذه في الصالة الرياضية لإعطاء معلومات حول نشاط معين، أو تعليمات عن أصول لعبة كرة الطائرة أو ما شابه ذلك. كذلك فإن مدير المدرسة قد يقوم بمقابلة المعلمين لشرح بعض المستجدات أو توزيع الأعمال والمهام عليهم. أما المقابلة الفردية، فهي تتم بين شخص وآخر كمقابلة المعلم لأحد تلاميذه لمعرفة المشكلات التي يعاني منها، أو القدرات التي يتمتع بها أو تقديم الشكوى أو التظلم وغير ذلك من الأمور الشخصية وذلك حسب الهدف المرجو من المقابلة. ومدير المدرسة يقوم بعمل المقابلات الشخصية الفردية مع المعلمين لمعرفة رأي كل منهم حول موضوع ما، أو سماع مقترحاتهم وآرائهم أو أجراء مقابلة مع كل معلم جديد للتعرف على شخصيته وما يتمتع به من خبرات ومهارات وما يحتاج إليه من تدريب. وقد تكون المقابلة الشخصية مخصصة لبعض أولياء الأمور الذين يودون التحدث إلى المعلم بشيء من الخصوصية والفردية.

وفي كل الأحوال، ولكي تتم المقابلة بنجاح وتؤدي الغرض الذي عملت من أجله، يجب على الشخص الذي يقوم بالمقابلة أن يكون مهيئاً ومعداً الإعداد الجيد لما يريد التوصل إليه، وأن يحدد المكان والزمان للمقابلة ويحدد الأفراد الذين سيقابلهم، وعليه أن يخلق جوا مريحا، آمنا، هادئا، بعيدا عن الإزعاج والمقاطعة، وأن يستقبل الشخص المراد مقابلته بابتسامة ودية وبترحيب حار، وأن يبدأ بأحاديث عامة لامتصاص قلق الشخص الذي يقابله. وعليه أن يتجنب المقاطعة وتكملة العبارات التي قد يقف قليلا عندها الشخص المفحوص بسبب الارتباك. كما أن عليه أن يسمع بشيء من العاطفة وبإصغاء شديد وأن يتجنب النظر إلى ساعته ما بين الحين ولآخر، أو يكثر الحركة أو العبث بالورق والأدوات. ويستوجب على الشخص المقابل أيضا تجنب العنف أو الجدال أو التعصب أو المقاطعة أو عدم الوضوح. كما أنه يجب عليه الرد أو التساؤل بعد انتهاء المتحدث بشيء من الهدوء ودعم الحديث اللفظي بالحديث غير اللفظي مثل الإشارات والنظرات وتعبيرات الوجه.

والمقابلة على أنواع منها:

أولا: المقابلة من حيث طبيعة الأسئلة وهي:

1- **المقابلة الحرة (المطلقة):** وهي المقابلة التي تطرح فيها الأسئلة استنباطا من ردود معينة أو مواقف معينة ويسمح للمستجيب أن يجيب عليها بحرية تامة. وعادة لا تكون الأسئلة في هذا النوع موضوعة مسبقا، فالشخص الذي يقوم بالمقابلة يطرح سؤالا عاما حول الموضوع الذي عقدت المقابلة لأجله، ثم يتسلسل في طرح الأسئلة الأخرى. (عبيدات وأخرون، 1997)

2- **المقابلة المقيدة (المقننة):** ويطلق عليها أيضا مصطلح المقابلة المبرمجة، وتكون أسئلتها محددة ومتسلسلة وموضوعة مسبقا وتطرح عادة نفس الأسئلة على كل شخص تتم مقابلته لنفس الهدف، ويمتاز هذا النوع من المقابلات بسرعة أجرائها وسهولة تصنيف وتحليل إجاباتها. (المرجع السابق)

3- **المقابلة الحرة – المقيده:** يجمع هذا النوع من المقابلات بين نمط المقابلة الحرة والمقابلة المقيدة، وهو أفضل من النوعين المشار إليهما آنفا.

ثانيا: المقابلات حسب أهدافها:

تقسم المقابلة حسب أهدافها إلى: (عليان وآخرون، 2000)

1- **المقابلة المسحية:** وتهدف إلى الحصول على المعلومات والبيانات والآراء كما هو الحال في دراسات الرأي العام ودراسات الاتجاهات نحو موضوع معين.

2- **المقابلة التشخيصية:** وتهدف إلى تحديد مشكلة حول موضوع ما ومعرفة أسبابها وعواملها.

3- **المقابلة العلاجية:** وتهدف إلى تقديم المساعدة ومد يد العون لشخص يواجه مشكله ما.

ثالثا: المقابلة من حيث طريقة تنفيذها:

تقسم المقابلة من حيث طريقة إجرائها إلى:

1- **المقابلة الشخصية:** وهي المقابلة التي تتم وجها لوجه بين أخصائي التقويم والمستجيب أو المفحوص.

2- **المقابلة الهاتفية:** وتتم عبر الهاتف.

3- **المقابلة المصورة:** وتتم عن طريق استخدام أجهزة التصوير كالفيديو وغيره.

4- **المقابلة بواسطة الحاسوب:** وهي المقابلة التي تتم عبر البريد الالكتروني. (المرجع السابق)

فاعلية المقابلة الشخصية:

لجعل المقابلة فاعلة ووافية بالغرض، يجب مراعاة ما يلي:

1- **الهدف:** تحديد الهدف ووضوحه أمر ضروري، وإلا أصبح إجراء المقابلات الشخصية روتينا عملاً شكليا متعارف عليه، غايته مضيعة الوقت.

2- **الإعداد:** يجب أن يكون الإعداد للمقابلة محكما، كتحديد موعد المقابلة وتحديد وقتها. ونوعية الأسئلة التي ستطرح، والتي تستنبط عادة من خلفية معروفة أو خطة مدروسة. وعلى الشخص الذي يجري المقابلة أن يكون ملما بمجريات الأمور واعيا لما يود معرفته وما يريد الوصول إليه.

3- **القيادة السليمة في المقابلة:** يتحتم على الشخص الذي يجري المقابلة أن يراعي الهدف الذي جاء من اجله الشخص المستجيب لذا فعليه أن يسمح له بالوقت الكافي ليعبر به عن نفسه، ويؤكد بل ويحرص على سرية ما يدور في المقابلة، ويحاول وضع الشخص في موضع آمن مطمئن، ثم يقوم بتدوين ملاحظاته إن اقتضى الأمر، وذلك بتوجيه الأسئلة بكل وضوح وهدوء، وعليه أن يسمح بل ويصغى وربما يصغى لما لم يقال بعد، لا لما قيل فقط، ويلاحظ بكل حذر عادات وسلوكيات المتقدم للمقابلة، ودرجة فهمه للسؤال وطريقة إجابته عنه مع أخذ نبرات الصوت بعين الاعتبار وكذلك تعبيرات الوجه ولغة العينين. بعد ملاحظة كل ذلك على من يدير المقابلة الشخصية وقبل أن يضع قراره أن يعيد النظر ويراجع مع نفسه أو (ربما مع جماعته الذين حضروا المقابلة) وبدقة وترو كل ما

دار من حديث وكل ما قيل وحدث، ثم عليه بعد دراسة الموضوع من كل جوانبه، وضع الحكم النهائي دون التحيز لفئة دون أخرى، ودون التعصب للنزعات الشخصية.

4- **فحص النتائج:** بعد إنهاء المقابلة الشخصية على أخصائي التقويم أن يتأكد كيف تم التنفيذ وكيف كانت المواقف؟ العلاقات؟ شخصية المتقدم.. مدى ترابط المعلومات...الخ.

أن اختيار وتدريب القائمين بالمقابلات يعد من الأمور الأساسية للتوصل إلى نتائج صادقة. فالشخص الذي يقوم بالمقابلة يجب أن يتميز بخصائص شخصية معينة مثل: السماحة، البشاشة، واللياقة، واليقظة، وغيرها من الخصائص المحببة، كما يجب تدريبه على التعرف بطبيعة الأسئلة وصفاتها.

ومدى استيعابه للإجراءات المقننة لتقديم الأسئلة، وتدوين الإجابات، وذلك لتقليل من عوامل التحيز. ولعل تنظيم ورش عمل تطبيقية للقائمين بالمقابلة، والتأكد من اتساق الإجراءات، واستيعاب المعلومات المتعلقة بموضوعات المقابلة، وكيفية تدوين الإجابات بشكل موحد ومناسب يسهل تصنيفها وفق أسس موضوعية، أمر سيسهم بلاشك في زيادة ثبات البيانات المستمدة من المقابلة. (علام، 2003) ومن الجدير بالذكر أن استجابات المقابلة يجب أن تدون كما هي دون أي تعديل أو حذف أو إضافة، وذلك للحفاظ على مصداقية تعبير الشخص المستجيب.

مزايا المقابلة:

هناك العديد من المزايا التي تتسم بها المقابلة كأسلوب لجمع البيانات والمعلومات، وأهم هذه المزايا:

1- تفيد في جمع البيانات من أشخاص يجهلون القراءة والكتابة كالأطفال والأميين.

2- تفيد في حالة كون المفحوصين من كبار السن أو من ذوي الاحتياجات الخاصة.

3- عندما لا يرغب المفحوصين بالإدلاء بآرائهم كتابة (سيد وآخرون، 2000).

4- توفر إمكانية الحصول على إجابات من معظم من تتم مقابلتهم. (عودة وزملاؤه، 1992)

5- توفر عمقا في الإجابة لإمكانية توضيح وإعادة طرح الأسئلة (عليان وآخرون، 2000)

6- توفر مؤشرات غير لفظية تدعم الإجابات وتوضح المشاعر، كنبرة الصوت، وتعبيرات الوجه، وحركات الجسم واليدين ونظرات العيون.

7- مراقبة السلوك، حيث يستطيع من يجري المقابلة مراقبة سلوك وردود أفعال المستجيب وتخمينه صحة أقواله ومدى تعبيرها حقيقية عن الذات. (الرفاعي، 1998)

8- التلقائية، وتعني قدرة الشخص الذي يجري المقابلة على تسجيل الإجابة المباشرة والعفوية للمستجيب (المرجع السابق).

9- تقليل احتمالية نقل الإجابة عن آخرين.

10- تستدعي معلومات من المستجيب من الصعب الحصول عليها بأي طريقة أخرى، لأن الناس بشكل عام يفضلون الكلام على الكتابة. (عودة وآخرون، 1992)

11- توفر بيانات ومعلومات كيفية.

12- وسيلة مناسبة لجمع المعلومات عن القضايا الشخصية والانفعالية والنفسية الخاصة بالمستجيب، وهي أمور من الصعب جمعها بوسائل أخرى كالوثائق والاستبيانات. (عليان وآخرون، 2000)

إضافة إلى ما ذكر، فإن المقابلة الشخصية توفر بيانات ومعلومات دقيقة ومفصلة، كما أنها توفر البيانات بشكل فوري إذ لا يمكن الحصول عليها من المراجع والمصادر والسجلات بالسرعة التي يمكن الحصول عليها من خلال المقابلة الشخصية.

عيوب المقابلة:

على الرغم من المزايا الكثيرة للمقابلة، فهي لا تخلو من الثغرات والعيوب، وهذه العيوب هي:

1- تستغرق المقابلة وقتا طويلا.

2- تتطلب مقابلين مدربين للقيام بها، فإذا لم يكن الشخص الذي يجري المقابلة، مدرباً تدريباً جيداً، فإنه لا يستطيع خلق الجو الملائم للمقابلة، وقد يزيف المستجيب إجابته وقد يتحيز المقابل من حيث لا يدري، بشكل يؤدي إلى تحريف الإجابة. (عودة وآخرون، 1992)

3- صعوبة التقدير الكمي للاستجابات أو إخضاعها إلى تحليلات كمية وخاصة في المقابلات المفتوحة (المرجع السابق)

4- قد تتأثر المقابلة بالحالة النفسية للشخص القائم بالمقابلة وكذلك المستجيب (عليان وآخرون، 2000)

5- صعوبة تسجيل الإجابات، وصعوبة تجهيز أدوات التسجيل في مكان المقابلة الذي يحدده المستجيب غالبا. (عودة وآخرون، 1992)

6- قد يتعمد المستجيب في إعطاء إجابات مغايرة لرأيه ومعتقداته وذلك لإعطاء الشخص الذي يقوم بالمقابلة انطباعا جيدا عن مستوى ثقافته. (الرفاعي، 1998)

7- الكلفة المادية، حيث يتكلف الشخص القائم بالمقابلة مبالغ كبيرة عند إجراء المقابلات، وذلك لكثرة تنقله من مكان إلى آخر، أو كثرة استخدامه لجهاز الهاتف لإجراء المقابلات، أو قد يدفع مبالغ مالية للمتعاونين معه في إجراء المقابلات، أو حتى للمستجيب في بعض الأحيان.(عليان وآخرون، 2000)

8- تقليل فرصة التفكير ومراجعة الملفات والبيانات الموجودة لدى المستجيب، وذلك لأن المقابلة تتطلب إجابات مباشرة. (المرجع السابق)

9- التباين الأفراد في طرح الأسئلة من حيث الأسلوب واللغة المستخدمة. (الرفاعي، 1998)

10- قد يتحيز المستجيب ليظهر بشكل مناسب أمام الآخرين فيما إذا كانت المقابلة جماعية أو متلفزه أو مسجلة. (عليان وآخرون، 2000)

رابعا: الاختبارات التحصيلية

يعرف الاختبار بأنه مجموعة من المثيرات (أسئلة شفوية أو كتابية أو صور أو رسوم) أعدت لتقيس بطريقة كمية سلوك ما، والاختبار يعطي درجة أو قيمة أو رتبة ما للمفحوص، وتستخدم الاختبارات في القياس والكشف عن الفروق بين الأفراد والفروق بين الجماعات والفروق بين الأعمال كما أنه أيضا طريقة منظمة لقياس السمة من خلال عينة من السلوكيات الدالة عليها. (الصمادي وأخرون، 2004) ويعرف الاختبار بأنه إجراء منظم لقياس جوانب معرفية معينة، كما يراعي قواعد القياس والتقنين من ثبات وصدق. (سيد وآخرون، 2005) والاختبارات تعد أدوات قياس لجمع معلومات تتعلق بخصائص الطالب بأساليب منظمة. وهذه الخصائص تشتمل على: التحصيل الدراسي، القدرات العقلية، الاستعدادات الخاصة، الميول، المهارات، الاتجاهات، الذكاء، وسمات الشخصية، وغيرها. (علام، 2003) وتستخدم الاختبارات في مجال التربية والتعليم في الكشف عن قدرات التلاميذ وقياس مستوى تحصيلهم والتعرف على مشكلاتهم وتشخيص جوانب القوة والضعف لديهم، كما تستخدم في مجال تصنيف التلاميذ، وقياس ذكائهم وميولهم، وفي عمليات توجيههم وإرشادهم والتنبؤ. بسلوكهم أو ممارساتهم. (العمادي وآخرون، 2004)

صفات الاختبار الجيد

يتسم الاختبار الجيد بثلاث سمات رئيسية هي:

1- الصدق   2- الموضوعية   3- الثبات

1- **الصدق:** يقصد بالصدق في الاختبار هو أن الاختبار يقيس فعلا ما أعد لأجله، وكذلك الحال بالنسبة لصدق الفقرة من حيث كونها تقيس الهدف الذي أعدت من أجله. (إبراهيم وآخرون، 1989) ويشير مفهوم الصدق إلى أن الاختبار يقيس الوظيفة المختص لقياسها دون أن يقيس وظيفة أخرى إلى جانبها أو بدلاً عنها (عريفج وآخرون، 1987)

2- **الموضوعية:** الموضوعية في الاختبار تعني أن يحصل التلميذ أو المفحوص على نفس الدرجة أو التقدير مهما اختلف المصححون، وتتأتي الموضوعية في الاختبار من دراسة أوراق الاختبار بدقة قبل اعتماد معيار أو نموذج للتصحيح وذلك حتى لا يكون هذا النموذج بعيدا عن واقع المفحوصين بل وسيلة نافعة للتمييز بينهم. (المرجع السابق)

3- **الثبات:** يقصد بالثبات مدى دقة قياس الاختبار للصفة التي يقيسها والتي يمكن الاستدلال عليها من خلال إمكانية حصول المفحوصين على نفس النتائج عندما يعاد تطبيق الاختبار عليهم ثانية أو لعدد من المرات وفي نفس الظروف. (إبراهيم وآخرون، 1989)

اختبارات التحصيل

تعد اختبارات التحصيل، أهم أداة يستخدمها المعلم في تقويم الجانب التحصيلي لتلاميذه، والاختبار التحصيلي هو عينة مختارة من السلوك المراد قياسه، لمعرفة درجة امتلاك الفرد من هذا السلوك، وذلك من أجل الحكم على مستوى تحصيلة (الظاهر وآخرون، 1999) وقد يتم الحكم على مستوى تحصيل التلميذ من خلال مقارنة أدائه بأداء زملائه، وهذا التفسير للأداء يسمى معياري المرجع وهو المعيار السائد في التقويم ويطلق عليه أيضا التقويم ذو المعيار السيكوميتري، ويعني أن أي درجة يحصل عليها التلميذ في الاختبار لا يكون لها معنى إلا بمقارنتها بالدرجات التي يحصل عليها الآخرون في نفس المستوى الدراسي.

ويفيد هذا النوع في مقارنة الانجازات داخل الصف المدرسي أو داخل المجموعة. وهناك طريقة أخرى للحكم على مستوى تحصيل التلميذ في الاختبار وهي التقويم ذو المعيار الإديوميتري، ويسمى المعيار التربوي، وهذا يهدف إلى تفسير الدرجة التي يحصل عليها التلميذ في الاختبار إما في ضوء مستواه في الماضي، أو في دراسة الوحدة التعليمية. ويتميز هذا النوع بمقارنة الفرد بنفسه من وقت لآخر ويسمى المعيار فردي المرجع أو على أساس المحك المطلوب الوصول إليه ويسمى

المعيار محكي المرجع وفي الحالتين فإن هذا النوع يراعي الفروق الفردية ولا يتطلب مقارنة الفرد بالجماعة. (فتح الله، 2000)

وتصنف أسئلة الاختبارات التحصيلية إلى:

1- الاختبارات المقالية.

2- الاختبارات الموضوعية.

3- الاختبارات الشفوية.

4- الاختبارات العملية (اختبارات الأداء)

وفيما يلي مخطط يوضح أنواع اختبارات التحصيل المشار إليها أعلاه، والتي سنتناول كل منها بالشرح والتفصيل:

مخطط يبين أنواع اختبارات التحصيل

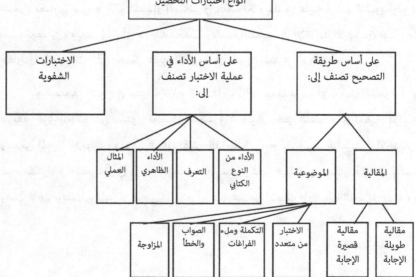

الاختبارات المقالية:

ويطلق على هذا النوع من الاختبارات، بالاختبارات الإنشائية، وهو النوع السائد في مدارسنا في الوقت الحالي (الظاهر وآخرون، 2001) وهذه الاختبارات تفيد في قياس قدرات التلاميذ على تنظيم المعرفة بشكل مترابط واستخدامها في حل مشكلات جديدة ومتنوعة بشكل مبدع ومتميز، لذا فإن على من يضع الاختبار من هذا النوع أن يبذل جهدا كبيرا في صياغة الأسئلة بطريقة يمكن معها قياس القدرات المطلوبة. (العمادي وآخرون، 2004) وتستخدم الاختبارات المقالية في تقويم تحصيل التلميذ في جميع المواد الدراسية، وتقسم الأسئلة المقالية إلى قسمين هما: (كاظم، 2001)

1- **الأسئلة المقالية طويلة الإجابة:** ويطلق عليها الأسئلة الإنشائية، وتتطلب هذه الأسئلة الإجابة المطولة والتي لا تقل عن نصف صفحة لتوضيح فكرة أو تفسير ظاهرة أو مشكلة معينة، وتبدأ هذه الأسئلة عادة بأفعال سلوكية مثل: وضح، اشرح، ناقش، قارن، أذكر... الخ وتفيد هذه الأسئلة في قياس المستويات المختلفة من الأهداف المعرفية، كما أنها مناسبة لجميع المواد. (كاظم، 2001) وتمتاز هذه الأسئلة بسهولة وضعها وقلة تكاليفها كما أنها تمنح الطالب حرية التعبير لكنها تعتمد على ذاتية التصحيح، كما أنها تقتصر على عدد من مستويات الأهداف في الاختبار الواحد وذلك لقلة أسئلتها، فضلا من أنها تأخذ وقتا طويلا عند تصحيحها. (الظاهر وآخرون، 1999)

2- **الأسئلة المقالية قصيرة الإجابة:** تتطلب هذه الأسئلة إجابات قصيرة لا تتعدى السطر الواحد، أو الجملة الواحدة، ويستخدم هذا النوع من الأسئلة في قياس معرفة مصطلحات معينة، ومعرفة المبادئ، والحقائق النوعية، والطرق الإجراءات والتفسيرات البسيطة. (كاظم، 2001) ومن أمثلة هذه النمط: أذكر أركان الإسلام، عدد مبطلات الصوم، أذكر أخوات إن، عدد حروف الجر،.... الخ

الاختبارات الموضوعية:

يقصد بالموضوعية الاتفاق التام في الأحكام وقد سميت الاختبارات الموضوعية بهذا الاسم لأن لو أعطيت أوراق الإجابة إلى عدد من المصححين فإن الاتفاق على

الدرجة المعطاة لكل ورقة منها سيكون اتفاقا لا اختلاف فيه. ولذلك فهـي لا تحتمـل إلا إجابة واحدة صحيحة يختارها الطالب من بين البدائل المتاحة. (المرجع السابق) وتمتاز هذه الاختبارات بأنها تتناول عينة ممثلة وكبيرة من الخبرة التحصيلية المراد قياسها، كما أنها تأخذ في الاعتبار عينة ممثلة أيضا من المهارات الأساسية اللازمة للنجاح في المادة المقررة. (إبراهيم وآخرون، 1989) وتتميـز الاختبارات الموضوعية بارتفاع معاملي الصدق والثبات، كما أنها تكشف عـن قـدرة الطالب عـلى سرعة التفكير بعيدا عن الحفظ والاستظهار، إضافة إلى إنها شـاملة لكـل محتوى المقـرر، وتتمتـع بسهولة التطبيق علاوة على أنها تغطي غالبية الأهداف المعرفية والوجدانية والمهارية للطلاب، مع إمكانية تصحيحها بسهولة من خلال مفتاح الإجابة. (سيد وآخرون، 2005) ولكن مع وجود تلك الميزات فإنها لا تكاد تخلو من العيوب، حيث أن إعدادها يتطلب وقتا طويلا، وتعجز عـن قياس بعض الأهداف التعليمية المعقدة، كالتعبير والإبداع، كما أنها تسمح بالغش والتخمين، إضافة إلى أنها مكلفة ماديا، (الظاهر وآخرون، 1999) ومن عيوبها أيضا عدم قدرتها على تقويم قـدرة الطالب على النقد والتقويم وتنظيم أفكاره الخاصة، فضلا عـن أن إعدادها يحتاج إلى مهارات وخبرة عالية. (سيد وآخرون، 2005) وللاختبارات الموضعية أنواع عديدة منها: الاختيار مـن متعدد، والتكملة، وملء الفراغات، والخطأ والصواب، والمزاوجة.

الاختبارات الشفوية:

وهي اختبارات توجه فيها الأسئلة إلى المفحوص شفويا من قبل الفاحص أو عدد من الفاحصين الذين يكونون وجها لوجه مع المفحوص الذي عليه أن يجيـب عـن الأسـئلة مشـافهة. (الظاهر وآخرون، 1999) ويمثل الاختبـار الشـفوي علاقـة مبـاشرة بـين المعلـم والمتعلم، يقـاس مـن خلالـه قـدرات المتعلم بصورة شفوية أي أوجه القصور التي قـد يواجهها المتعلم أو يعجـز الاختبـار التحريري عـن قياسـها مثل الجوانب المهارية كعمـق التفكير ومنطقيتـه. (سيد، 2005) والاختبارات الشفوية تكون أسئلتها عادة غير مكتوبة وتوجه للتلاميذ الذين يتوقع أن يجيبوا عنها شفويا، وهي تهدف إلى معرفـة مـدى فهـم التلميـذ للخبـرات أو للـمادة المتعلقـة، ومـدى قدرتـه عـلى التعبير عـن نفسه.

(إبراهيم وآخرون، 1989) وعلى الرغم من الانتقادات الكثيرة التي وجهت إلى الاختبارات الشفوية، فإنه لا غنى عنها في قياس وتقويم مجالات معينة من التحصيل كالقراءة الجهرية، وإلقاء الشعر، وتلاوة القرآن الكريم. كما تستخدم في مناقشة رسائل الماجستير والدكتوراه، وفي قياس التذوق الموسيقي، وفي اختبارات الذكاء الفردية وما إلى ذلك (الظاهر وآخرون، 1999) ومن مميزات الاختبارات الشفوية: أنها تقيس قدرة المتعلم على المناقشة والحوار وسرعة التفكير واستخدام النتائج وإصدار الأحكام، كما أنها تقيس مهارات التحدث والاستماع وتكشف عن مهارات المتعلم في استخدام الخبرات المعرفية المتنوعة التي أكتسبها من قبل، وقياس قدرته في مختلف المستويات التحصيلية التي تتمثل في الفهم والتحليل والتطبيق والاستنتاج والتقويم والتعليل والإيضاح والتركيز، كما أنها تزيد من دافعية المتعلم لتحصيل الدروس بشكل جيد تجنبا من الوقوع في الخطأ أمام المعلم، إضافة إلى إنها تعطي صورة دقيقة وصادقة لمستوى تحصيل المتعلم من خلال توجيه أكبر عدد من الأسئلة له، وتساعد في تصحيح الأخطاء التي وقع فيها فور حدوثها، وذلك من خلال الحوار والمناقشة بين المعلم والمتعلم. (سيد وآخرون، 2005) والاختبارات الشفوية رغم الميزات العديدة التي تمتاز بها، إلا أنها لا تخلو من العيوب، فهي تحتاج إلى وقت طويل في إجرائها، وأنها غير شاملة للمادة المراد قياسها، وغير موضوعية، ولا تعطي فرصا متكافئة للجميع، فقد يكون نصيب أحد التلاميذ سؤالا سهلا، ونصيب أخر سؤالا صعبا، هذا إضافة إلى تقلب مزاج المعلم أو الفاحص بين الحين والآخر (الظاهر وآخرون، 1999) ومن عيوبها، أن المواجهة المباشرة بين المعلم والمتعلم قد تؤدي إلى الرهبة والخجل والارتباك فيما يترتب عليه إعطاء صورة غير صادقة لمستوى المتعلم التحصيلي. (سيد وآخرون، 2005)

الاختبارات العملية (اختبارات الأداء):

وهي نوع من الاختبارات ذات الصيغة العملية، فهي تعتمد على الأداء العملي وليس على الأداء اللغوي المعرفي، وتعتبر أحدث كثيرا من الاختبارات النظرية التي تعتمد أساسا على اللغة. ويمكن تقويم هذه الاختبارات عن طريق ملاحظة التلاميذ

أثنـاء الأداء. (إبراهيـم وآخـرون، 1989) وتسـتخدم الاختبارات العمليـة في معظم مجالات المـواد الدراسية، فهي مثلا تستخدم للتحقق من إتقان الطالب من التجارب العمليـة المرتبطة بالعلوم الطبيعية، كالكيمياء والفيزياء والأحياء. وفي هذا المجال، يمكن اعتبار الاختبارات الشفوية، شكلا من أشكال الاختبارات العملية، وكذلك في مجال التـدريب المهنـي، كـالضرب عـلى الآلة الكاتبـة، والعزف على الآلات الموسيقية، والتخصصات المختلفة في المدارس الصناعية والزراعيـة، والكليات التي تعتمد على الأداء العملي، مثل كليات الطب، والتمريض، وإعداد المعلمين، والتربية والرياضة وغيرها. (الظاهر وآخرون، 1999) والاختبارات العمليـة ضرورة لاغنى عنهـا في كـل المراحل الدراسية حيث إنها تمكن المتعلم مـن تطبيـق مـا درسـه نظريـا عـلى أرض الواقع، فهـي تعنـي بالممارسـة والتجريب وتساعد الطلبة على اكتساب العديد من المهارات التي يحتاجونها في حياتهم العملية.

خامساً: التقرير الذاتي Self-Evaluation:

يعد التقرير الذاتي أحد أنواع التقويم التربوي، وهو أسلوب من أساليب التقويم المهمة في المجال التربوي والنفسي. والتقرير الذاتي يعني إعطاء الفرد نفسه تقريراً حول سمة أو خاصية تتعلق بـه شخصياً وترتبط بسلوكه أو ميوله أو اتجاهاته، أو معتقداته، أو مواقفه إزاء أشخاص أو أفكار أو أشياء معينة. أو تتعلق بالآخرين كرأي المعلم في تلاميـذه أو رأي التلاميذ بمعلمهـم. ويركز هـذا الأسلوب في مجال التقويم النفسي والتربوي على مجال المخرجات العاطفية الوجدانية لدى الفرد، وأدوات هذا النوع من التقويم هي أدوات لقياس الأداء المميز للفرد، بمعنى أن التقرير الـذاتي يبنـي وجهة نظر الفرد أو ميوله، أو اتجاهاته أو معتقداته حول موضوع ما، بغض النظر عن صحة أو خطأ استجاباته. ويتم التقرير الذاتي بواسطة أساليب مختلفة كالملاحظة أو المقابلة الشخصية ويعتمـد عـلى العديد من الأدوات التي يطلق عليها أدوات التقريـر الـذاتي كالإستبانات، والإستثناءات، واستطلاعات الرأي، وقوائم التقدير وغيرها. والتقارير الذاتية سلسلة من الاستجابات اللفظية، أو الكتابية التي يـدلي بها الفرد على مجموعة من الأسئلة المقننة التي تدور حول موضوع ما، وهـي تسـاعد كثيراً في تحليل وتقـويم الصفـات الشخصـية والاجتماعيـة للمـتعلم، كـما أنها تسـلط الضـوء عـلى أمـور عديدة

مثل: التكيف الانفعالي، ضبط النفس، تقدير الذات، مفهوم الذات، الرضا عن الذات، الأحاسيس الخاصة بالنقص والانطواء أو السرور والاكتئاب، العدوانية، وغير ذلك من السمات النفسية والشخصية المتعددة. ويفيد أسلوب التقرير الذاتي جميع المعلمين في عملية التقويم النفسي والتربوي لتلاميذهم، إلا أنه يحتاج لمزيد من تدريب المعلمين على كيفية تفسير نتائج التقارير الذاتية. (يوسف والرافعي، 2001)

سادساً: الإسقاط Projection:

الإسقاط هو أحد أساليب التقويم والقياس النفسي والتربوي، وهو شائع جداً في مجال القياس النفسي والإرشاد والعلاج النفسي للأفراد. وينتمي هذا الأسلوب إلى أساليب التقرير الذاتي، لكنه يختلف عنه في أن التقرير الذاتي يعتمد على أدوات تقيس الإستجابات المباشرة للفرد، بينما يعتمد الإسلوب الإسقاطي على نوع من الاختبارات الإسقاطية Projection Tests وتبرز أهمية الإسلوب الإسقاطي في التقويم التربوي عندما يتعلق الأمر بقياس جوانب شخصية المتعلم، والكشف عنها بعمق من خلال إتاحة الفرصة لهذا المتعلم لكي يسقط ما بداخله بصورة غير مباشرة. وعلى الرغم من أهمية الأساليب الإسقاطية في التقويم لأنها تساعد في الحصول على بيانات عميقة ودقيقة، إلا أنها تحتاج إلى تدريب عال، كما أنها تحتاج لأن تفسر نتائجها من قبل أخصائي على قدر عال من الكفاءة والخبرة. (المرجع السابق)

سابعاً: تحليل العمل Job Analysis

تحليل العمل هو أحد أساليب التقويم التربوي، ويرتبط تحليل العمل بتحليل المهام وتحليل المهارة وتحليل الأداء، ويهدف إلى تقديم وصف عام يشتمل على الواجبات والمسؤوليات والمهام المرتبطة بهذا العمل، ويشمل تحليل العمل ما يأتي:

- تحديد تفصيلي لواجبات الوظيفة ومسؤولياتها.

- مواصفات الشخص الذي يشغل هذه الوظيفة.

ويؤدي تحليل العمل إلى تقديم صورة وصفية من العمل تشمل:

أ- تعريف العمل، أي اسم الوظيفة، القسم الذي ترتبط به الوظيفة، والإدارة المسؤولة عن تلك الوظيفة.

ب- ملخص العمل، يقدم هذا الملخص وصفاً مختصراً للمهمة الأساسية لهذا العمل.

ج- واجبات العمل، تحدد الواجبات المرتبطة بهذه الوظيفة، والوقت اللازم لممارسة كل مهمة.

د- الإشراف، تحدد أسماء الوظائف والأعمال التي تلي هذه الوظيفة أو تسبقها، ودرجة الإشراف الذي تمارسه هذه الوظيفة على الوظائف التابعة لها.

ه- علاقة الوظيفة بالوظائف الأخرى، وتحديد الوظيفة الجديدة التي يمكن أن يرقى إليها شاغل هذه الوظيفة.

و- الأدوات والمواد والآلات التي تستخدم في هذه الوظيفة.

ز- توضيح ظروف العمل في هذه الوظيفة، أي هل هو عمل ميداني أم مكتبي؟ وهل يتم في ظروف صحية جيدة، وهل هنالك أخطار تهدد شاغل هذه الوظيفة.

ح- تعريف المصطلحات المهنية والفنية التي تستخدم في مهمات هذا العمل.

ط- إضافة أي تعليقات ممكن أن تكون مفيدة.

وتساعد دراسات تحليل العمل على تحقيق عدة فوائد أهمها:

1. تحديد أسس اختيار العاملين للوظيفة التي تم تحليلها.
2. تنمية الموظفين العاملين في هذه الوظيفة لرفع مستوى كفاءتهم الوظيفية.
3. وضع أسس لترقية الموظفين ونقلهم.
4. تحديد الخصائص الشخصية عمن سيشغل هذه الوظيفة.
5. تحديد أفضل الطرف لأداء العمل.
6. التحديد السليم للأجور والمرتبات في ضوء مسؤوليات ومهام الوظيفة.
7. تحديد معايير الإنجاز المطلوب ممن يشغل هذه الوظيفة. (عبيدات وآخرون، 2005)

ويتبع أسلوب تحليل العمل في التقويم التربوي أسلوب الاعتماد على الكفايات في التقويم، حيث يتم تحديد الكفايات اللازمة للمعلم أو الخريج.

ثم تحليل المهام، والمهارات، والمعارف، والاتجاهات المرتبطة بتلك الكفايات إلى بنودها الفرعية لتكون معايير يتم على ضوئها تقويم مدى كفاءة الموظف سواء كان معلماً أم إدارياً أم خريجاً. (يوسف والرافعي، 2001)

ثامنا: دراسة الحالة Case Study

يعني هذا الأسلوب من أساليب التقويم التربوي بدراسة حالة فرد ما أو جماعة ما، أو مؤسسة ما، وذلك بجمع البيانات والمعلومات عن الوضع الحالي للحالة، والأوضاع السابقة لها، ومعرفة العوامل التي أثرت عليها لفهم جذور الحالة، فالحوادث التي مر بها الفرد في السابق أو مرت بها المؤسسات لابد وأن تترك آثارها على تطور الفرد أو المؤسسة، مما يساعد على فهم السلوك الحاضر أو الوضع الراهن. ويتمكن المعلم من دراسة حالة كل تلميذ حينما يعد ملفاً لكل تلميذ ويدون فيه أبرز الحوادث والخبرات التي مر بها التلميذ في حياته.

خطوات دراسة الحالة:

يتحدد أسلوب دراسة الحالة بالخطوات التالية: (عبيدات وآخرون، 2005)

1- تحديد الحالة: قد تكون الحالة فرداً أو جماعة أو مؤسسة.

2- جمع المعلومات والبيانات الخاصة بالحالة ليتسنى للمقوم وضع الفروض.

3- إثبات الفروض عن طريق جمع البيانات والمعلومات المختلفة.

4- التوصل إلى النتائج

ويمكن جمع البيانات والمعلومات من أقوال المفحوصين وتحليل هذه الأقوال، كذلك يمكن الحصول على البيانات من الوثائق والملفات والمذكرات الشخصية، إضافة إلى دراسة أسرة الفرد صاحب الحالة أو دراسة مجتمع الأفراد إذا كانت الحالة تتعلق بمجموعة من الأفراد.

وعلى الرغم من جدوى هذا الأسلوب في تقديم دراسة شاملة متكاملة ومتعمقة حول الحالة مما يساعد على التشخيص، إلا أن هناك بعض المآخذ التي تؤخذ على هذا الأسلوب، فدارسة الحالة لا يمكن تعميم نتائجها على حالات أخرى أو مجتمع أكبر، كما أن المعلومات التي يدلي بها المفحوص قد لا تكون صحيحة أو تنقصها الدقة. (المرجع السابق)

تاسعاً: تحليل المحتوى Content Analsis:

يهدف هذا الأسلوب إلى التعرف بطريقة علمية منظمة على اتجاهات المـادة التـي يـتم تحليلهـا، كذلك إلى الوقوف على خصائصها بحيث يتم ذلك بعيـداً مـن الإنطباعـات الذاتيـة أو المعالجـات العشوائية. ويساعد أسلوب تحليل المحتوى في التقويم التربوي على إصدار الحكـم عـلى محتـوى أية مادة تعليمية، أو محتوى منهج دراسي للحكم على مدى جودته، ومدى شموله وتكامله رأسياً على مستوى مراحل التعليم، وأفقياً على مستوى المناهج الأخرى لـنفس الصـف الـدراسي، ومـدى كفايته في تحقيق الأهداف المرجوة ويستخدم هذا الأسلوب في تحليـل محتـوى الكتـب الدراسـية للحكم على مدى جودتها وإخراجها وطباعتها وسلامة لغتها ومستوى مضمونها ومدى مطابقـة المحتوى للأهداف التربوية التي وضعت من أجلها تلك الكتب الدراسية. ويتم تحليل محتوى أيـة مادة علمية باستخدام نتائج التحليل على مدى دقة وجـودة الأداة المسـتخدمة في ذلـك، ومـدى ثبات معاييرها، ومدى إجرائية وثبات وحدات وفئات التحليـل بتلـك الأدوات. كـما تتوقـف دقـة نتائج تحليل المحتوى على مدى إتقان الشخص القائم بالتحليل ومـدى خبرتـه في هـذا المجـال. (يوسف والرافعي، 2001)

مراجع الفصل الثالث

1- إبراهيم، عاهد والمومني، ثاني وشنطاوي، عبدالكريم والرفاعي، جاسر (1989) مبادئ القياس والتقويم في التربية، عمان: دار عمان.

2- البنا، رياض والحريري، رافده وشريف، عابدين (2004) إدارة الصف وبيئة التعلم، الكويت: الجامعة العربية المفتوحة.

3- الدوسري، راشد حمادي (2004) القياس والتقويم التربوي الحديث، عمان: دار الفكر.

4- الحر، عبدالعزيز محمد والروبي، أحمد عمر (2003) التقويم الذاتي، الدوحة: المركز العربي للتدريب التربوي لدول الخليج.

5- الحريري، رافدة (2006) الإشراف التربوي، واقعة وآفاقه المستقبلية، عمان: دار المناهج.

6- الرفاعي، أحمد حسين (1998) مناهج البحث العلمي، عمان: دار وائل.

7- الصمادي، عبدالله والدرابيع، ماهر (2004)، القياس والتقويم النفسي والتربوي، عمان: دار وائل.

8- الظاهر، زكريا محمد وتمرجيان، جاكلين وعبدالهادي، جودت عزت (1999) مبادئ القياس والتقويم في التربية، عمان: مكتبة دار الثقافة.

9- العساف، صالح بن حمد (1995) المدخل إلى البحث في العلوم السلوكية، الرياض: العبيكان.

10- حجازي، مصطفى (1991) تربية الإبداع (ورقة عمل مقدمة إلى المؤتمر التربوي السنوي السابع) البحرين: جامعة البحرين.

11- خضر، فخري رشيد (2004) التقويم التربوي، دبي: دار القلم للنشر والتوزيع.

12- سيد، علي أحمد وسالم، أحمد محمد (2005) التقويم في المنظومة التربوية، الرياض: مكتبة الرشد.

13- عريفج، سامي ومصلح، خالد حسين (1987) في القياس والتقويم، عمان: مطبعة رفيدي.

14- عبيدات، محمد وأبونصار، محمد ومبيضين، عقلة (1997) منهجية البحث العلمي، عمان: دار وائل.

15- علام، صلاح الدين محمود (2003) التقويم التربوي المؤسس القاهرة: دار الفكر العربي.

16- عليان، ربحي مصطفى وغنيم، عثمان محمد (2000) مناهج وأساليب البحث العلمي. عمان: دار صفاء للنشر.

17- عودة، أحمد سليمان وملكاوي، فتحي حسن (1992) أساسيات البحث العلمي في التربية والعلوم الإنسانية، إربد: مكتبة الكتاني.

18- فتح الله، مندور عبدالسلام (2000) التقويم التربوي، الرياض: دار النشر الدولي.

19- كاظم، علي مهدي (2001) القياس والتقويم في التعلم والتعليم، عمان: دار الكندي للنشر.

20- مراد، خلود علي، (2001) أساليب التقويم لدى معلمي ومعلمات الحلقة الأولى من التعليم الابتدائي في ظل التقويم التربوي، رسالة ماجستير غير منشورة، البحرين: جامعة البحرين، كلية التربية.

21- يوسف، ماهر إسماعيل والرافعي، محب محمود (2001) التقويم التربوي، الرياض: مكتبة الرشد.

الفصل الرابع
تقويم نتائج التعلم المعرفية

عناصر الفصل

- الاختبارات المقننة وغير المقننة.

- خطوات بناء الاختبار ألتحصيلي

أولا : تحديد الهدف العام والأهداف الفرعية للاختبار

ثانيا : تحديد محتوى المادة الدراسية .

ثالثا: تحديد الأهداف التعليمية

رابعا: إعداد جدول المواصفات

خامسا : تحديد عدد الأسئلة ونوعها

سادسا: صياغة أسئلة الاختبار

سابعا : صياغة تعليمات الاختبار

ثامنا : تجريب الاختبار تجريبا أوليا

تاسعا : تطبيق الاختبار

عاشرا : تصحيح الاختبار

الحادي عشر : تحليل الأداء

الثاني عشر : إيجاد دلالات صدق وثبات الاختبار

الثالث عشر : تفسير النتائج

- المراجع.

110

الفصل الرابع

تقويم نتائج التعلم المعرفية

الاختبارات المقننة وغير المقننة

يعرف الاختبار بشكل عام بأنه "طريقة منظمة لقياس السمة من خلال عينة من السلوك، وهو أداة قياس يتم إعدادها بخطوات منظمة للخروج بخصائص مرغوبة بحيث يوفر بيانات كمية يمكن الاستفادة منها في عملية التقويم." (عودة وزميله، 1992) وتتوقف جودة وفاعلية الاختبارات على التخطيط السليم لها، وذلك وفقاً لتحديد ما يلي: (الزيود وزميله، 2002)

1- الوظيفة أو الوظائف المراد من الاختبار تأديتها.

2- الأهداف التربوية المراد تحقيقها في المجال الذي يشمله الاختبار.

3- موضوعات المحتوى الذي يتناوله الاختبار، وعناصر كل موضوع من تلك الموضوعات.

4- أنواع الفقرات التي سيتضمنها الاختبار، والتي يفترض منها أن تكون عملية وفاعلة في تحقيق الأهداف المرجوة.

والاختبار بشكل عام هو أداة تقيس وتقدر الفرق بين الأفراد في جانب معين أو أكثر من جانب من جوانب السلوك. أما الاختبار المقنن، فهو ذلك الاختبار الذي يحافظ على صدقه (أي قياس ما أعد لقياسه) وثباته (أي الوصول إلى النتائج نفسها لو تكرر تطبيقه) لاسيما إذا اتبعت التعليمات المصاحبة له بدقة. (العساف، 1995) والاختبار المقنن كما عرفه إيبل المشار إليه في (كاظم، 2001) هو ذلك الاختبار الذي يوضع بعناية فائقة من خلال خبرة عميقة ويمر بتجارب استطلاعية وتحليل وإعادة، وتكون له تعليمات واضحة ومقننة للجميع، كما أنه تكون له جداول مقننة للمعايير لتفسير أية درجة يتم الحصول عليها من خلال تطبيق الاختبار على عينة معروفة من الطلبة. ويختلف اختبار المعلم المتعارف عليه أي الاختبار غير المقنن عن الاختبار

المقنن إذ أنه الأداة التي تقيس تحصيل الطالب في مادة دراسية معينة، وفق خطة واضحة يبين فيها الغرض الذي تستخدم الدرجات على الاختبار من آجله، ويحدد المواضيع المتضمنة في الاختبار والأهداف التعليمية المتوقعة والظروف التي سيتم الاختبار في ضوئها. (الصمادي وزميله، 2004) وللتمييز بين الاختبارات المقننة وغير المقننة، يمكن المقارنة بينهما في الجدول التالي. والذي وضعه Gage and Berliner, 1969 والمشار إليها في (كاظم، 2001)

مقارنة بين الاختبارات المقننة والاختبارات غير المقننة

م	الخاصية	الاختبارات المقننة	اختبارات المعلم (غير المقننة)
1	الثبات	معامل الثبات عادة عال 0.90.	نادراً ما يقدر وعندما يحسب فإن متوسطه يبلغ 0.60.
2	الصدق	يستخرج عادة صدق البناء وصدق المحك، من الصعب تقدير صدق المحتوى، لكن يمكن الاستدلال عليه من خلال إجراءات بناء الاختبار.	صدق البناء وصدق المحك غير معروفين، يكون صدق المحتوى عادة عالياً إذا تم استخدام إجراءات منتظمة في بناء الاختبار.
3	قياس المحتوى المتعلم	يقيس محتوى مشترك لغالبية مدارس الدولة. يمكن تطبيق الاختبار ونواجه على مواقف محلية عديدة. لا تعكس الاختبارات المنهج المحلي.	يقيس محتوى يتعلق بالمنهج المحلي يمكن إجراء تعديلات مستمرة على الاختبار لذا فأنها تناسب تغير المنهج. تنزع إلى تأكيد المعرفة أكثر من المستويات العالية.
4	تحضير الطالب	التحضير الدراسي لا يساعد الطالب عادة في الحصول على نتيجة أفضل.	تساعد الدراسة الطالب على تحسين درجته.
5	جودة أسئلة الاختبار	النوعية عالية جداً، فالأسئلة تصاغ بواسطة خبراء في القياس وتتعرض للاختبار والتجريب وتعاد صياغتها قبل تطبيقها النهائي.	النوعية غير معروفة، هناك بنك لأسئلة الامتحان متوافر لدى ناشري الكتب المنهجية (خاصة في الدول المتقدمة).
6	تطبيق الاختبار وتصحيحه	الإجراءات مقننة وثابتة من صف إلى آخر، وهناك تعليمات محددة للإجابة.	إجراءات الاختبار مرنة.
7	تفسير النتائج	يمكن مقارنة النتائج بمعايير عينة التقنين باستخدام دليل الاختبار.	تفسر النتائج مقارنة مع طلاب الصف ويمكن أن يكون الاختبار محكي المرجع أو معياري المرجع.

خطوات بناء الاختبار التحصيلي

تمر الاختبارات التحصيلية بعدة خطوات سواء أكانت اختبارات مقننة أو اختبارات غير مقننة، وهذه الخطوات لا بد منها في حالة كون الاختبارات مقننة، أما في حالة كونها غير مقننة، فهي ليست بالضرورة أن تمر بالخطوات التي سنذكرها فيما يلي، وذلك لأن الاختبارات غير المقننة تعتمد على خبرة المعلم في وضعها، إذ أن الخبرة والممارسة المستمرة تكسبه مهارة يستطيع بواسطتها اختصار بعض الخطوات وتوفير الكثير من الوقت عند بنائه الاختبار، فهو مع تكراره لإعداد خطة لكل درس يستطيع أن ينجز عدداً من الخطوات، فإذا ما جاء موعد الاختبار، نجد أن البنية الأساسية لوضع الاختبار شبه متكاملة ولا يحتاج سوى إخراجها بالشكل المطلوب. إضافة إلى ذلك. فإن اختبارات التحصيل هي بناء تراكمي ففي كل مرة ممكن إضافة أشياء جديدة حتى تتجمع لكل موضوع أو وحدة دراسية مجموعة كبيرة من الأسئلة المتقنة والجيدة والتي يطلق عليها - بنك الأسئلة - ويمكن الاستعانة بها واستخدامها في اختبارات عديدة. (كاظم، 2001)

والخطوات التي تمر فيها عملية إعداد الاختبارات التحصيلية هي: (الزيود وزميله، 2002) و(كاظم، 2001) و(سيد وزميله، 2005) و(الظاهر وآخرون، 1999) و(الصمادي وزميله، 2004)

أولا: تحديد الهدف العام والأهداف الفرعية للاختبار:

ثانياً: تحليل المحتوى.

ثالثاً: تحديد الأهداف التعليمية.

رابعاً: إعداد جدول المواصفات.

خامساً: تحديد عدد الأسئلة ونوعها.

سادساً: صياغة أسئلة الاختبار.

سابعاً: صياغة تعليمات الاختبار.

ثامناً: تجريب الاختبار تجريباً أوليا.

تاسعاً: تطبيق الاختبار.

عاشراً: تصحيح الاختبار.

الحادي عشر: تحليل الأداء.

الثاني عشر: إيجاد دلالات صدق وثبات الاختبار.

الثالث عشر: تفسير النتائج.

أولاً: تحديد الهدف العام والأهداف الفرعية للاختبار

على المعلم تحديد أهداف الاختبار التحصيلي قبل البـدء في إعـداده، فقـد يكون الهـدف مـن الاختبار هو تشخيص الصعوبات التي تواجه التلاميذ في دراسة موضوع معين، أو معرفة المهارات التـي اكتسبها التلاميذ في موضوع معين، أو معرفة المهارات التي اكتسبها التلاميذ في موضوع ما أو في وحـدة دراسية معينة، وفي ضوء تحديد الهدف العام من الاختبار، يقوم المعلم بتحديد أهداف الموضوع المراد قياسها تحديداً إجرائياً – أي صياغتها بطريقـة سـلوكية يمكـن قياسـها. أو تحديـد الأهـداف السـلوكية الإجرائيـة لوحـدات تعليميـة يسـتهدفها الاختبـار. والأهـداف السـلوكية تشـمل المجـالات المعرفيـة والوجدانية والمهارية. (سيد وزميله، 2005) وسوف نتناول هذه الأهداف بشيء من التفصيل عند الحديث عن تحليل الأهداف التعليمية إن أهمية تحديد الهدف العام والأهداف الفرعية للاختبار تكمـن في أن شكل الاختبار وبعض خصائصه تختلف بـاختلاف الهـدف مـن إجـراء ذلك الاختبار. (الصمادي وزميله، 2004)

ثانياً: تحليل محتوى المادة الدراسية

ويقصد بتحليل المحتوى، تحليل محتوى المادة الدراسية، والمحتوى يعني ألوان المعرفة المختلفة وأشكالها في المادة الدراسية التي نتوقع تحصيلها من جانب التلاميذ على مستوى ما، في ضوء الأهـداف التعليمية. إن محتوى كل مادة دراسية يتـألف مـن موضـوعات، وكل موضوع يتـألف مـن جزئيات. ويهدف تحليل المحتوى إلى تحديد الموضوعات التي تشكل بمجملها المادة الدراسية التي يراد قياس مستوى تحصيل التلاميـذ فيها، كـما يحرص أيضا إلى تحديد مفردات أو جزئيات كل موضوع مـن

114

موضوعات المادة الدراسية، بهدف ضمان تمثيل فقرات الاختبار لمفردات المحتوى تمثيلاً متكافئا (الزيود وزميله، 2002) إن المحتوى الدراسي يشتمل على المعلومات التي تلقاها التلاميذ من خلال الدروس والنشاطات المختلفة المتعلقة بمادة معينة، ولذلك فإنه من المجدي أن يضع المعلم قائمة تشتمل على الموضوعات الرئيسية والفرعية التي تحتوي عليها المادة الدراسية بأكبر قدر من التفصيل والبساطة، ومن ثم إيجاد الوزن النسبي لكل موضوع، مثل مقدار أهمية كل موضوع وإعطاء الموضوع الأكثر أهمية وزناً معيناً، وللأقل أهمية وزناً آخر، أو أن يعطي الوزن على أساس عدد الصفحات التي يحتوي عليها كل فصل، أو على أساس الوقت الذي استغرقه تدريس كل موضوع، وهكذا، (كاظم، 2001) ويقدر عدد الأسئلة لكل موضوع بناء على تحليل المحتوى ونسبة التفاوت في الأهمية بين موضوع وآخر.

ثالثاً: تحديد الأهداف التعليمية

الأهداف التعليمية هي مجموعة من العبارات أو الصياغات التي توضح ما سوف يكون عليه سلوك التلميذ بعد اكتسابه للخبرة التعليمية داخل وخارج جدران المؤسسة المدرسية. (خضر، 2004) وحيث أن الأهداف التعليمية هي التي تحدد لنا أنواع التحصيل ومستوياته، لذا فإن العملية التعليمية – التعلمية يجب أن يجري تخطيطها وتنفيذها وتقويمها في ضوء الأهداف التعليمية المحددة، وخطوة تحديد الأهداف التعلمية تتطلب: (الزيود وزميله، 2002)

أ-   التعرف إلى أنواع الأهداف التعليمية ومستوياتها.

ب-   كتابة الأهداف التعليمية بصورة سلوكية.

وفيما يلي نتناول هذه الأهداف بشيء من التفصيل.

ينطلق المعلم بتخطيطه للدرس عادة من الأهداف العامة للعملية التربوية، والتي يفترض أن يشتق منها الأهداف السلوكية، وعلى ضوء اختياره يتم تحديد طريقة التدريس والأنشطة المصاحبة، والوسائل، وطرق التقويم. والرسم التالي يوضح ذلك (جابر، 2000)

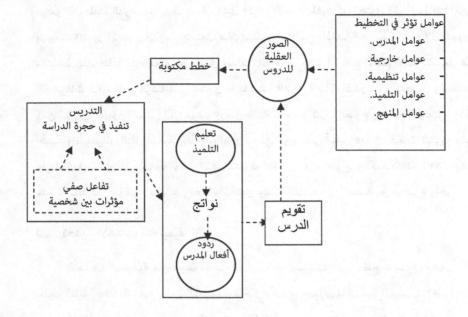

وتعرف الأهداف التربوية العامة على أنها الأهداف التي يسعى النظام التربوي إلى تحقيقها عن طريق التخطيط الفعال.

أما مستوياتها فتنقسم إلى ثلاثة هي:

1- الغايات:

وهي الأهداف العامة، وتعتبر أهدافاً بعيدة المدى، وتكون صياغتها عادة في عبارات عامة شاملة حيث أنها تصف الغايات النهائية القصوى للتعليم وتظهر نتيجة العملية التربوية كلها. وتمثل الأهداف التربوية العامة النتائج الكبرى التي تسعى التربية إلى تحقيقها وتستغرق وقتاً طويلاً.

2- الأغراض

وتسمى الأهداف الوسيطة، حيث أنها أهداف متوسطة المدى وتصاغ في عبارات اقل عمومية وتمثل أهداف المرحلة الدراسية.

3- الأهداف التعليمية الخاصة

ويطلق عليها الأهداف السلوكية، وهي أصغر برنامج تعليمي يمكن ملاحظته وقياسه. وتعرف بأنها وصف لتغير سلوكي يتوقع حدوثه في شخصية التلميذ نتيجة لتفاعله مع موقف تعليمي معين ومروره بخبرة تعليمية معينة.

ويطلق على الأهداف التعليمية مصطلح الأهداف السلوكية، وهي أهداف إجرائية محددة بوضوح وتشمل أهداف الوحدة الدراسية أو الدرس الواحد. والفرق بين الأهداف العامة والأهداف السلوكية، هو أن الأهداف السلوكية يمكن قياسها وملاحظتها. كما أنها توضع من قبل المعلم، وتستغرق مدة تحقيقها زمناً قصيراً. بينما توضع الأهداف العامة من قبل مختصين وتستغرق مدة تحقيقها زمناً طويلاً، ومن الصعب ملاحظتها وقياسها.

والأهداف السلوكية مهمة لكونها تساعد على تحديد وتنظيم الخبرات التعليمية واختيار الوسائل المناسبة لدعم عملية التعلم. كما أنها تعين المعلم على اختيار طريقة التدريس المناسبة والفعالة للوصول إلى الهدف المطلوب، وتسهل عملية القياس والتقويم الشامل لمعرفة مدة تحقيق الأهداف المرسومة. إضافة إلى ذلك فإن الأهداف تساعد على تنسيق الجهود بين البيت والمدرسة والمجتمع.

ومن الضروري أن يراعي المعلم الدقة في صياغة الأهداف السلوكية، بحيث تشتمل صياغتها على عبارات قابلة للفهم وأفعال قابلة للقياس. وتبدأ الأهداف السلوكية عادة بـ(أن + فعل مضارع قابل للملاحظة والقياس + التلميذ + المحتوى التعليمي + شروط الأداء + ظروف الأداء). ويقصد بالمحتوى التعليمي، الجزء الخاص من الدرس والذي يهدف المعلم إلى معالجته سلوكياً بالنسبة للتلميذ، أما شروط الأداء، فهي الوسيلة التي يقوم المعلم من خلالها بملاحظة أداء المتعلم مثل: استخدام المسطرة، أو الكتابة على السبورة، والمقصود بظروف الأداء هو الأسس التي سيكون أداء المتعلم بموجبها مقبولاً مثل: خلال ثلاث دقائق بالتسلسل أو بدون تعثر.

ومن الضروري أن يكون الهدف السلوكي مرتبطاً بالأهداف التربوية العامة. وان يصف سلوك المتعلم لا سلوك المعلم؛ وأن يعكس حاجات التلاميذ ويتلاءم مع درجات نموهم وقدراتهم وميولهم، كما يجب أن يراعي عند صياغة الهدف السلوكي إمكانية تطبيقه على أرض الواقع وتحقيقه في زمن قصير نسبياً.

وحيث أن عملية التعليم تهدف إلى تزويد التلميذ بالخبرات التعليمية، وتدفعه لأن يتفاعل مع المواقف التعليمية من أجل أحداث تغيير في سلوكه، لذا وجب تحديد الهدف تحديداً دقيقاً واضحاً لتسهيل عملية التعليم والتعلم. وللتمكن من تقويم عملية التعلم بيسر وسهولة. وتعرف عملية التعلم على أنها أحداث تغيير في السلوك. والسلوك هو الحدث الذي يدل على ما يمكن أن يفعله الفرد وليس على ما يعرفه.

لذا، فإن الهدف السلوكي هو غاية فعلية. وعليه، فإن القول في الوصول إلى هدف سلوكي معين: "يجب أن يتمكن التلميذ من.. الخ" قول خاطئ أو عبارة خاطئة، فالأجدى القول: "سوف يتمكن التلميذ من... الخ".

مجالات الأهداف السلوكية

صنفت الأهداف السلوكية إلى ثلاث مجالات وقد تم وضعها في بداية الأمر على يد العالم الأمريكي بلوم عام 1956 (فتح الله ، 2000) وهذه المجالات هي:

1- **المجال المعرفي**: ويتضمن الأهداف المتعلقة باكتساب المعارف وتطبيقها، وفهمها، وتقع الغالبية العظمى من الأهداف التربوية والتدريبية ضمن هذا المجال. وقد قسم بلوم هذا المجال إلى ستة مستويات فرعية هي:

أ- التذكر.

ب- الفهم.

ج- التطبيق.

د- التحليل.

هـ- التركيب.

و- التقويم.

ويهتم المجال المعرفي بالعمليات العقلية والنشاطات الذهنية، والتي تشتمل على النقاط الست المذكورة أعلاه والتي سنتناولها الآن بشيء من التوضيح.

أ- **التذكر**: وتتمثل في قدرة التلميذ على تذكر المعارف أو المعلومات السابقة واسترجاعها. (الزيود وزميله، 2002) ومن الأفعال التي تستخدم في صياغة هذا النوع هي: يعرف، يعدد، يذكر، يسمى، يعين، يصف، يحدد... الخ.

ب- **الفهم**: الفهم هو القدرة على إدراك المعاني، ويتطلب هذا المستوى استيعاب التلميذ لمعنى ما يحفظه من معلومات وأن يعرف معاني الكلمات والمصطلحات. كما أنه يتمثل في القدرة على توظيف المعارف والمعلومات في استعمالات مناسبة، وفي اختيار أمثلة محسوسة بظواهر معينة وإعطاء الأسباب التي تكمن وراء بعض الظواهر، والمقارنة بين شيئين. (المرجع السابق) والأفعال المستخدمة في صياغة الأهداف التعليمية في هذا المستوى منها: يشرح، يعلل، يفسر، يترجم، يقارن، يستنتج، يتوقع.. الخ (فتح الله ، 2000)

ج- **التطبيق**: وهو ما يدل على تطبيق المعرفة التي تم استيعابها من قبل بما يمثل الجانب العملي المعرفي لمواقف جديدة مستحدثة. (سيد وزميلة، 2005) ومن أمثلة الأفعال المستخدمة في صياغة الأهداف التعليمية في هذا المستوى: يعالج، يطبق، يعدل، يكتشف، يجرب، يحل، يغير.. الخ.

د- **التحليل**: يقصد بالتحليل القدرة على مقارنة البدائل واكتشاف أوجه الاختلاف بينها، والقدرة على تبرير سلوك معين، والقيام بتفكيك فكرة أو مشكلة إلى عناصرها الرئيسية. (الزيود وزميله، 2002) والتحليل يعبر عن إدراك العلاقات الموجودة في المادة بعد تجزئتها إلى عناصرها الثانوية، بما يشير إلى فهم البناء التنظيمي الداخلي للمادة التعليمية. (سيد وزميله، 2005) ومن الأفعال التي تستخدم في صياغة الأهداف السلوكية في هذا المستوى: يفرق، يخطط، يوضح، يقارن، يباين، يصنف، يفكك.. الخ.

ه- **التركيب**: يتطلب هذا المستوى تركيب المكونات لصنع هياكل جديدة كلياً، والمهارات المطلوبة تتضمن القدرة على كتابة مقال أصيل، واقتراح طرق جديدة لفحص الفرضيات والحصول على تعميمات. (فتح الله ، 2000) ويشير

التركيب إلى وضع الأجزاء التعليمية في قالب تكاملي جديد (سيد وزميله، 2005) ويتمثل التركيب في القدرة على إنتاج نماذج جديدة من أجزاء مختلفة أو عناصر متفرقة بشكل يتميز بالأصالة والإبداع. (الزيود وزميله، 2002) ومن الأمثلة على الأفعال المستخدمة في صياغة الأهداف السلوكية لهذا المستوى: يكتب، يكون، يبني، يصمم، يبتكر، يؤلف.. الخ.

و- **التقويم**: وهو أعلى مستويات المجال المعرفي إذ يستدعي الخروج بأحكام كمية ونوعية حول مدى مطابقة المادة للبرهان. (فتح الله ، 2000) ويتمثل في القدرة على إصدار أحكام أو اتخاذ قرارات مناسبة. ومن الأمثلة على الأفعال المستخدمة لصياغة الهدف السلوكي في هذا المستوى: يقدر يعطي حكماً، ينتقد، يوازن، يفاضل، يختار... الخ.

وهذه بعض الأمثلة التي توضح طريقة صياغة الأهداف السلوكية في المجال المعرفي. (الحريري وزميلتها، 1998)

أ- التذكر: أن يسمع التلميذ نشيد (أمي) في ثلاث دقائق.

أن يسمع التلميذ خمساً من فوائد الخضروات في دقيقتين.

ب- الفهم: أن يعدد التلميذ أنواع الزوايا في دقيقة واحدة.

أن يعرف التلميذ الخط المستقيم في زمن الحصة.

ج- التطبيق: أن يقيس التلميذ الزاوية القائمة بالمنقلة في ثلاث دقائق على السبورة.

أن يشرح التلميذ المفردات الآتية: كورت، أنكدرت، العشار، في دقيقة واحدة.

د- التحليل: أن يقارن التلميذ بين المربع والمستطيل من الرسوم الموضحة على السبورة في دقيقتين.

أن يملأ التلميذ الفراغ في الجملة التالية: أصغر الزوايا الزاوية...

هـ التركيب: أن يبين التلميذ تضاريس المملكة العربية السعودية على الخارطة بالألوان لدقيقتين.

أن يرسم التلميذ زاوية منفرجة بمثلث الرسم والمسطرة خلال دقيقتين.

و- التقويم: أن يعطي التلميذ رأيه حول قصة الراعي بأسلوب لفظي وخلال خمس دقائق.

أن يكتب التلميذ موضوعاً إنشائياً عن أسبوع الشجرة في زمن الحصة.

2- المجال الوجداني:

ويهتم هذا المجال بكل ما يرتبط بالعاطفة الإنسانية من قيم واتجاهات وميول. (البناء وآخرون، 2004) ويتعلق هذا المجال بتنمية مشاعر المتعلم وتطويرها، وتنمية عقائده وأساليبه في التكيف مع الناس والتعامل مع الأشياء، والأهداف فيه تتصل بدرجة قبول الفرد أو رفضه لشيء معين. وتتضمن أنواعاً من السلوك تتصف إلى درجة كبيرة بالثبات مثل القيم والاتجاهات والميول، والتقدير.

ويتضمن هذا المجال، التقبل، والاستجابة، والقيم والاتجاهات، المواقف، تنظيم القيم، وتجسيد القيم. (الزيود وزميله، 2004)

3- المجال النفسحركي/المهاري:

يهتم هذا المجال بتكوين وتنمية المهارات التي تتطلب استخدام تناسق عضلات الجسم أثناء التداول والبناء والعمل، وكثيراً من الخبرات التعليمية التي تصنف كمهارات فسيولوجية في الإبداع وممارسة الفنون والرياضة يمكن أن تصنف ضمن هذا المجال، كما يشمل أيضاً مهارات الحديث والكتابة والمهارات العملية. (فتح الله، 2000) ويشتمل هذا المجال على عدة مستويات هي: الملاحظة، والتقليد، والتجريب، والممارسة، والإتقان، والإبداع. ومن الأفعال المستخدمة في صياغة الأهداف السلوكية في مستوى الملاحظة هي: يراقب، يشاهد يتابع، يستكشف، يلاحظ.. الخ. أما في مستوى التقليد، فالأفعال المستخدمة هي: ينقل، يكرر، يقلد، يحاول، يعيد عمل.. الخ والأفعال التي تستخدم في صياغة الأفعال السلوكية في مستوى التجريب منها: ينقذ، ينتج، يحاول، يؤدي، يجرب... الخ وفيما يخص مستوى الممارسة فإن بعض الأفعال التي تستخدم في صياغة الهدف السلوكي هي: يتدرب على، يصنع، يعرض طريقة عمل. وفي مستوى الإتقان، فإن من الأفعال التي تستخدم في صياغة الهدف السلوكي هي/ يجيد، يتقن، يعمل بثقة. أما مستوى الإبداع والذي يعني قدرة المتعلم على تطوير واستحداث نماذج حركية جديدة لمقابلة موقف معين أو مشكلة محددة، فإن الأفعال التي تستخدم في صياغة الأهداف السلوكية لهذا المستوى: يصمم، يشيد، يبني، يبتكر،

يؤلف، يكون... الخ وفيما يلي قائمة ببعض الأفعال التي تستخدم في صياغة الأهداف السلوكية، والقابلة للقياس.

بعض الأفعال التي تستخدم لصياغة الأهداف السلوكية

أفعال تستخدم لصياغة الأهداف المهارية النفسحركية	أفعال تستخدم لصياغة الأهداف الوجدانية	أفعال تستخدم لصياغة الأهداف المعرفية
يرسم	يتعاون	يوازن
ينحت	يقترح	يفحص
يؤلف قصة	يتطوع	يسمى
يكتب	يساهم	يعرف
يختار الألوان	يقدر	يصف
ينتقي	يتبرع	يترجم
يفكك بإتقان	يشارك	يوضح
يصمم	يصوغ	يفسر
يعدل طريقة ما	يفاضل	يلخص
يقفز	يرحب	يستخرج
يخيط	يناقش	يصنف
يسبح بالنهر	ينتبه	يؤلف
يجري	يتابع	يشكل
يكون	يبادر	يصمم
ينوع	يلتزم	يبرهن
يجيد	يصغي	ينقد
يتقن	يستحسن	يميز
يطور	يختار	يعلل
يبتكر	يمارس	يذكر
ينتج	ينظم	يحل
يستخدم	يتحمس	يقرأ
يفرق	يتصدق	يبرر
يبدا		يطرح
		يجمع
		يحسب

رابعاً: إعداد جدول المواصفات

جدول المواصفات عبارة عن مخطط ثنائي الطريقة يتحدد فيه عدد الأسئلة في كل خلية بناء على المحتوى والهدف. (سيد وزميله، 2005) ويتكون جـدول المواصفـات مـن بعـدين، الأول عنهـا رأسي، ويمثل مستويات الأهداف، والثاني أفقي، ويمثل موضوعات أو جوانب المحتوى الـدراسي. وينشأ مـن تقاطع الخطوط الرأسية التي تفصـل بـين موضـوعات المحتـوى، والخطوط الأفقيـة التـي تفصـل بـين مستويات الأهداف عـدد مـن الخلايا يزيـد أو يقـل في ضـوء عـدد مستويات الأهداف وموضـوعات المحتوى. (الزيود وزميله، 2002) وهنـاك خطـوات لتحضـير جـدول المواصفـات وتتلخص بالتـالي: (الظاهر وآخرون، 1999)

1- تحديد عناصر المحتوى الذي سيجري قياسه.

2- تحديد الأهداف التعليمية للمادة الدراسية لمعرفة مدى تحققها.

3- تحديد نسبة التركيز لكل جزء في المـادة الدراسـية ويتوقـف ذلـك عـلى عـدد الحصـص المقررة لكل وحدة دراسية. أو كل جزء حسب المعادلة التالية:

$$\text{نسبة التركيز} = \frac{\text{عدد حصص الوحدات الدراسية}}{\text{عدد الحصص الكلية للمادة الدراسية}} \times 100$$

وفيما يلي نموذجاً يبين جـدول مواصـفات لاختبـار تحصـيلي في مـادة القيـاس والتقـويم، رتـب حسب تصنيف بلوم في المجال المعرفي (الظاهر وآخرون، 1999)

نموذج لجدول المواصفات

رقم الجزء	عدد الحصص	المحتوى	نسبة التركيز	المستوى المعرفي	الفهم والاستيعاب
1	2	مفهوم القياس والتقويم: تعريف كل من القياس والتقويم والتقييم، خصائص القياس والتقويم التربوي.	%40	(1) يعرف كل من القياس والتقويم، كما عرفه علماء القياس.	(4) يميز بين القياس والتقويم.
2	1	أغراض القياس والتقويم التربوي: تحديد الأهداف، التشخيص والعلاج، التوجيه والإرشاد، المسح، التنبؤ، تقويم المناهج الدراسية، تزويد الطالب والمعلم بالتغذية الراجعة.	%20	(1) يذكر أغراض القياس والتقويم التربوي	(1) يوضح المقصود بكل غرض من أغراض القياس والتقويم.
3	1	مجالات القياس والتقويم: التحصيل الدراسي، الذكاء، الاستعدادات، الاتجاهات، الميول الشخصية.. الخ	%20	(2) يذكر مجالات القياس والتقويم، يوضح مفهوم كل مجال كما عرفه علماء القياس	(1) يدرك نوع الاختبارات التي تستخدم في قياس كل مجال
4	1	أنواع التقويم التربوي: التقويم التكويني، أغراضه ودلالاته. التقويم الختامي، أغراضه ودلالاته.	%20	(1) يسمى أنواع التقويم يعرف مفهوم كل من التقويم البنائي والتقويم الختامي، كما عرفه علماء القياس والتقويم.	(2) يوضح أغراض التقويم التكويني وأغراض التقويم الختامي.
المجموع			**%100**	**5**	**8**

التطبيق	التحليل	التركيب	التقويم	المجموع
-	(4) يستنتج خصائص عملية القياس والتقويم من التعاريف	(2) يربط بين خصائص القياس والتقويم التربوي وعملية القياس والتقويم	(1) يبين أهمية الاستخدام الصحيح للقياس والتقويم التربوي	12
(1) يوظف القياس والتقويم في تحقيق غرض معين.	(1) يصنف أغراض التقويم وفق أنواع التقويم	(1) يقارن بين الأغراض المختلفة للقياس والتقويم	(1) يقيم مدى قدرة القياس والتقويم على تحقيق الأغراض	6
(1) يطبق الاختبار في مجاله المناسب	(1) يحدد الأبعاد التي يتم فيها قياس كل من التحصيل والذكاء والاتجاهات	يقارن بين الاختبار التحصيلي واختبار الذكاء	(1) يحكم على قدرة أدوات القياس المستخدمة في قياس التحصيل والذكاء	6
(1) يستخدم التقويم المناسب، وفق الغرض	(1) يقارن بين التقويم التكويني والختامي من حيث الدلالات والأغراض	(1) يستنتج النتائج السلبية من استخدام نوع التقويم بدل الآخر	-	6
3	7	4	3	30

فوائد استخدام جدول المواصفات

يحقق جدول المواصفات عدة فوائد مما يجعل له أهمية كبرى في بناء الاختبار، وهذه الفوائد هي: (كاظم، 2001)

1- أن جدول المواصفات يجبر المعلم على توزيع أسئلته على مختلف أجزاء المادة الدراسية وعلى جميع الأهداف التعليمية المنشودة، مما يؤمن صدق الاختبار.

2- يقدم للتلاميذ شعوراً إيجابياً حول شمولية الأسئلة لجميع أجزاء المادة الدراسية وعدم الاقتصار على جزء معين فقط.

3- يساعد جدول المواصفات على إعطاء كل جزء من محتوى المقرر أو الوحدة الدراسية حقه في الأسئلة، ويعطيه وزنه الحقيقي من حيث حجم المادة وأهميتها والزمن الذي استغرقته دراستها.

4- يساعد على جعل الاختبار أداة شخصية إضافة إلى كونه أداة لقياس الجانب التحصيلي والكشف عن نقاط الضعف التي يعاني منها التلميذ في المادة الدراسية، حيث أنه من خلال جدول المواصفات يمكن ترتيب أسئلة الاختبار ترتيباً متسلسلاً على حسب الأهداف الموضوعة.

إن إعداد جدول المواصفات قد يتطلب الوقت الطويل والجهد الكثير في بادئ الأمر، إلا أن مسالة إعداده ستكون سهلة وذلك بعد تكرار استخدامه مرة بعد أخرى.

خامساً: تحديد عدد الأسئلة ونوعها

تعرف أسئلة الاختبار بأنها موقف يتضمن عينة من سلوك متعلم يتطلب من الممتحن (المفحوص) القيام بأداء مناسب يكون دليلاً أو مؤشراً على تعلمه نوعاً من السلوك. ويعرف الاختبار في ضوء ذلك أنه مجموعة مختارة من المواقف تمثل عينات من أنواع السلوك، تعرض على الممتحن (المفحوص) وتطلب إليه أن يقوم بأداءات معينة يمكن اعتبارها دليلاً مؤشراً على اكتسابه لأنواع السلوك. (الزيود وزميله، 2002) فبعد أن يفرغ المعلم من صياغة الأهداف التربوية بشكل سلوكي، ستواجهه مشكلة تحديد شكل الاختبار، أي تحديد نوع الفقرات أو الأسئلة التي ستستخدم فيه، وهل ستكون مقاليه، أم موضوعية أم خليط من الاثنين؟ ويمكن للمعلم التغلب على هذه المشكلة من خلال مراعاة بعض القواعد المتعلقة بهذا الموضوع وهذه القواعد هي: (الظاهر وآخرون، 1999)

1- **الهدف المراد قياسه:** هناك بعض العبارات التي لا تقبل الشك في مدى صحتها، كالحقائق والنظريات، لذلك فإن المعلم قد يختار أسئلة الخطأ والصواب. وتستخدم أسئلة المقابلة، في اختبار حقائق تعزيزية مثل: تواريخ أحداث، ارتباط مؤلفين بعناوين كتب، ارتباط أجهزة وأعضاء جسم بوظائفها، وما إلى ذلك. أما الأسئلة المقالية، فقد يستخدمها المعلم لمقياس حقائق ومعلومات وأفكار مترابطة، ولقياس بعض الأهداف التربوية المتقدمة مثل الفهم والاستيعاب والتطبيق، فإنه ممكن قياسها عن طريق الأسئلة ذات الاختيار من متعدد.

2- **طبيعة المحتوى المراد قياسه:** لكل مادة دراسية طبيعتها الخاصة، ولذلك يمكن استخدام كل أنواع الأسئلة في أية مادة دراسية، ولكن هناك بعض المواد تستوجب استخدام نوعية معينة من الأسئلة، كمادة النصوص الأدبية التي تناسبها الأسئلة المقالية، ومادة الرياضيات التي تناسبها الأسئلة الموضوعية من نوع الاختيار من متعدد، وهكذا.

3- **مهارة المعلم في كتابة الأنواع المختلفة من الأسئلة.** يتباين المعلمون في نوعية المهارات التي يمتلكها كل منهم، وفي طريقة وضع الأسئلة، وفي مدى حماس كل منهم وفي طريقة وضع الأسئلة، وفي مدى حماس كل منهم في البحث عن الجديد واللجوء إلى التفكير الإبداعي في وضع أسئلة الاختبار، فبعض المعلمين يمتلكون المهارة العالية في وضع أسئلة الاختبارات بشكل مبدع ومتجدد ومنوع وشيق. فيضع الأسئلة المتنوعة والتي قد تكون موضوعية أو خليط من الموضوعية والمقالية، بينما نجد بعض المعلمين الذين إما يفتقرون إلى مهارة وضع أسئلة الاختبارات بشكل متقن ومتنوع. أو يتقاعسون في بذل الوقت والجهد لوضع الأسئلة الموضوعية، فنجدهم يضطرون في آخر لحظة لإعداد أسئلة الاختبارات بشكل مقالي فقط.

4- **مستوى الدقة في التعبير عن واقع التحصيل:** إن نسبة التخمين في أسئلة الصواب والخطأ تصل إلى 50%، وتصل في أسئلة الاختيار من متعدد في حالة وجود أربعة بدائل إلى 25%، وللتغلب على عامل التخمين في الإجابة، فإنه من الأفضل وضع أسئلة مقالية ذات إجابات قصيرة بحيث تغطي جميع أجزاء المادة الدراسية.

5- **الوقت المخصص لتحضيرها:** في حالة وجود الوقت الكافي لتحضير الأسئلة، فإنه يفضل وضع أسئلة من نوع الاختيار من متعدد، أما إذا كان الوقت المتاح غير كاف. فإن الأسئلة المقالية، وأسئلة التكميل والمقابلة والأسئلة ذات الإجابات القصيرة هي المناسبة.

6- **توفر الإمكانات المادية وتسهيلات الطباعة:** الأسئلة الموضوعية تحتاج إلى كمية كبيرة من الورق، وتحتاج إلى طباعة وتصوير لعديد من الصفحات، وهذا يكلف مبالغ لا بأس بها. فإذا توفرت هذه الإمكانات، كان بها، وإلا فإنه يمكن اللجوء إلى وضع الأسئلة المقالية التي يمكن كتابتها على السبورة ليتمكن التلاميذ من الإطلاع عليها للإجابة عنها.

7- **استخدام الأسئلة الموضوعية لتغطية كل أجزاء المقرر:** عند إجراء اختبار شامل لكل المقرر الدراسي أو لوحدة كاملة منه، فإنه يفضل استخدام الأسئلة الموضوعية لتغطي كل الأجزاء.

8- **مراعاة الزمن الميسر لإجراء الاختبار:** بعض الاختبارات التحصيلية يتحدد زمنها بزمن الحصة، أي حوالي خمسين دقيقة، وبعضها تحدد لها فترات زمنية طويلة قد تصل إلى ثلاث ساعات خاصة في الاختبارات النهائية. (كاظم، 2001)

9- **عمر التلميذ ومستواه التعليمي:** يتحدد عدد أسئلة الاختبارات بعمر التلميذ، فتلميذ المرحلة الابتدائية الدنيا، يجب أن يعطى أسئلة أقل من الأسئلة التي تعطى لتلميذ المرحلة الابتدائية العليا. وذلك لأن تلاميذ المرحلة الدنيا يحتاجون إلى وقت أطول في الاستجابة للفقرة الواحدة مما يحتاجه تلاميذ المرحلة الابتدائية العليا. والسبب في ذلك هو أن مهارات القراءة والكتابة لم تتطور لديهم بعد بدرجة كافية. (الزيود وزميله، 2002)

10- **مستوى القدرة عند التلميذ:** إن عدد الفقرات التي يستطيع التلاميذ من ذوي القدرات العالية أن يجيبوا عنها في الزمن المحدد للاختبار يكون أكبر من عدد الفقرات التي يستطيع زملاؤهم بنفس العمر والصف من ذوي القدرات المتدنية أن يجيبوا عنها. (المرجع السابق)

سادساً: صياغة أسئلة الاختبار

بعد إعداد جدول المواصفات وتحديد أسئلة الاختبار التحصيلي، يقوم المعلم باختيار أنواع الأسئلة التي تقيس تلك الأهداف، فقد يختار المعلم أسئلة الاختبار لتكون موضوعية، أو مقاليه، أو خليط من النوعين، وتأتي بعد ذلك مسألة صياغة أسئلة الاختبار، والتي يفترض أن تكون صياغة دقيقة وواضحة، وشاملة لكل أجزاء المقرر، ومناسبة للزمن المتاح للاختبار، وأن تكون بعيدة عن الغموض، متنوعة ومتدرجه للتمييز بين التلاميذ بما يقيس نواتج التعلم مثل التحليل والاستنتاج والتفسير والتركيب والإبداع والتفكير، ومن الضروري أن تكون الأسئلة موضوعية لا تتأثر بذاتية المصحح. (سيد وزميله، 2005) ويستحسن بعد أن ينتهي المعلم من صياغة الأسئلة أن يتركها جانباً لفترة قصيرة من الزمن قبل تطبيقها وذلك لكي يتمكن من إعادة النظر فيها، ويتأكد من وضوحها. وعلى المعلم مراعاة بعض المعايير عند صياغته لأسئلة الاختبار وهذه المعايير هي: (كاظم، 2001) و(الزيود وزميله، 2002) و(الصمادي وزميله، 2004)

1- مدى قياس السؤال للهدف التعليمي المحدد.

2- مدى ملائمة نوع السؤال للهدف التعليمي.

3- مدى دقة تناغم الأسئلة مع أنواع السلوك المختلفة.

4- خلو السؤال من التلميحات التي قد تقود التلميذ إلى الاهتداء للجواب الصحيح.

5- مدى استقلالية الأسئلة وعدم اعتماد بعضها على البعض الأخرى.

6- عدم ترتيب الأسئلة الموضوعية على نمط واحد مما يسهل على التلميذ اكتشافه مثل: خطأ، صواب، خطأ، صواب... الخ.

7- أن تكون صيغة العبارات دائماً بالإثبات، ويجب تجنب صيغة النفي أو نفي النفي لأن ذلك يثير الالتباس لدى التلميذ. (خضر، 2004)

8- يجب إلا تحتوي العبارة على الألفاظ الجازمة التي تجعلها غير صحيحة مثل: دائماً، أحياناً، على الإطلاق، مثال: تظهر الغيوم في فصل الشتاء دائماً. أو بعض الألفاظ التي تجعل العبارة عادة صحيحة مثل: في بعض الأحيان، ربما، قد، مثال: ربما تظهر الغيوم في فصل الصيف. (المرجع السابق)

9- أن السؤال الذي يحتوي على فكرتين أو أكثر قد يربك التلميذ، ويجعله في حيرة، وعليه ينبغي تجنب الازدواجية في السؤال. حيث انه يحتمل أن تكون أحدى الفكرتين صحيحة والأخرى خاطئة، وهنا لا يعرف التلميذ كيفية التصرف.

10- عند صياغة السؤال يجب الخروج قليلاً عن النص الحرفي الموجود في المقرر الدراسي، ذلك لأن استخدام النص الحرفي يدفع التلميذ إلى الحفظ غيباً من المقرر الدراسي، إضافة إلى أنه لا يمد التلميذ بمصطلحات جديدة ومنوعة.

سابعاً: صياغة تعليمات الاختبار

تمثل التعليمات إرشادات هامة توجه التلميذ وترشده إلى كيفية الاستجابة لفقرات الاختبار، بحيث تأتي استجابته للفقرات معبرة عن قدراته الحقيقية. (عريفج وزميله، 1987) أن التعليمات الواضحة والمفهومة تقلل من أسئلة التلاميذ داخل قاعة الاختبار، وتجعل التباين في نتائج التلاميذ معبراً عن الفروق الفردية فيما بينهم. والتعليمات الواضحة تساعد التلميذ في استثمار وقت الاختبار، وتمنع الإرباك الذي يسببه بعض التلاميذ في طرح الأسئلة الاستيضاحية الكثيرة، إضافة إلى أنه يمنح الفرصة لكل تلميذ لان يتعرف على التعليمات بشكل متكافئ. (كاظم، 2001) وتنقسم التعليمات إلى نوعين: (سيد وزميله، 2005) و(الصمادي وزميله، 2004)

1- **التعليمات الخارجية:** وهي ورقة منفصلة توضح فوق أوراق أسئلة الاختبار وتتضمن الهدف من الاختبار، وعدد الأسئلة وأنواعها، وزمن الإجابة المخصص للاختبار، وطريقة ومكان الإجابة، وبعض الأمثلة التوضيحية، وبيانات، عن التلميذ، وبيان عقوبة الغش وإمكانية الإجابة على بعض الأسئلة وترك البعض الآخر.

2- **التعليمات الداخلية:** وتوضع قبل كل سؤال توضح المطلوب من السؤال مع ذكر مثال لكيفية الإجابة.

ويرى في كتابة التعليمات ما يلي: (كاظم، 2001)

1. أن تكون كلمات التعليمات واضحة ومفهومة وبجمل قصيرة.
2. أن تكون متسلسلة على شكل نقاط توضح ما هو مهم.
3. عدم وضع افتراض على أن التلاميذ يعرفون طريقة الإجابة استناداً إلى خبراتهم السابقة، بل يفترض أنهم يؤدون الاختبار لأول مرة.

أن تعليمات الاختبار ووضوحها تعد من العوامل الأساسية التي تسهل تحقيق الهدف المنشود من وراء إجراء الاختبار.

ثامناً: تجريب الاختبار تجريبياً أولياً

ويطلق أيضا على التجريب الأولي للاختبار (التجريب الاستطلاعي) والتجريب الأولي يتم بتطبيق الاختبار على عينة صغيرة من التلاميذ بهدف التعرف على مدى وضوح التعليمات والأسئلة، ومدى مناسبتها لمستوى التلاميذ بشكل عام، وحساب الوقت اللازم للإجابة عن أسئلة الاختبار. وملاحظة نوعية الأسئلة التي يطرحها التلاميذ حول الاختبار والاستفسارات التي يتقدمون بها. وتتكون العينة عادة من أقل من 30 تلميذاً من نفس المرحلة الدراسية ولكن من مدارس أخرى. ويمكن أن تكون العينة من تلاميذ السنة الماضية في مدرسة أخرى. وبعد التجريب يجري المعلم عادة التعديلات اللازمة، فإذا كانت التعديلات بسيطة، يمكنه تطبيق الاختبار، أما إذا كانت التعديلات كثيرة، فإنه من الضروري إعادة تجريب الاختبار بعد التعديل. (كاظم، 2001)

ويجب عند اختبار العينة التجريبية مراعاة أن تؤخذ العينة بطريقة عشوائية، وان يتم استبعاد التلاميذ الذين لم يستكملوا الإجابة على الاختبار، وان يتم مراعاة عامل الجنس (بنين – بنات) إذا كان ذلك هدفاً في التجربة. (سيد وزميله، 2005)

تاسعاً: تطبيق الاختبار

يتم تطبيق الاختبار بعد إجراء التعديلات اللازمة عليه وفي ضوء تطبيقه على العينة التجريبية. (المرجع السابق) وتتطلب عملية التطبيق توفير البيئة الآمنة والمريحة، وذلك لتوفير الراحة النفسية للتلاميذ حيث يرتفع قلق الاختبار قبل أو عند دخول التلميذ إلى قاعة الامتحان، ويفترض أن يتسم المعلمون بالهدوء وان تتوفر في قاعة الامتحان الإنارة والتهوية الكافيتين. وأن تكون قاعة الامتحان بعيدة عن الضجيج والضوضاء، مع ضرورة تواجد معلم المادة الدراسية في يوم الامتحان وذلك لتوفير نوعاً من الراحة النفسية والطمأنينة لدى التلاميذ، حيث يحتاجونه للرد على تساؤلاتهم واستفساراتهم. (كاظم، 2001)

ويفضل أن يعقد الاختبار في نفس المكان الذي كان يتلقى فيه التلاميذ دروسهم، إذ أن ذلك لا يستدعي تكيفاً جديدا للتلميذ، مع مراعاة عدم تشتيت انتباه التلاميذ وتركيزهم من الاختبار إلى مواضيع خارجية، لأن ذلك فضلاً عن أنه يشتت انتباه التلاميذ، يعتبر مضيعة لوقتهم، ويستحسن تذكيرهم بالوقت المتبقي للاختبار بين الحين والأخرى. (الصمادي وزميله، 2004)

إنه من الضروري تذكير التلاميذ بأن الاختبار هو وسيلة وليس غاية – فهو وسيلة للمساعدة وللتعديل ولتحقيق الأهداف.

ذلك لأن التركيز على الاختبار والتذكير به باستمرار واستخدامه وسيلة لتخويف التلاميذ، ينمي عندهم الشعور بالخوف من الاختبار، والارتباك عند الأداء مما يشتت معلوماتهم ويؤثر سلبا على نتيجة الاختبار وحيث أن الاختبار وسيلة وليس غاية، وهو أداة لقياس مدى تحصيل التلاميذ في المقدرات الدراسية، لذا ينبغي عدم التهاون في مسألة الغش في الاختبار فإنه على الرغم من كونه سلوكاً سيئاً، فهو يؤثر أيضاً على مصداقية نتائج الاختبار. لذا فإن ترك مسافات كبيرة بين التلاميذ عند تطبيق الاختبار أمر في غاية الأهمية مع ضرورة المراقبة المشددة. ويجب مراعاة توزيع كراسات الاختبار على التلاميذ بشكل مقلوب مع التنبيه بعدم قراءة الأسئلة إلا بعد

الانتهاء من توزيع آخر كراسة، عندها يسمح لهم بقلب الكراسة وقراءتها، ذلك لان توزيع كراسات أسئلة الاختبار على التلاميذ وتركهم يتصفحونها بينما مازال المعلم يوزع الكراسات على الآخرين قد يسمح لبعض التلاميذ من الاستفسار من بعضهم أو التهامس حول إجابة لسؤال ما، أو تبادل الآراء على عجل أو ما إلى ذلك من أساليب الغش المقصودة وغير المقصودة.

عاشراً: تصحيح الاختبار

بعد الانتهاء من تطبيق الاختبار تبدأ عملية تصحيحه. وتتم طريقة التصحيح بسهولة إذا ما تم التخطيط المسبق لها. وتساعد طريقة إجابة التلاميذ إلى حد كبير في مسألة تصحيح الاختبار. فالإجابة من قبل التلاميذ على أوراق الاختبار يحدد إلى حد كبير سهولة عملية التصحيح فتسجيل الإجابة على ورقة الاختبار أسهل من تسجيلها على ورقة إجابة منفصلة. (الصمادي وزميله، 2004)

وتعد عملية التصحيح من الخطوات المهمة في بناء الاختبار ففيها يتم إعطاء إجابات التلميذ درجة معينة، أي يتم فيها تحويل النوع إلى عدد محدد، ويفترض أن يعبر هذا العدد عن مقدار تحصيل التلميذ بالفعل، وأن يتسم بالموضوعية. وتختلف طرق التصحيح باختلاف نوع الأسئلة. ففي الاختبارات الموضوعية يمكن استخدام عدة طرق هي: المفتاح المثقب، والمفتاح الشفاف، والمفتاح الآلي، وهي ما سوف نتناوله بالتوضيح لاحقاً.

طرق تصحيح كراسات الإجابة على أسئلة الاختبار:

هناك طرق عديدة لتصحيح الاختبار نوردها بالتالي:

1- **الطريقة التحليلية:** في هذه الطريقة تحلل الإجابة على السؤال المقالي إلى مجموعة من العناصر التي يجب أن تشتمل عليها إجابة التلميذ، وينظر إلى إجابة التلميذ، فإذا اشتملت على كل العناصر، يمنح الدرجة الكاملة المخصصة لذلك، السؤال، وتقل الدرجة كلما قلت تلك العناصر أو نقصت عن الموجود في الإجابة النموذجية. ودرجة الثبات في هذه الحالة عالية حيث أن المصحح لا

133

يعطي درجة عن الطريقة الكلية، وإنما حسب العناصر التي ذكرها التلميذ. (الصمادي وزميله، 2004)

2- **الطريقة الكلية:** يتم إعطاء الدرجة للتلميذ بناء على الانطباع العام الذي تشكله إجابة التلميذ لدى المصحح. وهذه الطريقة تستخدم في اختبار الإنشاء أو التعبير عن الرأي الشخصي حيال قضية ما. ودرجة الثبات تكون هنا متدنية لأن الدرجة تمنح حسب ذاتية المصحح والعوامل النفسية أو المزاجية الخاصة به.

3- **طريقة المفتاح المثقب:** تستخدم هذه الطريقة في تصحيح الاختبارات الموضوعية التي لها إجابة محددة مثل أسئلة الخطأ والصواب، وأسئلة الاختيار من متعدد. وتتم هذه الطريقة باستخدام قطعة من ورقة المقوى وتكون بنفس حجم ورقة الإجابة تماماً، وتكون الإجابات الصحيحة مثقبة بحيث يمكن وضعها فوق ورقة الإجابة وحساب عدد الإجابات الصحيحة بسرعة وبشكل مباشر. (كاظم، 2001)

4- **المفتاح الشفاف:** تطبع الإجابات الصحيحة للأسئلة الموضوعية وتكتب على ورق شفاف يوضع فوق ورقة الإجابة ويتم حساب عدد الإجابات الصحيحة. إن الفرق بين المفتاح الشفاف والمفتاح المثقب، هو أن المفتاح الشفاف يمكن فيه حساب الإجابات الصحيحة والإجابات المتروكة بدون حل والإجابات الخاطئة. بينما في المفتاح المثقب لا نستطيع ذلك. (المرجع السابق).

5- **المفتاح الآلي:** ازداد شيوع هذه الطريقة مع تزايد التطور العلمي والتقني، ويتطلب التصحيح الآلي تسجيل الإجابات على بطاقات خاصة ذات مقاسات مناسبة لجهاز التصحيح. ويمكن استخدام نماذج الإجابة والتي صممت أصلاً لفقرات الاختيار من متعدد للإجابة على فقرات. الخطأ والصواب وذلك باستخدام أول خانتين منها. (الصمادي وزميله، 2004) والمفتاح الآلي يمتاز بالدقة والسرعة مقارنة بغيره، وتتم عملية التصحيح بالحاسبات الإلكترونية حيث تستخدم ورقة إجابة معيارية وتكون الإجابة بالتأشير في الأماكن الخاصة باستخدام قلم خاص معد لهذا الغرض، ويقوم جهاز الحاسوب بالمسح الضوئي Optical Scaning للإجابة الصحيحة وتعطى النتيجة النهائية. وفيما يلي نموذجاً لبطاقات التصحيح الآلي. (الصمادي وزميله، 2004)

املأ بقلم الرصاص رمز الإجابة المناسبة لكل سؤال

Title				Title				Title			
Question No.	Answer			Question No.	Answer			Question	Answer		
	A	B	C		A	B	C	No.	A	B	C
1				1				1			
2				2				2			
3				3				3			
4				4				4			
5				5				5			
6				6				6			
7				7				7			
8				8				8			
9				9				9			
10				10				10			
Total				Total				Total			

بعض الأمور الواجب مراعاتها عند تصحيح الاختبار:

هناك بعض الأمور الواجب على المصحح مراعاتها للحصول على نتائج عادلة. وهذه الأمور هي:

1- من الضروري حجب أسماء التلاميذ الموجودة على كراسة الإجابة وذلك بتغطيتها والاكتفاء بوضع رموز أو أرقام على كراسات الإجابة، وذلك لمنع تأثر المصحح بسلطة الميول والنزعات الشخصية.

2- يستحسن البدء بتصحيح سؤال واحد في كل مرة، كأن يبدأ المصحح بتصحيح السؤال الأول لكل الكراسات الخاصة بالإجابات، ومن ثم يبدأ بالسؤال الذي يليه، وذلك منعاً لتأثر درجة السؤال الثاني بما حصل عليه التلميذ في السؤال الأول، أي تجنب القياس بين علامة التلميذ في سؤال وعلامته في سؤال آخر.

3- التقويم يقدم معلومات يمكن تزويد التلاميذ بها لتحقيق التغذية الراجعة حتى يصبح للتقويم أثر حافز لتعلم التلاميذ من خلال معرفتهم للنتائج (أبو لبدة وآخرون، 1996)

4- يفضل أن يصحح الاختبار فور الانتهاء منه، ليعرف التلاميذ نتائج اختبارهم بشكل فوري حيث أن ذلك يؤثر فيهم إيجابياً، فكلما طالت الفترة بين أداء

التلاميذ للاختبار ومعرفتهم نتيجته، كلما فتر حماسهم، إضافة إلى أنهم قد ينسون ما كانوا متحمسين من أجله حول إجاباتهم مع مرور الوقت.

5- يفضل تصحيح الأوراق من قبل أكثر من مصحح وذلك لتحري دقة التصحيح.

6- من الضروري إعطاء تغذية راجعة للمفحوصين من خلال كتابة التعليقات والتصويبات أثناء لتصحيح، حيث أن ذلك يساعد على تصحيح وتوجيه عملية التعلم. وقد يجد المصحح نمطية في الأخطاء المرتكبة مما يجعل الاختبار أداة للتشخيص تساعد في جعل التعليم تعليماً علاجياً. (الصمادي وزميله، 2004)

أحد عشر: تحليل الأداء

المقصود بتحليل الأداء، كيفية استخدام العمليات الإحصائية في جمع وتنظيم وعرض وتحليل وتفسير نتائج الاختبار التحصيلي، وذلك لتمكين المعلم من وصف النتائج أو إجراء المقارنات الإحصائية. (حليمي، 1985) بهدف تقديم معلومات منظمة سهلة الفهم إلى الإدارة أو الإشراف التربوي حول أداء التلاميذ، وهناك مجموعة من الإجراءات الإحصائية الوصفية التي يتضمنها التحليل، وللقيام بهذه الإجراءات الإحصائية لابد من التعامل مع العلامة الكلية للتلميذ والتي حصل عليها في الاختبار بغض النظر عن أدائه على كل فقرة بشكل مفصل. وتتلخص هذه الإجراءات بالخطوات التالية. (الصمادي وزميله، 2004)

1. يصمم جدولاً لا تزيد عدد فئاته على 20 ولا تقل عن 10.
2. ترتب العلامات تصاعدياً أو تنازلياً.
3. يستخرج مدى التوزيع ويساوي: أكبر مشاهدة – اصغر مشاهدة + 1.
4. يقسم مدى التوزيع على 10 ثم على 20 وذلك لكي يتراوح عدد الفئات في الجدول التكراري المطلوب بين 10 و20 فئة.
5. يؤخذ أكبر عدد فردي من فئة ناتج القسمة على 10 ثم على 20 وذلك لإيجاد طول الفئة.
6. لإيجاد الحد الأدنى للفئة الأولى، تؤخذ أصغر علامة، فإذا كانت تقبل القسمة على طول الفئة بدون باقي يمكن اعتبارها الحد الأدنى، أما إذا كانت لا تقبل

القسمة بدون باقٍ، فيؤخذ الرقم الذي يقل عن أصغر مشاهدة مباشرة بحيث يقبل القسمة على طول الفئة بدون باقي.

7. لإيجاد الحد الأعلى للفئة الأولى، تستخدم المعادلة التالية:

الحد الأعلى = طول الفئة + الحد الأدنى -1

8. تشكل بقية الفئات حتى الوصول إلى الفئة التي تحتوي أكبر علامة من علامات التلاميذ، وتوضيح مقابل كل فئة التكرارات التي تمثل عدد التلاميذ الذين حصلوا على علامة تقع ضمن الفئة، علماً ان مجموع التكرارات يساوي عدد التلاميذ.

وفيما يلي، مثال تطبيقي حول تلك الإجراءات (الصمادي وزميله، 2004)

قام معلم بتطبيق اختبار في مادة الرياضيات على صف مكون من 32 طالب وكانت علاماتهم بعد أن قام المعلم بترتيبها تصاعدياً كما يلي:-

18، 18، 19، 20، 21، 22، 22، 23

24، 25، 25، 25، 26، 26، 28، 29

32، 32، 32، 32، 37، 39، 42، 44

45، 47، 47، 50، 53، 59، 66، 66

المطلوب: كون جدولاً تكرارياً بحيث لا تزيد عدد فئاته على 20 ولا تقل عن 10

الإجابة: تسير وفق الخطوات السابقة الذكر.

1- مدى التوزيع = أكبر مشاهدة – أقل مشاهدة + 1

66- 18 + 1 = 49

2- تقسم مدى التوزيع على 10 ثم على 20

أي: $\frac{49}{10}$ = 4.9 تقرب إلى عدد 5

$\frac{49}{20}$ = 2.45 تقرب إلى 2

3- طول الفئة: هي أكبر عدد فردي من الأعداد التي تنحصر بين (2-5) إذاً طول الفئة يساوي 5.

4- لإيجاد الحد الأدنى للفئة الأولى نأخذ أقل علامة وهي 18 ولكنها لا تقبل القسمة على 5 بدون باقٍ، لذلك نأخذ القيمة الأقل منها بحيث تقبل القسمة على 5 بدون باقي وهي 15 والتي ستمثل الحد الأدنى للفئة الأولى من الجدول.

5- لإيجاد الحد الأعلى للفئة الأولى = طول الفئة + الحد الأدنى – 1

$$=5+15-1=19$$

إن علامات التلاميذ هي أرقام خام ليست لها دلالة إلا إذا قام المعلم بالعمليات الإحصائية المذكورة أعلاه للحصول على معلومات تكشف عن وضع التلاميذ بالنسبة للاختبار بصورته الكلية وبالنسبة لكل فقرة من فقراته، وكذلك وضع التلاميذ بالنسبة لبعضهم البعض، حيث أن المعنى الحقيقي لعلامة أي تلميذ من التلاميذ يعتمد على مقارنتها بعلامات زملائه، فالدرجة على سبيل المثال قد تكون جيدة في حالة ما، وغير جيدة في حالة أخرى. (خضر، 2004)

مثال: المجموعة (1) حصلت على درجات مرتبة كالتالي:

| 70 | 60 | 50 | 40 | 30 |

والمجموعة (2) حصلت على درجات مرتبة كالتالي:

| 100 | 90 | 80 | 70 | 60 |

نلاحظ أن الدرجة 70 في المجموعة الأولى تمثل أعلى تقدير بينما نجدها في المجموعة الثانية ضعيف نوع ما.

أن المعلومات التي نحصل عليها حول كل سؤال، تساعد بالطبع في الحكم على ذلك السؤال فيما إذا كان جيداً أم غير ذلك. فالسؤال الذي لا يجيب عليه احد، والسؤال الذي يجيب عليه كل التلاميذ بنفس الدقة، كلاهما لا يصلح للاختبارات القادمة، لأن أياً منهما لا يساعد على تمييز الفروق الفردية بين التلاميذ ويمكن التعبير عن صعوبة السؤال بنسبة التلاميذ الذين أجابوا عنه بشكل صحيح، فإذا أجاب 70%

من التلاميذ عن سؤال، إجابة صحيحة، فإن صعوبة السؤال هي 70% وعندما تكون الصعوبة أقل من 25% يعتبر السؤال صعباً على التلاميذ.

وإذا كانت الصعوبة تزيد على 75% يعتبر السؤال سهلاً وما بينهما (25% - 75%) يعتبر متوسط الصعوبة. وتعرف معامل صعوبة الفقرة بأن نسبة الذين يجيبون عن الفقرة إجابة صحيحة من بين التلاميذ المفحوصين الذين حاولوا الإجابة عن هذه الفقرة. ولنأخذ مثالاً على ذلك:

سؤال: إذا كان عدد تلاميذ الصف الخامس الابتدائي 50 تلميذاً، أجاب منهم عن فقرة واحدة من السؤال إجابة صحيحة 35 تلميذاً، ما هو معامل السهولة ومعامل الصعوبة لهذه الفقرة؟

الجواب: يمكن استخراج معامل الصعوبة باستخدام المعادلة التالية: (عريفج وزميله، 1987)

$$\text{معامل الصعوبة} = \frac{\text{عدد التلاميذ الذين أجابوا إجابة صحيحة}}{\text{عدد التلاميذ الذين حاولوا الإجابة}} \times 100$$

ولحساب معامل السهولة تستخدم المعادلة التالية:

$$\text{معامل السهولة} = \frac{\text{عدد التلاميذ الذين أخطأوا في الإجابة}}{\text{عدد التلاميذ الذين حاولوا الإجابة}} \times 100$$

$$\text{معامل السهولة} = \frac{15}{50} \times 100 = 30\%$$

$$\text{معامل الصعوبة} = \frac{35}{50} \times 100 = 70\% \ (\text{خضر، 2004})$$

وهكذا نجد أن معامل صعوبة السؤال يتناسب تناسباً عكسيا مع صعوبة السؤال، فكلما كان معامل صعوبة السؤال عالياً كان السؤال سهلاً، وكلما كان منخفضاً كان السؤال صعباً فالسؤال الذي درجة صعوبته 70% أسهل من السؤال الذين درجة صعوبته 20% ويمكن حساب معامل السهولة والصعوبة لأسئلة الاختبارات المقالية على أساس معرفة أعلى علامة لكل سؤال من الأسئلة، يتم

استخراج المتوسط الحسابي لعلامات التلاميذ على كل سؤال. وبقسمة المتوسط الحسابي لعلامات التلاميذ على أعلى علامة حصل عليها السؤال، وضربها في 100 يتم الوصول إلى حساب معامل الصعوبة، وهكذا...

ثاني عشر: إيجاد دلالات صدق وثبات الاختبار

أشرنا في بداية هذا الفصل إلى شروط الاختبار الجيد، والتي هي: الصدق، والثبات، والموضوعية، وسنتناول هنا دلالات صدق وثبات الاختبار بشيء من التفصيل.

أولا: الصدق: صدق الاختبار هو قدرته على قياس السمة المراد قياسها. والصدق يعني أن الاختبار صمم لقياس سمة معينة وان فقرات هذا الاختبار جميعها ترتبط بهذه السمة المراد قياسها وان الاختبار يتصدى بأقصر السبل وبأقصى درجة من الدقة لمواجهة الهدف التربوي بالنص الذي ورد فيه دون أي تبديل. (خضر، 2004) ولعل أكثر التعريفات للصدق شيوعاً هو ذلك التعريف الذي ينص على: "أن يقيس الاختبار ما وضع لأجل قياسه، فاختبار التاريخ يكون صادقاً إذا قاس تحصيل التلميذ في التاريخ، والمتر يكون صادقاً إذا قاس الطول وليس الوزن، وهكذا" (كاظم، 2001) ويعتبر الاختبار صادقا إذا لم تتأثر نتائجه بعوامل أخرى خلاف النواحي التي يريد قياسها. فإذا اختبرنا مدى تقدم التلاميذ في مادة العلوم على سبيل المثال، فيجب ألا تتأثر نتائج الاختبار بقدرة التلاميذ على التعبير أو حسن خطهم أو مدى ترتيبهم لورقة الإجابة. (خضر، 2004)

خصائص الصدق:

بما أن الصدق هو الدقة التي يقيس فيها الاختبار الغرض الذي وضع من أجله. فإن له خصائص تميزه عن غيره، وهذه الخصائص هي: (الظاهر وآخرون، 1999)

1- يتوقف الصدق على عاملين أساسيين هما: الغرض من الاختبار، والفئة التي سيستهدفها الاختبار، فالاختبار الذي وضع لغرض معين أو لجماعة معينة،

يكون أكثر صدقاً مما لو استعمل هذا الاختبار بغرض آخر، أو لجماعة أخرى، غـير التـي وضع مـن اجلها.

2- الصدق الخاص باستعمال معين، وعليـه يكـون اختبـار التحصيل في مـادة مـا صـادقاً إذا كـان يقيس تحصيل التلميـذ في تلـك المـادة، ولا تتصـف نتائجـه بالصـدق إذا استعملنـاه كمقيـاس للذكاء.

3- الصدق صفة نسبية وليست مطلقة، فلا يوجد اختبار عديم الصدق أو تام الصدق.

4- الصدق صفة تتعلق بنتائج الاختبار وليس بالاختبار نفسه.

5- يتوقف صدق الاختبار على ثباته، أي إعطاء النتائج نفسها تقريباً في كل مـرة يطبـق فيهـا عـلى صف دارسي معين.

أنواع الصدق

هناك عدة مؤشرات تدل على صدق الاختبار، ولكـل مـؤشر طريقـة خاصـة بـه، وكلمـا زادت مؤشرات الصدق في اختبار ما، كلما زادت الثقة به (كاظم، 2001) وهناك عدة أنواع للصدق هي:

1- **صدق المحتوى**: ويقصد بصدق المحتوى أن محتوى الاختبار يمثل محتوى المقـرر الـدراسي والـذي يمثل الأهداف التربوية. ولذلك فإنه من الضروري أن يشتمل الاختبار عـلى عينة كبيرة للمحتوى الأصلي للمادة الدراسية المراد قياس تحصيل التلميذ فيها. (خضر، 2004) ويطلـق عـلى صـدق المحتـوى مصطلح صدق المضمون وهو الصدق المنطقي أو صدق التمثيل ويتحقق صدق المحتوى من خلال المطابقـة بـين محتوى الاختبار وبين معطيـات تحليـل محتـوى المـادة الدراسية وأهـداف تدريسـها. وسمي بالصـدق المنطقي لأنه يشتق دلالاته من أحكام تستخلص من عملية التحليـل المنطقي للسـلوك. ويطلـق عليـه مصطلح صدق التمثيل لأنه يعني بمقارنة تمثيل الاختبار لمحتوى مادة التدريس وأهدافها. (الزيود وزميله، 2002) وللتحقق من صدق المحتوى، يعرض الاختبار على مجموعة مـن مـدرسي المـادة مـن ذوي الخبرة

الطويلة في التدريس ويؤخذ رأيهم حول مدى صلاحية الأسئلة في قياس الأهداف والموضوعات وصلاحية صياغتها اللغوية، وتعد نسبة الاتفاق فيما بينهم على ذلك مؤشراً لصدق المحتوى. (كاظم، 2001)

2- **صدق المحك:** يشير هذا النوع إلى قدرة الاختبار على التنبؤ بسلوك التلميذ في مواقف محددة، أو تشخيص هذا السلوك. والحكم على توافر الصدق في الاختبار يعتمد على مدى ارتباطه بالمحك، والمحك على أنواع، فقد يكون التحصيل الدراسي، أو الأداء في نشاط أو برنامج معين، أو المجموعات المتضادة، أو تقديرات المعلمين، أو معاملات الارتباط بين الاختبار وغيره من الاختبارات. (المرجع السابق) وصدق المحك على نوعين هما:

أ- **الصدق التنبؤي:** الصدق التنبؤي يعني قدرة الاختبار وفاعليته في التنبؤ بنتيجة معينة في المستقبل في دراسة لها علاقة بالاختبار، وهذا النوع من الصدق يتصل بشكل وثيق بالاختبارات التي تستخدم في أغراض الانتقاء والتصنيف، وعلى سبيل المثال، تشترط الجامعات معدلات لقبول الطلبة المتقدمين للدراسة الجامعية، وهي بذلك ترفض قبول الطلبة الحاصلين على معدلات منخفضة، فهي تتنبأ بناء على علاماتهم برسوبهم أو نجاحهم في المرحلة الجامعية. (الظاهر وآخرون، 1999)

ب- **الصدق التلازمي:** ويتحقق هذا النوع من الصدق من خلال تطبيق اختبار على مجموعة من المفحوصين، ومقارنة النتائج بنتائج اختبار سابق موثوق بجودته ودقة نتائجه. فإذا تبين من خلال هذا الاختبار أن المتفوقين هم نفس المتفوقين في الاختبار السابق، والضعاف هم نفس الضعاف في الاختبار السابق، فإن الاختبار سيكون صادقاً، ويسمى الصدق في هذه الحالة بالصدق التلازمي. (الزيود وزميله، 2002)

3- **صدق البناء:** يفيد هذا النوع من الصدق في الاختبارات النفسية كالذكاء والاتجاهات والميول وغيرها، أكثر من الاختبارات التحصيلية، لأن التحصيل

ممكن تعريفه إجرائياً. ويقصد بصدق البناء مدى العلاقة بين ما يقيسه الاختبار وبين قائمة مستمدة من الإطار النظري للاختبار. (كاظم، 2001) وصدق البناء موجه لخدمة الاختبار نفسه أي بمعنى الانتقال من الشك في أن الاختبار يقيس السمة التي أعد لقياسها. وهناك عدة خطوات تساعد في الكشف عن صدق البناء للاختبار، وهذه الخطوات هي: (الصمادي وزميله، 2004)

1. صياغة فرضية أو أكثر حول الكيفية التي يتوقع بها اختلاف الأفراد في الخصائص ويجب أن تستند الفرضيات على الإطار النظري للسمة.

2. اختيار أداة قياس تحتوي على فقرات تمثل السلوك الدال على السمة.

3. جمع البيانات التجريبية التي تسمح بفحص العلاقات المفترض وجودها.

4. التحقق فيما إذا كانت البيانات متناغمة مع الافتراضات.

العوامل التي تؤثر على صدق الاختبار

هناك العديد من العوامل تؤثر على صدق الاختبار نجملها في الآتي: (الزيود وزميله، 2002) و(الظاهر وآخرون، 1999)

1- قلق التلميذ وخوفه من رهبة الاختبار قد تؤثر في مستوى إجاباته وبالتالي إلى حصوله على علامات متدنية ومختلفة عن قدرته الحقيقية.

2- عدم التمثيل الشامل لجوانب السلوك المراد قياسه، إن شمول وتمثيل عينة السلوك التي يتضمنها الاختبار لجوانب السلوك المراد قياسه يدل على توافر دلالة الصدق، ولذلك فإن عدم التمثيل الشامل يجعل دلالة الصدق ضعيفة.

3- ممارسة بعض التلاميذ لبعض العادات السيئة في الاختبار كالتخمين، أو الغش، أو محاولة التأثير على الفاحص باستخدام أسلوب معين من خلال الاختبارات المقالية.

4- غموض بعض الأسئلة مما يجعل التلاميذ يتباينون في مسألة تفسيرها، وقد يكون تفسير بعضهم لها تفسيراً خاطئاً مما يقلل صدق الاختبار.

5- عدم ملاءمة أسئلة الاختبار مع قدرات التلاميذ المختلفة، فقد تكون الأسئلة سهلة جداً مما يجعل التلميذ يحصل على علامة لا يستحقها، أو قد تكون صعبة

جداً وفوق مستوى التلميذ، مما يجعله يحصل على علامة متدنية، وفي الحالتين فإن علامة التلميذ لا تتصف بالصدق، لأنها لا تمثل قدرته.

6- التلميحات: تحتوي بعض الأسئلة على مؤشرات تقود التلميذ إلى الإجابة الصحيحة، وهذا يجعله يحصل على علامة لا تتوافق مع قدراته.

7- العلاقة بين ما يعرفه التلميذ وما لم يتعلمه، فقد يطرح المعلم سؤالاً خارجياً أو سؤالاً حول موضوع لم يدرس بعد، مما يؤدي إلى حصول التلاميذ على علامة متدنية في هذا السؤال.

8- طول الاختبار وتنوع أسئلته: كلما تتعدد أسئلة الاختبار وتتباين يزداد الصدق فيه والعكس صحيح.

9- البيئة التي يؤدى فيها الاختبار: أن توافر الشروط الصحية في قاعة الاختبار كالتهوية الجيدة، والإنارة، وسعة المكان، وتوافر كراسي مريحة، تؤثر إيجابا على صدق الاختبار، وبالعكس فالحرارة الشديدة أو البرودة أو ضيق المكان وعدم توافر الهدوء فيه، سيؤثر سلباً على صدق الاختبار.

10- عدم وضوح طباعة الأسئلة وإخراجها: أن وجود بعض الأخطاء المطبعية، وعدم وضوح الطباعة، وعدم وجود فراغات مناسبة بين السطور ستؤثر سلباً على صدق الاختبار.

ثانياً: الثبات

يسمى الثبات أيضاً دقة القياس لتمييزه عن صحة القياس والثبات هو الدرجة التي تكون نتائج أداة القياس ثابتة من مرة إلى أخرى من مرات استخدامها تحت نفس الظروف. ويمكن اعتبار الاختبار ثابتاً إذا ما أعطى نفس النتائج في حال تكراره تحت ظروف مماثلة. (خضر، 2004) إن ثبات الاختبار يعني أن الاختبار موثوق به ويعتمد عليه، فإذا أجري اختبار تحصيلي للتلاميذ بصورة دقيقة، وصيغت الأسئلة بطريقة تمنع التخمين وهيئت الظروف المناسبة للتلاميذ لأداء الاختبار بعيداً الفوضى وعن العوامل المتعددة التي تؤثر سلبا على انجازاتهم، وإذا أعطيت العلامات بشكل صحيح

بعيدا عن التحيز أو الخطأ في الجمع والحساب، عندها يكون الاختبار على درجة عالية من الثبات، أما إذا كان ثبات الاختبار قليلاً، فإنه بالطبع لا ينجح في قياس الشيء المراد قياسه بدقة.

(الظاهر وآخرون، 1999)

طرق قياس الثبات

يحدد الثبات بعدة طرق أهمها:

1- **طريقة إعادة الاختبار:** تعد هذه الطريقة من أكثر الطرق شيوعاً، ويستخرج معامل الثبات فيها بواسطة تطبيق الاختبار على التلاميذ والذي يريد المعلم حساب معامل ثباته، ويصحح الاختبار وتدون نتائجه، وبعد فترة تتراوح بين أسبوعين إلى ثلاثة أسابيع يعاد تطبيق الاختبار نفسه على نفس التلاميذ وفي ظل الظروف التي اجري فيها الاختبار الأول، ثم تصحح الإجابات ويحسب معامل الارتباط بين علامات التلاميذ التي حصلوا عليها في المرة الأولى، وعلاماتهم في المرة الثانية. (الزيود وزميله، 2002)

2- **طريقة الصور المتكافئة:** في هذه الطريقة تستخدم صورتين متكافئتين من الاختبار ويشترط أن تكون الصورتان متكافئتين من حيث عدد الأسئلة، والمحتوى، والصعوبة، والتمييز، ثم تطبيق الصورتين على بعض التلاميذ في وقت واحد. (كاظم، 2001) وبعد تطبيق هذين الاختبارين على عينة من التلاميذ يحسب معامل الارتباط بين درجات أفراد العينة. وتعد هذه الطريقة من أفضل الطرق في تقدير الثبات. (الزيود وزميله، 2002)

3- **طريقة التجزئة النصفية:** يقوم المعلم عند استخدام هذه الطريقة بتقسيم الاختبار إلى نصفين متكافئين. ويكون النصف الأول مكوناً من الأسئلة ذات الأرقام الفردية ويعاملها على أنها اختبار واحد، ثم يأخذ الأسئلة ذات الأرقام الزوجية ويعاملها على أنها اختبار آخر. ثم يطبق الاختبار الأول المكون من الأسئلة فردية الأرقام، وبعدها يطبق الاختبار الثاني والمكون من الأسئلة زوجية الأرقام. (خضر، 2004) والاختبار يطبق جميعه في جلسة واحدة، وفي حدود زمنية واحدة، ويتم بعد التطبيق استخراج علامتين

منفصلتين الأولى خاصة بالقسم الأول من الاختبار، والثانية خاصة بالقسم الثاني مـن الاختبار، ثـم يتم استخراج معامل الارتباط من هاتين العلامتين والـذي يشـير إلى معامل ثبـات الاختبار ككـل. (الزيود وزميله، 2002)

العوامل التي تؤثر على ثبات الاختبار

هناك مجموعة مـن العوامـل تـؤثر عـلى ثبـات الاختبار أهمهـا: (حمـدان، 1986) و(خضر، 2004) و(الزيود وزميله، 2002)

1- **طول الاختبار**: يرتفع معامل ثبات الاختبار كلما زاد طوله وتعددت فقراته بحيث إلا يصبح طولـه مبالغاً به لدرجة تدفع المفحوص إلى الملل والشعور بالتعب.

2- **زمن الاختبار**: يرتفع معامل الثبات كلما أزداد الوقت المخصص لإجراء الاختبار.

3- **تباين أسئلة الاختبار**: يزداد الثبات كلما تباينت فقرات أو أسئلة الاختبار، وذلك لأنها تكشـف عن الفروق الفردية واختلاف قدرات التلاميذ فيما بينهم.

4- **تجانس المفحوصين**: يـزداد ثبـات الاختبار عنـدما يقلل التجانس بـين التلاميـذ (المفحوصين) واختلاف مستوياتهم، أما إذا كان المفحوصين متجانسين، فإن الثبات يقل حيث إنهـم يحصـلون على درجات متقاربة.

5- **الدقة في صياغة الأسئلة**: يزداد معامل الثبات كلما كانت أسئلة الاختبار وفقراته مصاغة بشكل دقيق وواضح.

6- **سماح الاختبار بالاختيار**: بعض الاختبارات تحتوي على مجموعة مـن الأسـئلة بعضـها إجبـاري والبعض الآخر اختياري، ولذلك فإن معامل الثبات يقل في حالة السماح للتلاميذ بالاختيار مـن بين عدة أسئلة.

7- **كتابة فقرات الاختبـار وتعليماتـه**: عنـدما تصـاغ كتابـة فقرات الاختبار بدقـة وتأن، وتكتـب التعليمات الخاصة به بشكل مفهوم وواضح، فإن معامل الثبات تزداد.

8- **مستوى صعوبة الاختبار**: يقل ثبات الاختبار كلـما ازدادت سـهولته، وكلـما ازدادت صـعوبته. فـالفقرات السـهلة والفقرات الصعبة تتيح الفرصة للمفحوصين لأن يحصـلوا عـلى علامـات متقاربة.

ثالث عشر: تفسير النتائج

يعد تفسير النتائج أمراً هاماً حيث أنه يمدنا بمعلومات قد تفيد في تطوير العملية التعليمية وفي اتخاذ القرارات الخاصة بعملية التعليم. وحيث أن أدوات القياس والتقويم تعددت نتيجة لتعدد الأغراض والخصائص والسمات المراد قياسها، فقد أهتم رجال التقويم والتربية بالاختبارات التحصيلية والتي تعد نوعاً من أنواع اختبارات القدرة وصاروا يحسون بوجود خصائص مشتركة إذا نظر إليها من زاوية معينة، مما جعلهم يصنفونها أن أكثر من فئة وقد تعددت التصنيفات، فهناك ما يتعلق بطبيعة الأداء، وما يتعلق بشكل الفقرة، أو طريقة الإجابة أو حسب طريقة التصحيح، وحسب الجهة التي تعد الاختبار، وعدد الأفراد الذين يطبق عليهم الاختيار أو حسب درجة التشابه بين السلوك المقاس والسلوك المرتقب، وأيضا حسب الكيفية التي يتم فيها الأداء، وحسب طريقة تفسير النتائج. (إبراهيم وآخرون، 1989) أن الدرجة التي يحصل عليها التلميذ بعد أدائه الاختبار في مادة معينة تسمى بالدرجة الخام Raw Score، وهذه الدرجة لا يمكن من خلالها مباشرة الحكم على مستوى التلميذ، كأن نقول أنه جيد إلا بمقارنتها بمستوى درجات المجموعة التي طبق عليها الاختبار، والمتوسط الذي تتم مقارنة الدرجة الخام به تمثل الأداء العادي في المجتمع. فلو حصل أحد التلاميذ على درجة 70 من 100 في مادة الاجتماعيات، فهذه الدرجة لا تدل على أن هذا التلميذ جيد أو متوسط أو حتى ضعيف في تلك المادة، فقد يكون الاختبار صعباً وان درجة 70 من 100 هي أعلى درجة من بين مجمل درجات التلاميذ. أو قد يكون الاختبار سهلاً لدرجة أن درجة 70 من 100 هي اقل درجة حصل عليها التلميذ من بين مجمل درجات التلاميذ.

ولذلك فإن الحكم مباشرة على الدرجة الخام أمر غير ممكن هذا إضافة إلى عدم إمكانية المقارنة بين الدرجات الخام، فلو حصل أحد التلاميذ على درجة 65 من 100 في مادة الرياضيات، وحصل على درجة 80 من 100 في مادة الكيمياء، فإنه لا يمكن القول بأن أداؤه في اختبار الكيمياء أو أفضل من أدائه في اختبار الرياضيات، فلابد من استخدام نقطة مرجعية في كل اختبار تقارن في ضوئها الدرجة الخام، ويحكم على

مستوى جودتها من خلال تلك النقطة والتي تسمى بالمعيار Norm. والمعيار هو مفرد معايير وهي موازين مستوى أداء مجموعة من التلاميذ في اختبار ما، وتستعمل للحكم على مستوى أداء أي تلميذ، مقارنة بمستوى أداء المجموعة التي ينتمي إليها، فالمعايير تعطي للدرجة الخام معنى وتعين المعلم على إطلاق الحكم والمقارنة بين الدرجات. (كاظم، 2001)

سبق وأشرنا إلى الاختبارات محكية المرجع والاختبارات معيارية المرجع، فالأولى تسمى أيضا اختبارات بدلالة المحتوى أو اختبارات الكفاية. وهي تختص بدرجة الكفاية في مهارات محددة، أي أن التركيز فيها موجه نحو مدى وصول التلميذ إلى مستوى من الأداء في المهارة. وعلى سبيل المثال، فإن اختبار القراءة الشفوية يركز نحو الكشف عن الكفاية في مهارات القراءة لدى التلميذ، وهذا يختص بالتلميذ نفسه دون النظر فيما إذا كان ذلك التلميذ أفضل أو أسوا من أقرانه في هذه المهارة. وهذا ينطبق على المهارات المتنوعة الأخرى، كالتعبير، والترجمة والإملاء وغيرها. والثانية أي الاختبارات معيارية المرجع فيطلق عليها أيضاً الاختبارات بدلالة المجموعة، حيث أن معيار الأداء المقبول يتحدد بالمقارنة مع المجموعة المرجعية.

ويمكن في هذه الحالة على سبيل المثال، مقارنة مستوى التحصيل في مادة الاجتماعيات لطلبة الصف الثالث الإعدادي في مدرسة معينة بمستوى تحصيل طلبة الصف الثالث الإعدادي في مدارس أخرى تابعة لنفس المنطقة التعليمية التي تتبع لها تلك المدرسة. ولابد أن يكون للاختبار المستخدم في كل تلك المدارس معايير محددة أو معتمدة على مستوى المنطقة التعليمية. (الزيود وزميله، 2002)

يستخلص مما ذكر بأن القرارات التي يمكن اتخاذها بناء على تفسير نتائج الاختبارات التحصيلية، ستقودنا بلاشك إلى إجراء بعض التعديلات اللازمة على المنهج وما يشتمل عليه من نشاطات ومعلومات وحقائق وطرائق تدريس، وذلك ليتناسب وقدرات التلاميذ. هذا إضافة إلى أنها سترشدنا في اتخاذ قرارات كثيرة حول إنشاء بعض البرامج التدريبية ودروس التقوية للتلاميذ وإلتصنيف التلاميذ إلى

مجموعات وتدريبهم على المهارات التي يحتاجونها في مختلف المواد الدراسية والنشاطات المساندة. كما أنها ستقودنا بلاشك إلى اتخاذ قرارات خاصة بتطوير طرق التدريس وإنشاء البرامج التدريبية للمعلمين أثناء الخدمة لتطوير نموهم المهني وتصعيد مستوى الأداء لديهم. ومن القرارات التي تتوقف على استخدام درجات التلميذ الحاصل عليها. في اختبارات نهاية العام الدراسي، نقله من صف إلى صف أعلى، أو نقله من مرحلة إلى مرحلة دراسية أعلى أو ربما اتخاذ قرار بشأن ابتعاثه للدراسة العليا، أو منحه مكافآت أو جوائز علمية نتيجة حصوله على درجات عالية تصنفه بمستوى التفوق.

تقويم الاختبارات التحصيلية

تعد الاختبارات التحصيلية من أهم الوسائل التربوية التي يجري من خلالها تقويم أداء التلاميذ، ذلك لأنها تقدم الناتج النهائي للعملية التعليمية التعلمية، لذا وجب إعدادها بدقة وحذر مع الأخذ بعين الاعتبار توفير عامل الموضوعية والصدق والثبات لتؤتي تلك الوسيلة النتيجة المراد الحصول عليها.

لذا يتوجب على المعلم في قراءة إجابات تلاميذه أو سماعها من خلال أي نشاط فكري، أن يتجنب الحكم على المسائل المهمشة من حيث الصواب والخطأ، بل عليه أن يرى نواتج عمليات تفكير التلميذ ومدى تمكن التلميذ من تقديم الإجابات الإبداعية وبالتالي الحكم عليه على أساس محك الجودة والنوعية. (جابر، 2000)

ومهما اختلفت أساليب تقويم أداء المتعلم، إلا أنها يجب أن تكون مصممة بشكل جيد من حيث طرح السؤال ووضوحه وكيفية إثارته لتفكير التلميذ، وإثارة الدافعية عنده، والبحث عن طريقة تنظيم التلميذ للمعلومات وتسلسلها، ويجب أن يكون الأسلوب المتبع في تقويم أداء التلميذ يهدف في مضمونه إلى تشخيص قدرات وخبرات ومهارات التلميذ للمعلومات وتسلسلها، وضبط التعلم وتوجيهه، ومعرفة مستويات التلاميذ لأجل تصنيفهم وعلى ضوء نتائج التقويم قد يقوم المعلم بتقديم مقترحات وتوصيات خاصة بعملية تطوير المنهج المدرسي.

ولعل استخدام أسلوب التقويم التراجعي لاكتشاف الخلل، وسيلة مجدية تعين المعلم على تجزئة العملية التعليمية التعلمية والبحث عن الخلل أو الضعف الذي تسبب في تدني مستوى درجات التلاميذ وأسلوب التقويم التراجعي لاكتشاف الخلل يتمثل كالآتي (الشبلي، 1984):

يتم تطبيق هذا الأسلوب بأن يبدأ المعلم وانطلاقاً من نتيجة التقويم بفحص أسلوب التقويم، ليسأل هل كان الأسلوب مناسباً؛ هل عرضت الأسئلة بشكل واضح ومقروء؟ هل كانت الأسئلة تتعلق بالمحتوى الذي قدم للتلاميذ؟ هل هناك أي سؤال يحتمل أن تكون له أكثر من إجابة؟ فإذا لم يكن هناك أي خلل، وكان أسلوب التقويم واضحاً موضوعاً بشكل متقن، فإن المعلم سينتقل إلى الخطوة الثانية ليفحص حالة المتعلم فيما إذا كان مرتاحاً ولا يعاني من أية ضغوط كانتهائه للتو مع تقديم اختبار في مادة أخرى، أو فيما إذا كان قد أدى الاختبار في وقت تزامن من وجبة الغداء التي كان من المفروض أن يتناولها، أو أنه انتهى لتوه من تأدية نشاط ذهني أو عضلي صعب، أو ربما أن حجرة الدراسة لم تكن مضاءة بشكل جيد، أو أن الهواء فيها لم يكن متجدداً، أو ربما كان اكتظاظ حجرة الدراسة بإعداد التلاميذ سبباً. فإذا فحص المعلم حالة المتعلم ولم يجد هناك أي مبرر يدعو إلى تدني مستواه في الاختبارات، ذهب إلى العنصر الثالث وهو المعلم ذاته وطرق التدريس، ليرجع إلى تقويم عمله ومراجعة ذاته فيما إذا بدر منه أي قصور في طريقة إيصال المعلومات وإجراء التدريبات أو فيما إذا كانت طريقة تفاعله مع التلاميذ جميعا عادلة وفاعلة. فإذا لم يجد أية ثغره، ذهب إلى العنصر الآخر، وهو المقرر الدراسي والوسائل ليراجعه بدقه لمعرفة ما إذا كان المقرر الدراسي مناسباً بمعلوماته لأعمار التلاميذ؟ وهل أن طباعة المقرر المدرسي جيدة لتحقيق الهدف؟ هل هناك مسافات كافية بين السطور؟ وهل أن الوسائل المصاحبة

واضحة ولها علاقة بالموضوعات؟ هـل الأسـئلة والـتمارين والأنشـطة المسـاندة مترابطة مـع بعضها ومناسبة؟ فإذا لم يجد خللاً، عليه أن يتحول إلى عنصر الخبرات التعليمية ومعرفة ما إذا كانت الخـبرات السابقة التي زود بها التلميذ ترتبط بالخبرات اللاحقة؟ وهل هناك ترتيباً منطقياً لها بحيث لا تربك التلميذ وتشتت أفكاره إذا لم يكن هناك قصور. فعليه أن يتحول إلى الأهـداف السـلوكية لمراجعتها والتأكد من سلامة صياغتها وتحقيقها، وإذا لم يكن هناك أي خطأ يذكر، فقد يكون العيب في الأهـداف التربوية العامة.

إذا المعلم الذي يتبع أسلوب التقويم التراجعي لاكتشاف الخلل، لابـد وأن يجـد العنـصر الـذي تسبب في حصول التلاميذ على نتيجة متدنية في الاختبار، وعندها يمكن معالجة ذلك وإصلاح ما فسـد. هذا من ناحية، ومن ناحية أخرى فإنه على المعلم مراعاة مـا يشـعر بـه التلاميـذ قبيل وأثنـاء أدائهـم للاختبار من قلق وتوتر وخوف، لاسيما حين يشعر التلاميذ بـأن الاختبار هـدف بحـد ذاتـه، لـذا فإنه يتوجب عليه امتصاص ذلك القلق، والتقليـل مـن تلـك المشـاعر إلى الحـد إلى الأدنى، بواسـطة المناقشـة الحرة لأغراض الاختبار، وإشراك التلاميذ باقتراح الأسئلة التي يـودون أن يتضـمنها الاختبار، وتعـريفهم بأسلوب الاختبار ونوعية الأسئلة التي ستطرح فيه، فيما إذا كانت مقالية أم موضوعية أم خلـيط، ذلك أن إشراكهم في وضع بعض اللمسات على الاختبار تبعد عنهم شبحه المخيف وتجعله لديهم أمرا عاديـاً لا يستوجب كل تلك الرهبة.

ولعل من الضروري عمل بطاقة تقويم لاختبارات التحصيل للوقوف عـلى مـدى جـودة أسـئلة الاختبار وفقراته، وعلى مدى توافر الشروط الجيدة في إعداده، وهذه البطاقـة يقـوم بتعبئتها المـدرس الأول للمادة الدراسية، والهدف من ورائها تطوير أداء المعلم في جانب إعـداد الاختبارات التحصـيلية، وإليك عزيزي القارئ فيما يلي نموذجاً لتلك البطاقة التي تهدف إلى تطوير بناء الاختبارات التحصيلية:

بطاقة تقويم اختبارات التحصيل بالمدرسة: (الحر وزميله، 2003)

الغرض من الاختبار:........................ **المادة الدراسية:**........................

الصف الدراسي:........................ **المرحلة التعليمية:**........................

نوعية أسئلة الاختبار: ☐ موضوعي ☐ مقالي ☐ مختلط

عدد أسئلة الاختبار: [موضوعي] سؤالاً [مقالي:] سؤالاً

زمن الاختبار: [ ] **دقيقة** **درجة الاختبار:** [ ] **درجة**

اسم واضع الاختبار:........................ **تاريخ الاختبار:**........................

نسبة الناجحين في الاختبار: [ ] **% متوسط درجات الناجحين:** [ ] **درجة**

- **ضع علامة (√) أمام العبارات الآتية في خانة التقدير الذي ينطبق على العبارة:**

العبارات	التقدير				
	ممتاز	جيد جدا	جيد	مقبول	ضعيف
1- تحديد الأهداف السلوكية للاختبار.					
2- مراعاة قواعد صياغة الهدف السلوكي.					
3- وضوح النواتج التعليمية لأهداف الاختبار.					
4- دقة بناء جدول مواصفات الاختبار.					
5- توفر الشروط والمواصفات الفنية لأسئلة الاختبار.					
6- تحقيق الأسئلة لأهداف الاختبار.					
7- تدرج الصعوبة لأسئلة الاختبار.					
8- شمولية الأسئلة لموضوع الاختبار.					
9- تحقيق المستوى المتعارف عليه لصعوبة الاختبار.					
10- درجة التمييز لأسئلة الاختبار.					
11- سلامة توزيع درجات الاختبار.					
12- شكل وترتيب ورقة الاختبار.					
13- ملاءمة الوقت المخصص للاختبار.					
14- سلامة اللغة المكتوب بها الاختبار.					
الدرجة					
الدرجة الكلية					

أن للتلميذ باعتباره محور العملية التعليمية التعلمية، حق الاشتراك في عملية تقويم اختبارات التحصيل، وطرح وجهات نظره إزاء عملية الاختبارات، والوقوف على سلبيات الاختبارات وإيجابياتها من خلال استطلاع رأيه حولها بغية تقديم المساعدة اللازمة له في هذا الجانب، ومن المناسب تقديم بطاقات خاصة باستطلاع رأي الطلبة، بدءً من المرحلة الإعدادية وفيما يلي بطاقة مقترحة لاستطلاع آراء الطلبة حول عملية الاختبارات. (الحر وزميله، 2003)

بطاقات تقويم نظام الامتحانات / خاصة بالطالب

عزيزي الطالب:

تستهدف الإجابة عن محتوى هذه البطاقة التعرف على رأيك الحقيقي في نظام الاختبارات الحالي، سواء الاختبارات الخاصة بمنتصف أو نهاية الفصول الدراسية. أو أي اختبارات أخرى تقدم لك أثناء العام الدراسي، وهذا الرأي له أهميته لتطوير هذا النظام نحو الأفضل.

طريقة الإجابة:

تتضمن البطاقة مجموعة من العبارات، وأمام كل عبارة ثلاث خانات للإجابة كما يلي:

* دائماً   * أحياناً   * نادراً

أقرا كل عبارة بعناية، ثم ضع علامة (√) أمام العبارة في المربع أسفل الخانة التي تعبر عن رأيك، ولا تضع أكثر من إجابة أمام العبارة الواحدة، ولا تترك أي عبارة دون إجابة.

وقبل الإجابة يرجى كتابة البيانات الآتية:

الاسم (اختياري):..

النوع: ☐ ذكر   ☐ أنثى

أسم المدرسة:.......................................

المرحلة التعليمية: ☐ إعدادي   ☐ ثانوي

الصف الدراسي: ☐ الأول   ☐ الثاني   ☐ الثالث

التخصص الدراسي: ☐ علمي   ☐ أدبي   ☐ فني

العام الدراسي:..

نادراً	أحياناً	دائماً	العبارة
			(1) أشعر بالقلق من نظام الامتحانات الحالي.
			(2) يحرص المعلمون على اختبارنا في المواد التي ينتهي تدريسها.
			(3) المراقبة أثناء الامتحان لا تمنع بعض الطلاب من الغش.
			(4) لا أحصل على ما أستحقه من درجات في الامتحانات.
			(5) أسلوب المراقبة في الامتحانات يسبب لي القلق.
			(6) أحتاج إلى فرصة للراحة بين امتحان مادة وأخرى.
			(7) قاعة الامتحان غير مريحة.
			(8) المدة المخصصة لأداء الامتحان غير كافية.
			(9) أسئلة الامتحان غامضة.

أن آراء الطلبة حول الاختبارات التحصيلية أمر في غاية الأهمية لأنه يقودنا إلى التطوير والتحسين إضافة إلى تلبية حاجات الطلبة الخاصة بالامتحانات. وبصورة عامة، فإن الطالب يشعر بالاعتداد بالنفس عندما يستطلع رأيه لأن ذلك يشعره بأهمية وجهة نظره، والاعتراف بمكانته في المؤسسة التربوية.

المراجع

1- إبراهيم، عاهد والمؤمني، ثاني وشنطاوي، عبدالكريم والرفاعي، جاسر (1989) مبادئ القياس والتقويم، عمان: دار عمار.

2- أبو لبدة، عبدالله علي والخليلي، خليل يوسف وأبوزينة، فريد كامل (1996) المرشد في التدريس، دبي: دار الفكر.

3- الحر، عبدالعزيز محمد الروبي، أحمد عمر (2003) التقويم الذاتي، الدوحة: المركز العربي للتدريب التربوي.

4- الحريري، رافدة وعبدالعزيز، توحيدة (1998) الجديد في التربية العملية وطرق التدريس، الرياض: الخريجي.

5- البناء، رياض والحريري، رافده وشريف، عابدين (2004) إدارة الصف وبيئة التعلم، الكويت: الجامعة العربية المفتوحة.

6- الزيود، نادر فهمي وعليان، هشام عامر (2002) مبادئ القياس والتقويم في التربية، عمان: دار الفكر.

7- الشبلي، إبراهيم مهدي (1984) تقويم المناهج باستخدام النماذج، بغداد: مطبعة المعارف.

8- الصمادي، عبدالله والزرابيع، ماهر (2004) القياس والتقويم النفسي والتربوي، عمان: دار وائل.

9- الظاهر، زكريا محمد وتمر جيان، جاكلين وعبدالهادي، جودت غرت (1999) مباديء القياس والتقويم في التربية، عمان دار وائل.

10- العساف، صالح بن حمد (1995) المدخل إلى البحث في العلوم السلوكية، الرياض: العبيكان.

11- جابر، جابر عبدالحميد(2000) مدرس القرن الحادي والعشرين الفعال، القاهرة: دار الفكر العربي.

12- حليمي، عبدالقادر (1985) مدخل إلى الإحصاء، بيروت: عويدات للنشر.

13- حمدان، محمد زياد (1986) تقييم التحصيل، عمان. دار التربية الحديثة.

14- خضر، فخري رشيد (2004) التقويم التربوين دبي: دار القلم.

15- سيد، علي أحمد وسالم، أحمد محمد (2005) التقويم في المنظومة التربوية، الرياض: مكتبة الرشد.

16- عريفج، سامي ومصلح، خالد حسين (1987) في القياس والتقويم، عمان: رفيدي.

17- عودة، أحمد سليمان وملكاوي، فتحي حسن (1992) أساسيات البحث العلمي، إربد: مكتبة الكناني.

18- فتح الـلـه ، مندور عبدالسلام (2000) التقويم التربوي، الرياض: الدار الدولي للنشر.

19- كاظم، علي مهدي (2001) القياس والتقويم في التعلم والتعليم. إربد: دار الكندي.

الفصل الخامس

مراحل التقويم التربوي وإجراءاته

عناصر الفصل

- المراحل التي تمر بها عملية التقويم.

- التخطيط الاستراتيجي وتخطيط التقويم.

- تصميم عمليات التقويم.

- تنفيذ عمليات التقويم.

- تجهيز البيانات وتحليلها.

- كتابة تقرير التقويم.

- اتخاذ القرار في ضوء التقويم التربوي.

- المراجع.

الفصل الخامس

مراحل التقويم التربوي وإجراءاته

المراحل التي تمر بها عملية التقويم

تمر عملية التقويم التربوي بمراحل منتظمة تكمل إحداها الأخرى وتستند عليها، ويبدأ كل عمل مهما كان حجمه بالتخطيط، وتعد عملية التخطيط عملية تصور منهجي لمختلف مراحل التقويم، ومقاصده، وترتيباته، لكي يحقق أغراضه المرجوة على المدى القصير، أو في المستقبل البعيد. فالتخطيط يحدد مسار التقويم وتوجيهه، وكيفية تصميم أساليب تنفيذه، من أجل التوصل إلى نتائج صادقة ومتسقة يستند إليها صانعو القرارات في تطوير مختلف مكونات النظام المدرسي (علام، 2003) أن المراحل التي تمر بها عملية التقويم هي: (الدوسري، 2004)

1. تخطيط التقويم.

2. تصميم عمليات التقويم.

3. تنفيذ عمليات التقويم.

4. تجهيز البيانات وتحليلها.

5. كتابة تقرير نتائج التقويم.

6. اتخاذ القرارات وتنفيذها.

وفيما يلي مخططاً يوضح مراحل عملية التقويم التربوي الشامل للمؤسسة المدرسية (علام، 2003)

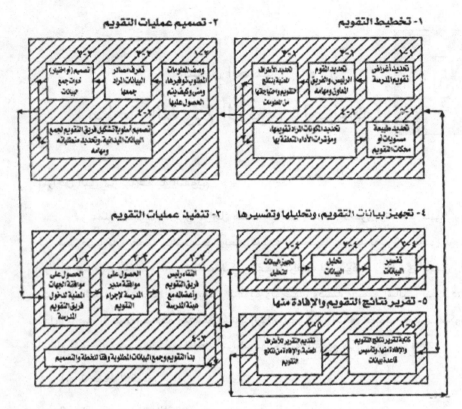

وتتبع المراحل الخامسة، مرحلة اتخاذ القرارات وتنفيذها في ضوء التقارير المقدمة وذلك للاستفادة من نتائج التقرير، ومما يجب أن تجدر الإشارة إليه هنا، أن هذه العمليات لابد وأن تلحق بعملية أخرى وهي تقويم التقويم، وذلك للاستفادة مستقبلاً من تطوير تلك المراحل والقضاء على الصعوبات التي واجهتها عملية تنفيذ كل من المراحل المشار إليها.

أولاً: التخطيط الاستراتيجي وتخطيط التقويم

كثيراً ما تتردد كلمة إستراتيجية في الكتب التربوية على الرغم من أن مصطلح هذه الكلمة إنما هو مأخوذ عن اللغة الانجليزية (Strategy) بمعنى خطة مدروسة بدقة وفق إجراءات منتقاة بدقة وحذر.

فكلمة إستراتيجية ليس لها وجود في قواميس اللغة العربية، ولكن شاع استخدامها شأنها شأن الراديو، والتلفزيون، والتلفون، وغيرها والتي يتداولها الناس رغم وجود مرادفات لها في اللغة العربية. وكلمة إستراتيجية، (الحيلة، 2002) تعني في اللغة الإغريقية والتي هي المصدر الأساسي لهذه الكلمة، فن قيادة الجيوش، ولعل تقدير الناس لدقة إدارة العمل العسكري أدى إلى انتشار لفظة الإستراتيجية في كافة المجالات". وهناك من راح يعرف الإستراتيجية على أنها "فن استخدام الإمكانات والوسائل المتاحة بطريقة مثلى لتحقيق الأهداف المرجوة على أفضل وجه ممكن، بمعنى أنها طرق معينة لمعالجة مشكلة أو مباشرة مهمة ما أو أساليب عملية لتحقيق هدف معين. أنها خطة محكمة البناء ومرنة التطبيق يتم خلالها استخدام كافة الإمكانات والوسائل المتاحة بطريقة مثلى لتحقيق الأهداف المرجوة" (زيتون، 2001)

والإستراتيجية تعني "اتخاذ قرار، وتحديد الأسلوب الذي سيتم وفقه تنظيم عملية التعلم جمعياً، فردياً، وتعاونياً" (قطامي وقطامي، 1998)

كما أن الإستراتيجية تعتبر، "فن استخدام الإمكانات والوسائل المتاحة بطريقة مثلى لتحقيق الأهداف المنشودة على أتم وجه. أي أنها مجموعة من الإجراءات المخططة سلفاً والموجهة لتنفيذ التدريس بشكل فاعل بما يكفل تحقيق الأهداف. وذلك وفق ما هو متوفر من إمكانات لتحقيق أفضل مخرجات تعليمية ممكنة". (الحيلة، 2002).

نستخلص من التعريفات آنفة الذكر، أن الإستراتيجية تعني الطريقة المثلى لاتخاذ القرار حول الاستخدام الفاعل للإمكانات المتوفرة بتحديد الإجراءات التي تكفل الوصول إلى الأهداف المنشودة بدقة ومهارة. أي أنها الخطة المنتقاة التي يتم بموجبها تحديد إجراءات التنفيذ بشكل محكم ودقيق بما يضمن تطبيق عملية التعليم والتعلم، بطريقة مرنة تضمن تحقيق الأهداف المرسومة، وذلك باستغلال كافة الإمكانات المتاحة أقصى استغلال.

وعلى ذلك فإن "إستراتيجيات" التقويم تعني الإجراءات التي يتخذها المقوّم في تقويم المؤسسة المدرسية ككل مستخدماً الإمكانات المتاحة كخطوة أولى قبل تنفيذ

عملية التقويم وذلك لكي يكفل توفير بيئة تعلم جيدة تساعد على التفاعل الإيجابي والإنتاج الفعال وتقلل من هوة الفروق الفردية ما أمكن ذلك، وبالتالي تحقق الأهداف المرجوة، على أن تكون الإجراءات المتبعة في ذلك داخل نطاق سياسة التعليم في البلد ووفقاً للإمكانات المتوفرة في المدرسة. وحيث أن اختيار الطرق الفاعلة في تقويم المؤسسة المدرسية يعتبر أمراً مهماً لتأثيره على عملية التعليم والتعلم، ولكي يتمكن المقوم من اختيار الإستراتيجية السليمة. عليه أن يأخذ بعين الاعتبار حجم المدرسة، والإمكانات المادية والبشرية المتاحة، وكذلك إعداد التلاميذ وأعمارهم، والمرحلة الدراسية التي يعمل على تقويمها، إضافة إلى الأنظمة والتشريعات والسياسات الخاصة بالمؤسسة المدرسية.

أن صعوبة تحديد الأولويات في التخطيط والتنفيذ تتطلب بطبيعتها تفكيراً إستراتيجياً يلازمه التخطيط الاستراتيجي، ذلك أن تبني التفكير الاستراتيجي منهجاً وأسلوب عمل أمر ضروري في تقويم البرامج التربوية. أن التفكير الاستراتيجي يتعامل عادة مع التغيير والتطوير بشكل يجعله ينتقل من المشكلة ذاتها إلى وضع اقتراح أو أسلوب العلاج الناجح أو التطوير والتحسين النوعي للبرامج التربوية. والتفكير الاستراتيجي يقود عادة إلى التخطيط الإستراتيجي سواء كان ذلك في تقويم البرامج التربوية، أو في غيرها من البرامج والتخطيط الاستراتيجي الناجح لتقويم البرامج، يقدم الفائدة الكبيرة إلى المؤسسة المدرسية من خلال حث وتنشيط العاملين فيها على الاتفاق على غايات وأهداف مستقبلية معينة والعمل على محاولة تحقيقها وتطوير رؤية مشتركة حول عملية التنفيذ، وحل المشكلات التي تحد من تنفيذ التقويم بشكل علمي فاعل وسليم. (الدوسري، 2004)

والخطة الإستراتيجية تحدد التوجه المستقبلي للمؤسسة المدرسية من أجل التطوير والاستمرارية، وتعد أساسا لتطوير الخطتين المتوسطة والإجرائية. فالخطة المتوسطة تبدأ بتطوير السياسات الداخلية التي تصاغ في عبارات مختصرة تستخدم كمرشد لصنع القرارات لتنفيذ الخطة الإستراتيجية، وتشمل المجالات الوظيفية الأساسية

أما الخطة الإجرائية فهي تحدد الخطوط العريضة للأنشطة والأفعال التي سيقوم كل قسم أو إدارة أو وحدة بتنفيذها على مدى زمني قصير، كعام دراسي واحد أو أقل (علام، 2003)

والتخطيط الذي ينبثق من وجود إستراتيجية محددة يحتاج إلى الرؤية والتفكير المنظم باعتباره عملية عقلية تهدف إلى رسم الهيكل الأساسي الذي يقود إلى تحقيق الأهداف المنشودة، وفقاً للإمكانات المادية والبشرية المتاحة، مع الحرص على الاستغلال الأمثل لكل هذه الإمكانات وذلك برسم الإستراتيجية التي تقود إلى بلوغ الأهداف المنشودة بجهد وبتكلفة أقل وبمدة زمنية محددة. ويعد التخطيط أول الوظائف الإدارية وجهازها العصبي، ذلك لأن كل الوظائف الإدارية تعتمد في نجاحها على مدى نجاح عملية التخطيط وسلامتها. وحيث أن التخطيط كما أشرنا هو التفكير المرتب والمنظم، فهو عملية عقلية لرسم البرنامج الذي سيقوم بموجبه لعمل، وفقاً للأهداف المرجوة. لذا فإنه عمل ذهني يسعى إلى تحقيق الأهداف باستخدام الإمكانات المتاحة في الوقت الحاضر لمواجهة المستقبل؛ وبموجب التخطيط تتحدد نقطة البدء للقيام بأي عمل.

والتخطيط حسب تعريف ماري نيلر هو: العملية الواعية التي يتم بموجبها اختيار أفضل الطرق التي تكفل تحقيق هدف معين (البدري، 2001) ويعتبر التخطيط للعمل المدرسي ضرورة لنجاح هذا العمل، والإدارة التربوية الفعالة تنظر إلى العملية التعليمية نظرة علمية، لذا فهي تأخذ بالتخطيط أسلوبا ووسيلة لتحقيق الأهداف المنشودة. (عبود وآخرون، 1994) ويعرف التخطيط على أنه "وضع خطة واتخاذ إجراءات مسبقة من شأنها بلوغ الأهداف التربوية التي تسعى إلى تحقيقها". (عدس، 1995).

وبما أن التخطيط يلزم أي عمل من الأعمال، فإنه يصبح أكثر لزوماً في عملية معقدة كالعملية التعليمية، لأنه يساعد المعلم على تنظيم جهوده وجهود تلاميذه، وتنظيم الوقت واستثماره بشكل جيد ومفيد، ويضمن سير العمل في المؤسسة

المدرسية في اتجاه تحقيق الأهداف المرجوة، واستخدام جميع الأساليب والإجراءات، والأنشطة التي تساعد على انجازها. (الحيلة، 2002) والتخطيط كوظيفة إدارية لم يعد مجرد عمل روتيني قوامه وضع بعض الأهداف وأقرانها بالوسائل المتوقع استخدامها، بل يتعدى ذلك بكثير، إذ أنه نتاج فكري منظم وأسلوب قائم على أساس علمي مدروس ومدعم بالخبرات والتجارب والتوقعات من أجل الوصول إلى تحقيق الأهداف المنشودة. إذاً تعتبر عملية التخطيط مجهوداً ذهنياً يتطلب الدقة والبراعة ودراسة أحوال المتعلمين والمعلمين والعاملين والمنهج، وطرق التدريس والأجهزة الأبنية والمرافق والخدمات والإمكانات المتاحة والبدائل المحتملة، والسلوكيات المراد تعديلها، والأهداف المراد بلوغها، ومن ثم وضع هذا المجهود الذهني المنظم بشكل كتابي مع إشراك المعنيين والذين سيقومون بمهمة التنفيذ في وضع التخطيط مكتوباً بصورته النهائية.

وبما أن التخطيط بشكل عام هو مجموعة التدابير المحددة التي تتخذ من أجل بلوغ هدف معين، فإن التخطيط للتقويم عملية تصور مسبق للمواقف المختلفة لمساعدة المتعلمين على إتقان مجموعة من الأهداف المحددة مسبقاً. والتخطيط يشمل التخطيط الدرسي، والتخطيط الفصلي، أو السنوي، وكل من هذه الأنواع تشير إلى النشاطات العقلية التي تستهدف التفكير في كيفية ترجمة وتحويل الأهداف التعليمية المحددة إلى نتاجات فعلية مما يدعو إلى اتخاذ القرارات ذات الصلة بتحديد الأعمال والمسؤوليات المطلوب انجازها (الحيلة، 2002)

وحيث إن التخطيط هو أول الوظائف الإدارية وحجر الأساس فيها حيث تترتب عليه نتائج كل الوظائف اللاحقة، لذا فهو الوظيفة التي تكفل تحقيق احتياجات المستقبل وذلك برسم السياسة المفترض إتباعها، وتحديد الوسائل اللازمة لتحقيق هذه السياسة، وتحديد البرامج والأنشطة الأساسية والمصاحبة مع الأخذ بعين الاعتبار جميع الإمكانات المادية والبشرية المتاحة، إضافة إلى الأهداف التربوية العامة، وجعل التخطيط يتماشى مع السياسة التربوية مع الالتزام بالأنظمة والقوانين واللوائح

المنصوص عليها، إضافة إلى قدرات التلاميذ وتطلعاتهم وآمالهم واحتياجاتهم مع تطلعات المجتمع الخارجي وتوقعاته.

ويتحدد التخطيط للتقويم المدرسي بعدة عناصر وهي ما يوضحه النموذج المبين أدناه والذي تم استخلاصه من عدة نماذج (الحصين وزميله، 1989) و(الحيلة، 2002) و(جابر، 2000)

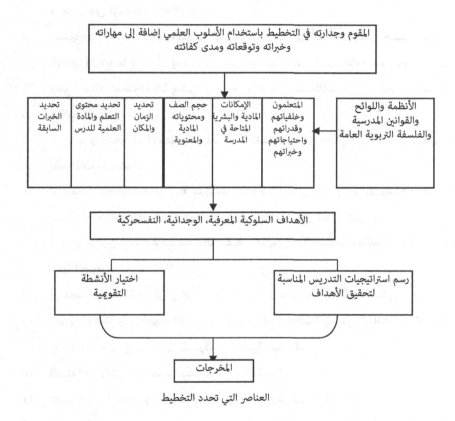

العناصر التي تحدد التخطيط

خصائص التخطيط الجيد:

إن أخصائي التقويم الذي يحرص على أن يظهر تخطيطه بصورة دقيقة وجيدة، عليه أن يراعي في تخطيطه ما يلي:

1- وضوح الأهداف التي وضع التخطيط لأجل تحقيقها بشكل محكم.

2- البساطة والوضوح، وهذا يستوجب مراعاة التسلسل والبدء بالجزئيات أولاً، وعرض الخطة بأسلوب واضح وبسيط بحيث لا يدعو للبس أو الشك أو احتمال وجـود أكثـر مـن تفسير لكل بند من بنودها.

3- مراعاة الوقت: أي الانتباه إلى أهمية إدارة الوقت وتحديد كل مـدة زمنيـة تحديداً دقيقاً، والعمل على الاستغلال الأمثل للوقت.

4- التنبؤ: وهو حساب الأمور الطارئة التي يمكـن حدوثها أثنـاء تنفيذ التخطيط علـى أرض الواقع، وتوقع ما يمكن أن يحدث من أمور قد تغير مسار تنفيذ التخطيط وبذلك، عليـه أن يضع البدائل المحتملة لما يمكن توقع حدوثه مـن مشكلات أو ردود فعل عكسية مـن التلاميذ أو أولياء الأمور.

5- أن يتضمن التخطيط الإهتمام بالصعوبات والمشكلات التي يعـاني منها التلاميـذ وأن يهتم بالعلاقات الإنسانية.

6- أن يضمن التخطيط توفير بيئة مدرسية جيدة قائمة علـى التعـاون والنظرة الإنسانية لكـل تلميذ مع مراعاة الفروق الفردية واحتياجات وقدرات كل تلميذ على حدة.

7- التفريق ما بين الأنشطة الصفية واللاصفية – المنهجية واللامنهجيـة والعمـل علـى التنسيـق بينها لتصبح وحدة متكاملة.

8- أن يعمد التخطيط إلى توفير الوقت والجهد والمال ومراعاة التوقيت المحكم.

9- تحديد الأشخاص والأجهزة الذين سيساعدون في التخطيط بتوفير البيانـات والإحصائيات والجداول، والذين سيتولون المشاركة في التنفيذ المتابعة.

10- الاستغلال الأمثل للإمكانات البشرية والمادية المتاحة.

11- الاستناد إلى الخبرات والتجارب السابقة وتجارب وخبرات الزملاء.

12- المرونة: قد تستدعي الظروف الراهنـة أثنـاء تنفيذ التخطيط تبـديل أو تعـديل جـزء مـن البرنامج بسبب الحاجة أو بسبب حدوث ظرف مفاجئ وهذا ما يستدعي المرونـة وعـدم الجمود والتشبث بما هو مرسوم.

13- الواقعية: وهذا أن يكون التخطيط قابلاً للتطبيق دون تعثر وان يكون ملائماً للواقع وبعيداً عن المبالغة والخيال وان يكون مناسباً والإمكانات المتاحة.

14- المشاركة والتعاون: كل عمل مهما كان بسيطا أو معقداً يحتاج إلى أكثر من شخص للبت فيه والتشاور وتبادل وجهات النظر، وقد يتعاون المعلم مع زملائه في التخطيط لعمله بالمشورة وتبادل الآراء والخبرات.

15- الشمولية: أي أن يشتمل التخطيط على كل ما تتضمنه عملية التعليم والتعلم، من مواد، وكتب ونشاطات، ووسائل، واستراتيجيات وتفاعل مع التلاميذ ومع المجتمع الخارجي والعلاقات الإنسانية، وأساليب تقويم وملاحظات داخلية وخارجية وما إلى ذلك من أمور تشمل كل ما هو محيط بالمؤسسة المدرسية.

16- أن يحقق الاتصال الواضح والفعال والذي يقود إلى التفاعل اللفظي وغير اللفظي بشكل إيجابي.

17- مراعاة الدقة في جمع البيانات والتأكد من صحتها.

18- يجب أن يكون التخطيط مراعياً لتحقيق الاطمئنان النفسي وتوفير المناخ الصحي.

19- من الضروري تحديد طرق المتابعة إثناء التنفيذ.

20- تحديد المعايير التي سيتم بموجبها تقويم التخطيط.

أنواع التخطيط:

أن لكل نوع من أنواع التخطيط أهدافه التي يسعى إلى تحقيقها، فهناك التخطيط طويل الأمد والذي يستغرق سنوات لتحقيق الأهداف التي وضع من اجلها، وربما يستغرق هذا النوع خمس سنوات أو أكثر حيث أنه يسعى لتحقيق أغراض بعيدة المنال مثل أهداف المجتمع والتنمية الاقتصادية. وهناك نوع ثان من أنواع التخطيط لبلوغ غايات بعيدة نوعاً ما ويستغرق تحقيقها سنة أو نصف سنة. أما النوع الثالث، فهو التخطيط قصير الأمد والذي يسعى لتحقيق أهداف محددة يستغرق تحقيقها فترة زمنية قصيرة، كالتخطيط اليومي للدرس. وعليه فقد حددت مستويات التخطيط، إلى ثلاثة مستويات (Cooper، 1999) هي:

مستويات التخطيط:

1- **التخطيط العام:** يعتمد هذا النوع من التخطيط في عمله على الإداريين ومن أشكاله عمل مسح شامل لتلاميذ المراحل المختلفة، أو إحصائيات، أو عمل جداول تحتـوي علـى إعـداد المعلمين وتحديد جنسياتهم وجنسهم في مرحلـة معينـة أو مراحـل مختلفـة وتحديـد الميزانيات الخاصة بالمدارس.

2- **التخطيط الإداري:** هو ذلك النوع من التخطيط الذي يحدد معايير وسبل الإشراف علـى المدارس ومتابعة التنفيذ وتوفير ما تحتاج له المدارس من مـوارد بشرية ومادية لتحسـين أوضاعها.

3- **التخطيط المتعلق بتنفيذ المنهج المدرسي:** وهو الذي يهمنا في هذا المقال إذ يتـولى وضعه المعلم كاختيار الوسائل والمواد والطرق المناسبة للتدريس، والأنشطة ووسائل التقويم وذلك وفقاً للإمكانات المتاحة مع الأخـذ بعين الاعتبار نوعية التلاميذ وقدراتهم والفـروق الفردية. وهذا النوع من التخطيط يكون على نوعين هما:

أ- **التخطيط السنوي أو نصف السنوي:**

وهو البرنامج المخطط الذي يوضح على مدى عام دراسي كامـل أو فصل دراسي، وتضمن فيه جميع الخبرات التعليمية المستمدة من الأهداف التعليميـة للمرحلـة وأهداف المـواد المـراد تدريسها، والنشاطات، والإختبارات، والاجتماعات، والوسائل والمهارات التـي يتوقـع أن يكتسـبها التلاميذ، ووسائل التقويم. مع الأخذ بعين الاعتبار جميع الإمكانات المتاحة والتي يمكن الاستفادة منها. ويستند المخطط في وضع مخططه السـنوي بالدرجة الأولى علـى الأهـداف العامـة للمنهج المدرسي مـن حيـث المحتوى والنشـاطات المسـاعدة وكيفيـة تقـويم الأفراد وفقاً لمستوياتهم وقدراتهم ونوعياتهم وحاجاتهم واتجاهاتهم وخبراتهم ومستوى نموهم وخصائصهم النفسية وخلفياتهم الاجتماعية والثقافية والاقتصادية. ويقوم المخطط في هـذا النوع من التخطيط إلى تقسيم برنامجـه التخطيطـي إلى وحدات يحـددها بفترات زمنيـة واضحة، كـأن تكـون

مقسمة أسبوعيا أو شهرياً بشكل منطقي ومتسلسل. كما يراعي في خطته السنوية التغطية الكاملة للمنهج الدراسي السنوي بكل ما يحتويه من جزئيات ونشاطات مساندة واستراتيجيات لتنفيذ كل وحدة مع اختيار الوسائل المناسبة من جزئيات ونشاطات مساندة واستراتيجيات لتنفيذ كل وحدة مع اختيار الوسائل المناسبة وتحديد الأهداف وسبل التقويم. وقبل البدء بالتخطيط يستوجب على المخطط أن يكون ملماً بالفلسفة التربوية المعمول بها في المؤسسة التربوية، إضافة إلى مستويات وخلفيات التلاميذ والعاملين والمنهج المدرسي، والأنظمة والقوانين واللوائح المدرسية وأدلة المعلمين.

هذا إضافة إلى العامل الزمني بتحديد تاريخ وزمن كل درس أو نشاط أو مناسبة أو احتفال، مع ذكر المناسبات الوطنية والدينية والنشاطات المخطط بشأنها وتحديد العطل الرسمية وما يتوقع من الأفراد المعنيين القيام به بعد كل عطلة من نشاط.

والخطة السنوية تساعد على توفير الوقت والجهد وتفتح مجال الإبداع والابتكار ذلك لأنها تسير وفق برنامج مرسوم يوفر المجال للتفكير والتجديد ويساعد على التنظيم واستغلال الوقت أقصى استغلال.

ب- التخطيط اليومي (وهو خاص بعمل المعلم)

التخطيط اليومي للدرس هو عملية ذهنية يقوم المعلم بكتابتها وتشتمل على عناصر عدة من أجل تحقيق أهداف محددة وقصيرة الأمد، والمعلم الواعي هو ذلك الذي يربط أهداف التعلم بحاجات التلاميذ وتطلعاتهم وقدراتهم وميولهم واتجاهاتهم وظروفهم وهذا يساعده على التنويع في النشاطات لتناسب جميع التلاميذ، ذلك أن التلاميذ يتباينون في مستويات الذكاء والتفكير ولكنهم يهدفون دائماً إلى زيادة حصيلتهم العلمية والثقافية.

لذا فإن إدارة الصف الفعالة ترتبط بدرجة تحصيل التلاميذ بشكل إيجابي، ويرتبط بذلك تحسن الدافعية للتعلم، وبالتالي يؤدي ذلك إلى تعاون التلاميذ فيما

بينهم وإسهامهم في توفير نظام صفي في بيئة آمنة، كما أنه يخلق من التعلم بيئة مفرحة ومثيرة لدوافعهم (قطامي، 2002).

إنه من الضروري التخطيط لإجراءات التقويم مسبقاً، مع ضرورة تحديد أغراض التقويم للحصول على تقويم فعال. كما يجب أن تشتمل خطة التقويم على أغراض التقويم (أي لماذا نقوم؟) ويجب أيضا تحديد مضمون التقويم وكيفية إجراؤه ووقته والأشخاص الذين سيقومون بالتقويم، وكيفية جمع المعلومات في أثناء إعداد خطة التقويم كما يجب أن تتضمن الخطة عدد من المصادر وتحدد فيها الأدوات المستخدمة. ومن المهم جداً إشراك الأشخاص والجهات المعنية في وضع خطة التقويم، مثل المعلمين، والمشرفين التربويين، والإداريين، وذلك لتوفير معلومات من خلال وجهات النظر المختلفة. كما يمكن الاستعانة عند التخطيط بقوائم التدقيق وسجلات الحوادث، والاستبيانات، وسجلات أداء العمل، وبيانات الملاحظة عن السلوك والتعليمي. ومن الأهمية بشيء تخطيط توقيت التقويم وتحديد موعد البدء والانتهاء منه، وذلك وفق جدول زمني واضح المعالم. (فيفر ودنلاب، 2001) إن التخطيط لعملية التقويم عملية تستوجب التريث كثيراً قبل الشروع فيها، وأن تراعي فيها الدقة والموضوعية من خلال الالتزام بالخطوات التالية والتي تمثل العناصر الأساسية للتخطيط للتقويم وهي: (الدوسري، 2004) و(الحر وزميله، 2003)

1- تحديد وتعريف أغراض التقويم: عند شروع أخصائي التقويم في إجراء عملية التقويم، لابد من توعية الطلاب وجميع العاملين في المدرسة بأهمية عملية التقويم وتوضيح ما يهدف التقويم إلى تحقيقه، وما يتوقع أن ينجزه، مع التأكيد على أن الغرض من التقويم هو التحسين والتطوير لا المراقبة ولا المحاسبة، مع العمل على استثارة دافعية جميع من يعملون في المؤسسة المدرسية وحماسهم للتعاون عند إجراء عملية التخطيط للتقويم وتقديم كل البيانات والمعلومات اللازمة.

2- (تحديد متطلبات تقويم البرنامج): أن إحدى مهمات تخطيط التقويم هي التعرف على جميع متطلبات التقويم التي يجب الإيفاء بها، مثل متطلبات التقويم التي تحددها وزارة التربية والتعليم باعتبارها الجهة الداعمة ماديا

170

للمؤسسة المدرسية، كذلك المناطق التعليمية والتي يمكن لكل منها أن تدعم تقويم البرامج، إضافة إلى أن هناك مجموعة من أسئلة التقويم التي تتطلب الحصول على معلومات عن المعلمين والإداريين في المؤسسة المدرسية. والإعداد يشمل أيضاً على تحديد فريق العمل الأساسي وتحديد فرق العمل الفرعية والفنية المساعدة.

3- فهم السياق الذي سيطبق فيه التقويم: أن معرفة السياق الذي سيطبق فيه التقويم سيؤثر بلاشك في اختيار التصميم الملائم للتقويم، وفي استراتيجيات جمع البيانات، وفي كيفية استخدام نتائج التقويم من قبل من لهم حصة في التقويم، وكذلك من قبل المولين لعملية التقويم، فالهدف من فهم السياق هو معرفة حدود التقويم. أن الأمور التي يجب أن تؤخذ بعين الاعتبار في سياق التقويم هي: الحاجات المدرسية المحلية، وعناصر البرنامج الذي يستهدفه التقويم، وتوقعات الذين لهم حصة في التقويم كالمولين، ومدى توافر موارد التقويم والخبرة المرتبطة به، ويقصد بها الموارد المادية والبشرية لتقويم البرنامج.

4- التنفيذ: في هذه المرحلة، ينخرط فريق التقويم في عمليات التقويم الفعلية والتي تبدأ بالتدريب على مراحل وعمليات واستخدام أدوات التقويم، ومن ثم يبدأ فريق العمل بالزيارات والمقابلات، والملاحظات، والتسجيل، والتلخيص وكل ما يتعلق بجمع البيانات، لإتمام متطلبات التقويم.

5- التحليل: بعد عملية جمع البيانات وإعدادها والتأكد من وجود جميع الوثائق والمعلومات المطلوبة، يجتمع المقومون مع الفريق المشكل لأجل القيام بعملية التقويم، ثم يقومون بتحليل النتائج وكتابة الخلاصات ووضع التوصيات الأساسية التي ستساعد في عمل المؤسسة المدرسية.

6- التطوير: يتم استخدام النتائج التي تم التوصل إليها لرسم الهيكل الأساسي للخطة الإجرائية للتطوير، وهناك عدة خطوات تساعد المدرسة على الاستفادة من نتائج التقويم بشكل فعال، وهي: (الحر وزميله، 2003)

1. اختيار لجنة استشارية للتطوير المدرسي.

2. دراسة جوانب القوة والضعف التي أشارت إليها عملية التقويم الذاتي.
3. تحديد الأهداف التي ستقوم خطة التقويم الإجرائية.
4. تحديد أولويات العمل وتصنيفها حسب مربع الأولويات المعروف والموضح أدناه.

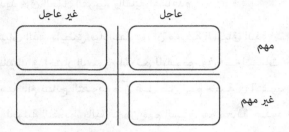

5. تحديد الوسائل والخيارات المتاحة لتحقيق الأهداف.
6. تحديد المشاريع والبرامج اللازمة لترجمة الوسائل.
7. تحديد معايير واضحة للإنجاز والنجاح.
8. تحديد آلية المتابعة والتوجيه.
9. إجراء عملية التقويم والتغذية الراجعة.
10. كتابة التقرير النهائي.

إرشادات في تخطيط التقويم

لقد أوضح كل من Dressel 1976, Miller 1979, Norris 1978, Nevo 1983 والمشار إليهم في (علام، 2003) أن هناك موجهات عامة يمكن الاستفادة منها في جعل تخطيط التقويم ملائماً للمؤسسة المدرسية، وهذه الموجهات هي:

1- أن يكون لدى القيادات الإدارية حساً مؤسسياً يسهم في التقييم الفعال للمؤسسة المدرسية. وان يكون لديها منظور مستقبلي مناسب، وان تتعاطف مع الجماعة، وتقدم الدعم المستمر، وتحترم وجهات نظر الطلبة والعاملين.

2- يجب إعلام جميع العاملين حول خطة التقويم، وتوضيح جهود التقويم المزمع القيام بها، والمسؤوليات الملقاة على عاتق كل فئة منهم، والتوقيت الزمني

المتوقع لتقديم تقارير التقويم ومناقشتها، وأهمية تقديم التوصيات المقترحة في ضوء النتائج.

3- من الضروري انتقاء الشخص الذي يمثل الفريق الذي سيجري التقويم، وإعداد تصميم منظم ومنطقي للدراسة التقويمية، وضمان الانفتاح في النقاش والتشاور بين أعضاء الفريق، وإتاحة الفرص الكافية للحوار البناء، وعدم حجب المعلومات عن المشاركين لأن ذلك يضعف الحماس لديهم، ويؤدي إلى الإحباط.

4- أن الأدلة الكمية الموضوعية تتباين في نوعيتها ومدى توافرها، وأن الافتقار إلى تلك الأدلة أو نقصها يؤثر سلباً على عملية التقويم، لذا يجب أن يحث القائمين بالتقويم على تطوير أدوات مسحية، وأدلة، وقوائم مرجعية، إذ يمكن الاستناد في صنع القرارات على أسس متينة باستخدام ما هو متاح من هذه الأدوات، إضافة إلى الخبرات الشخصية، والعقلانية، والأحكام التقييمية.

5- يجب أن تكون الخطة قابلة لأن تترجم إلى أفعال، وأن يوجه فريق التقويم إلى مراعاة أن تكون القرارات والتوصيات إجرائية يمكن تنفيذها على أرض الواقع.

6- من الضروري أن تشمل الخطة على تقويم التقويم، ذلك أن معظم تقارير التقويم المؤسسي لا تتضمن خطة تقويم مدى فاعلية عملية التقويم، ويساعد تقويم التقويم في عملية التطوير المستقبلي.

7- التفكير منذ البدء بالتخطيط في كيفية استخدام نتائج التقويم، والفئة المستهدفة في استخدامها. (الدوسري، 2004)

8- مراجعة التقارير المدرسية ومقابلة أولياء أمور الطلبة وبعض أفراد المجتمع المحلي، والمعلمين، والعاملين في المؤسسة المدرسية، وذلك للتعرف على الظروف المحلية المحيطة بعملية التقويم. (المرجع السابق)

173

نظام التخطيط والبرمجة وتقدير الميزانية والتقويم

نشا هذا النظام في أوائل الستينات وكان خاصاً بوزارة الدفاع الأمريكية، وتطور استخدامه فيما بعد ليشمل مختلف الإدارات والقطاعات المختلفة. ويركز هذا النظام على المخرجات المرجوة وليس على المدخلات، كما أنه يربط التكلفة بالنواتج.

ويؤكد هذا النظام على ضرورة صياغة أهداف واضحة ومحددة للبرامج التربوية، وفقاً إلى الاحتياجات وأولوياتها، وتقدير الميزانية التي تتضمن كلفة كل البرامج الخاصة بالمؤسسة التربوية، من رواتب، وكتب، ووسائل، وأجهزة، وما إلى ذلك مما يستخلص من ضوء الأهداف، وتستند عمليات التقويم إلى أنشطة منوعة لتحديد درجة تحقق الأهداف. وينفذ هذا النظام إجرائياً في كثير من المؤسسات التربوية في الولايات المتحدة وبعض الدول الأخرى. وهذا النظام يساعد المربين في تحقيق العديد من الأمور والتي هي: (علام، 2003)

- صياغة الغايات التربوية والأهداف الإجرائية.

- تصميم البرامج التي تحقق هذه الأهداف.

- تحليل البدائل المناسبة تحليلاً منظماً.

- تزويد المسئولين والعاملين بمعلومات ومصادر أفضل.

- موازنة الكلفة بالإنجازات المتوقعة للبرامج.

- زيادة مشاركة المعلمين في علميات التخطيط وصنع القرارات.

- تقدير الكلفة المباشرة لأنشطة تربوية معينة في إطار ميزانية البرامج.

- تحديد البرامج والمشروعات ذات الأولوية.

- تشجيع التجديد سواء في البرامج أو التدريس أو في محكات التقويم.

- زيادة تفهم المجتمع وكسب ودعمه وتأييده لما تقوم به المدارس.

وفيما يلي نموذجاً يوضح المراحل التي يتضمن عليها هذا النظام. (المرجع السابق)

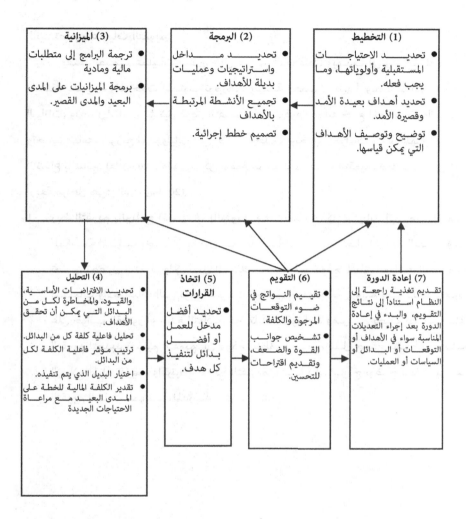

نلاحظ من خلال هذا النموذج، بأن إجراءات التحليل واتخاذ القرارات الخاصة بعملية التقويم التربوي تمر بمراحل عديدة تكمل إحداها الأخرى. ولكن مع جدوى هذا النظام وربط المدخلات المبرمجة بالمخرجات، إلا أنه قد لا يبدو أمر تطبيقه من الأمور السهلة في مدارسنا، وذلك نظراً لتميز أنظمة مدارسنا بالمركزية الشديدة، ونظراً إلى أن المؤسسة المدرسية، إنما هي جهاز تنفيذي، لا دور لها في عمليتي التخطيط والميزانية على مستوى عال وقد تحتاج المؤسسات المدرسية الصلاحيات الكثيرة، لتصل إلى هذا المستوى الذي نتطلع إليه بشغف.

175

ثانياً: تصميم عمليات التقويم

يعتمد تصميم عمليات التقويم إلى عناصر التخطيط، ويهدف إلى وصف المعلومات المتعلقة بالسياق، والمدخلات المطلوب توفيرها، وكيفية الحصول عليها، وتصميم أدوات جمع البيانات، واختيار أسلوب تشكيل فريق التقويم الذي سيقوم بعملية جمع المعلومات والبيانات، وتحديد مهامه، وتوزيع المسؤوليات على أفراده، وجدولة وتحديد إجراءات تنفيذ المهام، وكيفية الانتفاع بالنتائج. (علام، 2003) ولكي يتمكن المقوم من تصميم عملية التقويم، فإنه تحتاج إلى إتمام أربعة مراحل هي: (الدوسري، 2004)

1- **ربط التقويم بالبرنامج المستهدف بالتقويم:** وهذا يعني أن كل مكونات البرنامج التقويمي للمؤسسة المدرسية يجب أن تعمل جميعاً جنباً إلى جنب باتجاه الهدف النهائي، وهو تحسين تحصيل التلميذ. ولكي نصل إلى ذلك، يجب وضع نموذج لمنطق البرنامج، الذي يحدد المسلمات والافتراضات التي تربط مكونات البرنامج بعضها ببعض. ويتم بعد ذلك التعرف على جوانب القصور أو عدم التوافق بين تلك المكونات، ومن ثم يجب تطوير أسئلة التقويم لتحديد تصميم التقويم. أن نموذج منطق البرنامج، يمثل جميع نشاطات برنامج الإصلاح المراد تقويمه، والمرتبطة بنواتج التقويم. وفيما يلي نموذج يوضح منطق برنامج التقويم الشامل للمؤسسة المدرسية. (المرجع السابق)

قضايا سياق التقويم	عناصر البرنامج	الافتراضات	النواتج متوسط المدى
• إعداد كبيرة من المعلمين الذين تم ترخيصهم لمزاولة مهنة التدريس. • مجلس المدرسة جعل العلوم والرياضيات ذات أولوية.	التطوير المهني	• يقدم تدريب للمعلمين في إدارة الصف. • يعمل المعلمون في مجموعات الدعم على مستوى الصف والمرحلة.	• زيادة في وقت التعليم الصفي. • تكرار عمل الطلبة في المهمات.
• درجات الرياضيات والعلوم منخفضة.	الإخبار الأسبوعية المرسلة لأولياء الأمور.	• يستلم الوالدان النشرة الإخبارية ويقرأنها. • يرسل الوالدان آراءهم إلى المدرسة حول النشرة.	• الوالدان يدعمان إكمال الواجب المنزلي. • عدد الطلبة الغائبين والمتأخرين سيكون قليلاً.
	الرزم تدعم تدريس العلوم.	• رزم جديدة في مادة العلوم. • الرزم تحتوي على ما يتعلق بتقييم الأداء.	• تحسين تعليم العلوم. • ربط منهج العلوم بمحكمات التقويم. • اهتمام الطلبة بالعلوم سيزداد.
	ملاءمة منهج الرياضيات للمرحلة.	• يحدد المعلمون محتوى الرياضيات. • مطابقة المقرر بمستوى المرحلة والصف.	• سيكون الطلبة مستعدون لاختبارات مستوى الصف. • تكرار موضوعات الرياضيات سينتهي.

2- **تحديد أسئلة التقويم:** أن الإطار الأساسي لعمل تصميم التقويم أسئلة التقويم، وهناك أنواع عديدة من أسئلة التقويم، وهي: الأسئلة التي تتعلق بسياق التقويم، مثال: هل استفاد جميع الطلبة من برنامج الإصلاح التربوي؟ هل التزم أولياء الأمور والمشتركين في البرنامج بالإصلاح التربوي؟ هل المواد التعليمية للعلوم كافية ويمكن الوصول إليها؟... الخ، والأسئلة التي تتعلق بتطبيق التقويم وتنفيذه

<u>ميدانياً</u>: مثال: هل شارك جميع المعلمين في عملية التطوير المهني؟ هـل اسـتخدم المعلمـون رزم العلوم كما هو مخطط له؟.. الخ، <u>والأسئلة التي تتعلـق بنواتـج التقويـم</u>، مثال: هـل زاد وقت التعليم الصفي؟، هل يصل الطلبة إلى المدرسة في الوقت المحدد للحضور؟.. الخ، إن أسـئلة سـياق التقويم تبحث عن العوامل التي تؤثر في البرنامج، والقضايـا المرتبطـة بخصائص المدرسة موضع التقويم، أما أسئلة تطبيق التقويم، فهي أسئلة أكثر عملية، وترتبط بمدى تنفيذ المقوم لما قال أو خطط لتنفيذه. وتتعلـق أسـئلة النواتـج بآثـار البرنامج علـى الطلبة والمعلمـين والإدارة والبيئـة المدرسية جميعها.

3- **اختيـار مصـادر البيانـات، والمتغيـرات، والمقـاييس**: يجـب الحصـول علـى أفضـل المـوارد لاستخدامها في الإجابة عـن أسـئلة التقويـم، مثل المـوارد البشريـة، والوثائق، والأحـداث، والسجلات وغيرها من الموارد الأخرى. وقد يكون الوصول إلى بعض تلك الموارد غير ممكن، أو ذو تكلفة عالية، أو يتطلب جهداً كبيراً، ولكـن مـا يريـد أن يتعلمه المقوم مـن هـذه المصادر يتحدد بالمتغيرات والمقاييس الخاصة بالتقويم، والتي ينبغي علـى المقوم إعدادها لتتناسب مع نوع البيانات المراد الحصول عليها للإجابة عـن أسـئلة التقويم. وعلى سـبيل المثال، يمكن طرح السؤال التالي: هل يستفيد جميع الطلبة من برنامج التطوير الشامل؟ أن المتغيرات المرتبطة بهذا السؤال هي اتجاهـات الطلبة، وأداؤهـم وتحصيلهم المـدرسي. أمـا المقاييس، فهي وسائل محددة يستخدمها المقوم في تحديد قيم المتغيرات في السؤال.

4- **الانتقال من مرحلة التخطيط إلى مرحلة التنفيـذ**: عندما ينتهـي المقوم مـن وضـع أسـئلة التقويم ورصد البيانات الضرورية، فإنه يتمكن مـن تحديد مـا يجـب عمله، ومـن سـيقوم بعملية التنفيذ، ومتى سيتم ذلك. فالخطوة هنا تتطلب الواقعية وتحديد الزمن للتنفيذ. ولا يتمكن فريق التقويم من القيام بالإجراءات الفعلية، إلا بعد حصوله علـى إذن مسبق مـن الجهات المعنية لدخول فريق التقويم للمدرسة، ذلك أن تقـويم المـدارس يعد مـن الأمـور التي تحمل الكثير من المخاطر فيما إذا تمت بشكل غير رسمي. (علام، 2003)

ولكي تصبح الخطة جاهزة للتنفيذ، فإنه يجب على المقوم إجراء العلميات اللازمة كوضع المعايير لتقويم جوانب المؤسسة المدرسية بحسب الأهداف التي تـم تحديدها، والقيـام بكـل الإجراءات التي تكفل جعل الخطة جاهزة للتنفيذ. وقد وضع كل من هارلن وأليوت Harlen and J. Elliot المشار إليهما في (الشبلي، 1984) استمارة التأشير والتي تفيد في تطبيقها بعد الانتهاء مـن التصميم للتأكد من أن التخطيط لم يغفل أية جزئيـة، وهذه الاسـتمارة جـزأت الخطـة إلى عشرة عناصر ووضعت تحت كل عنصر مجموعة من الأسئلة التي يجب على المقومين (واضعي الخطة) الإجابة عنها، لضمان سلامة التخطيط والتصميم، وهذه العناصر هي:

1- الدواعي والأسباب:

- من يريد إجراء التقويم؟

- ما الأسباب التي دفعتهم لإجراء التقويم؟

- من يريد المعلومات التي يسفر عنها التقويم؟

- ما الأسباب التي تدفعهم للحصول على هذه المعلومات؟

- من غير هؤلاء ينبغي أن يحصل على هذه المعلومات؟

2- الجدوى:

- ما هي الإجراءات والقرارات التي يمكن أن تتخذ نتيجة التقويم؟

- ما هي الإجراءات والقرارات التي سبق اتخاذها؟

- ما هي المعوقات التي من الممكن أن تواجه تنفيذ عملية التخطيط؟

3- تفسير مهام التقويم:

- ما هي وجهات نظر المشمولين حول طبيعة التقويم؟

- ما النظام القائم لاتخاذ القرارات وكيف يرتبط التقويم به؟

4- موضوعات التقويم:

- ماذا سيقوم؟

- ما أنواع المعلومات المطلوبة؟

5- المقومون (القائمون بالتقويم):
- من يجمع المعلومات؟
- من ينسق المعلومات؟
- من يعد التقرير الختامي؟

6- طرائق التقويم:
- هل أن الطرائق التي تستخدم مناسبة للمعلومات المطلوبة؟
- هل بالإمكان ابتكار الطرائق، ان دعت الضرورة، وتطبيقها في الوقت المناسب؟
- ما المصادر والتجهيزات وميسرات العمل الأخرى المطلوبة للطرائق المستخدمة؟ (ما متطلبات تطبيق الطرائق والأساليب التقويمية)؟
- هل أن طرائق جمع المعلومات مقبولة من قبل الذين لديهم هذه المعلومات؟

7- الجدول الزمني:
- ما الوقت المتاح للتقويم؟
- هل بالإمكان جمع المعلومات المطلوبة وإجراء العمليات اللازمة عليها لإجراء التقويم في الوقت المتاح؟

8- إدارة المعلومات:
- ما الأساليب التي تحكم جمع المعلومات وتهيئتها؟
- كيف يتم تحديد ملكية المعلومات؟

9- معايير إصدار الأحكام أو القرارات:
- من يضع المعايير التي تطبق في استخدام المعلومات.
- هل هناك حاجة أو إمكانية لاستخدام معايير بديلة؟

10- كتابة التقرير الختامي:
- بأي شكل يكتب التقرير الختامي؟
- هل يطلع المشمولون بالتقويم على التقرير قبل وضعه بشكل نهائي؟
- من سيقدم التقرير؟
- ما هي الخطوات التي تتخذ للتأكد من أن التقرير وصل إلى الأشخاص المعنيين؟

أن الإجابة على كل هذه التساؤلات تجعل القائمين على عملية التقويم على علم بكل متطلبات عملية التقويم وإجراءاتها ويراجعون أنفسهم عن أية نقطة أغفلت. وعندما يطمئن فريق التقويم إلى أن التخطيط والتصميم أجريا بشكل دقيق وشامل، يمكن الانتقال إلى مرحلة التنفيذ، وهي المرحلة التي سنتناولها فيما يلي بالتفصيل.

ثالثاً: تنفيذ عملية التقويم

أن عملية التنفيذ تتم كنتيجة لتخطيط وتصميم التقويم، ويتطلب تنفيذ التقويم وتطبيقه على أرض الواقع إجراء بعض الخطوات اللازمة والتي هي: (الدوسري، 2004) و(علام، 2003) و(الشبلي، 1984)

1- **بناء وتطبيق أدوات جمع البيانات:** إن أهم العناصر التي تحتاج إلى الكثير من الوقت والجهد في عملية التنفيذ هي جمع البيانات، وتحتاج هذه الخطوة إلى دقة وكفاءة عاليتين، وفي حالة عدم وجود الموظفين المسئولين عن البرنامج ضمن المكان الذي يطبق فيه، فإنه يمكن الاستعانة بمستشارين من خارج المؤسسة المدرسية للوقوف على عملية بناء وتطوير أدوات التقويم، وجمع البيانات وتحليلها. ويمكن استخدام أدوات القياس وجمع البيانات المتاحة مسبقاً إذا كانت مناسبة للبرنامج وأهدافه، أما إذا لم تكن تلك الأدوات المتاحة تفي بالغرض، فيمكن أن يعيد المقوم بناؤها وتكييفها وتعديلها، ثم تجريبها ميدانياً قبل التطبيق للتأكد من سلامة صدقها وثباتها. (الدوسري، 2004) ومن الضروري تنويع الأدوات المستخدمة في جمع المعلومات، لأن الاعتماد على أداة واحدة في جمع المعلومات قد يضر بنتائج التقويم، حيث أن الأداة مهما كانت دقيقة ومناسبة في بنائها، لا يمكن أن تحيط بجميع جوانب عملية التقويم. مع ضرورة بناء كل أداة تستخدم في عملية التقويم وفق الشروط العلمية، حيث أن الأداة غير السليمة أو المشكوك في درجة صدقها وثباتها تقود إلى نتائج غير دقيقة، وهذه تؤدي بدورها إلى أحكام وقرارات غير سليمة لاسيما وأن هذه الأحكام والقرارات خطيرة وفي غاية الأهمية. (الشبلي، 1984)

أن تنوع استخدام أدوات جمع البيانات لا يعني اختيار الأدوات كيفما اتفق لمجرد التنويع في استخدامها، ولكن يجب أن تكون تلك الأدوات فاعلة وتخدم الغرض الذي استخدمت من أجله. ويوضح الجدول التالي بعض أدوات جمع البيانات مع بيان محاسن وعيوب كل منها (الدوسري، 2004).

الأداة / الإجراء	المحاسن	العيوب
الاستبانة المطبقة ذاتياً	رخيصة، ويمكن تطبيقها بسهولة على المجموعات، وملائمة للاستبيانات القصيرة والبسيطة.	صعوبة التحكم في الأسئلة غير المفهومة، ضياع بعض البيانات، أو استجابات غير صادقة، ولا تصلح للقضايا المعقدة.
الاستبيانات المطبقة خلال المقابلات	تتضمن فهم الأسئلة، تمكن من الحصول على إجابات وتعليقات مفتوحة مع الدليل الذي يعزز الاستجابة.	مشكلة سرية المعلومات والبيانات وتتطلب تكليف أشخاص يقابلون المشاركين، وتدريب المقابلين مهم لضمان اتساق البيانات.
المقابلات ذات الأسئلة المفتوحة	غالباً ما توفر بيانات غزيرة وتفاصيل وتوضيح أكثر هي الأفضل عندما يكون المطلوب بيانات تفصيلية وعميقة.	تشابه الاستبيانات المطبقة خلال المقابلات، وغالباً ما تكون بياناتها صعبة التحليل.
مجموعات التركيز Focus groups	مفيدة في جمع الأفكار ومختلف وجهات النظر، واكتشاف طرق تفكير جديدة، وتحسين تصميم الأسئلة.	لا تلائم تعميم النتائج للمجتمع المستهدف بالتقويم.
الاختبارات	تقديم بيانات رصينة، غالباً ما يفضلها ممولو البرنامج ومديرو البرنامج. سهلة التطبيق نسبياً، أداة جيدة يمكن الحصول عليها من دون بناء الاختبارات.	الأدوات المتوافرة قد لا تكون ملائمة لبرنامج التقويم الحالي وأسئلته. كما أن تطوير اختبار جديد وتحديد صدقه في الواقع عملية مكلفة مادياً، ومضيعة للوقت. قد تكون هناك اعتراضات من بعض الجهات على عدم دلالة الاختبارات، وإجازاتها.
الملاحظة	إذا تم تنفيذها بدقة، تكون أفضل ملائمة للبيانات المتعلقة بسلوك الأفراد والجماعات.	رخيصة نسبياً. تحتاج إلى أشخاص مؤهلين تأهيلاً عالياً. قد تؤثر في السلوك المطلوب وتغير من الهدف.
الوثائق والسجلات وأعمال الطلبة.	المواد المتوافرة سلفاً يمكن استخدامها للحصول على بيانات جديدة في وقت ملائم للمقوم.	ضرورة بناء قوائم الشطب، وقواعد التصحيح والتقدير للحصول على البيانات المطلوبة من المادة المكتوبة. يجب تحديد المطلوب لضمان الدقة والاتساق والثبات في البيانات.

2- **جمع البيانات:** تتطلب عملية جمع البيانات، إعداد جدول زمني أساسي للمتابعة اليومية لتنفيذ المهام وإدارة البيانات. وتستخدم الأدوات المناسبة التي تم إعدادها في جمع البيانات وفقاً لمتطلبات التقويم. ويفضل أن يلتقي فريق التقويم لفترة قليلة عقب انتهاء التقويم يومياً لمراجعة التقدم الحاصل، وإجراء التعديلات اللازمة لبرنامج اليوم التالي.

رابعاً: تجهيز البيانات وتحليلها وتفسيرها

تعد هذه المرحلة من أدق المراحل حيث أنها تتطلب مهارات إحصائية وقدرة على استيعاب البيانات التي تم جمعها، وفهم طبيعتها، ومعرفة تفاصيلها، وتجهيزها وتحليلها، للتعرف على ما تحويه من معلومات تفيد أغراض التقويم، وتخدم كتابة تقرير النتائج والتي يتوقف على مدى سلامتها سلامة اتخاذ القرارات المختلفة والبيانات التي يتم الحصول عليها في عملية التقويم تكون عادة متباينة في طبيعتها، ومحتواها، ومصادرها. فبعض البيانات يحصل عليها من بطاقات الملاحظة، أو الاستبيانات، أو المقابلات الشخصية، أو قوائم المراجعة، وغير ذلك، والبعض الآخر يستمد من الاختبارات التحصيلية التي يعدها فريق التقويم، أو من الامتحانات العامة والامتحانات الصفية. ونتيجة لذلك، فإن تلك البيانات يكون بعضها كمي قياسي، وبعضها كيفي وصفي. (علام، 2003)

ولكن مع ذلك يجب أخذ الحيطة من البيانات المفقودة في السجلات وكيفية التعامل معها ومعالجتها إحصائياً، وكذلك على البيانات الخطأ، وقد يجد المقوم أحياناً أن بعض البيانات التي يقدمها المستجيبون فيها شيء من التكرار، مما يستوجب على المقوم تنقية هذه البيانات وإزالة التكرار، كما يستوجب عليه تهذيب البيانات وتقسيمها إلى فئات تكون صالحة للتحليل الإحصائي. (الدوسري، 2004) أن تجهيز البيانات يعد حلقة الوصل بين عمليتي جمع البيانات وتحليلها، فهي تتضمن تحويل أنواع معينة من البيانات الكيفية التي جمعت من الميدان إلى نظام من الأقسام التي تتضمن استجابات مماثلة، وتحويل هذه الأقسام إلى ترميزات رقمية تسمح بالتحليل

الكمي. ويفضل الإعداد المسبق لنظام الترميز للبيانات المستمدة من أدوات جمع البيانات المختلفة، وذلك في كتيب ترميز يمكن الرجوع إليه للتعرف على الرموز وما تشير إليه من متغيرات، ومضمونها، وموقعها في ملفات البيانات. (علام، 2003) وبعد الانتهاء من تجهيز البيانات يجب توجيه الاهتمام لتحليل البيانات بالأساليب الإحصائية المناسبة والبعيدة عن التعقيد.

أن الهدف من تحليل البيانات إحصائياً، هو فهم طبيعة البيانات واتجاهاتها وتركيزها، والعلاقات بينها، والفروق بين متوسطات المتغيرات، وذلك للوصول إلى تفسير معقول وواقعي وعلمي للنتائج في ضوء أسئلة التقويم. وينبغي على المقوم أن يأخذ بعين الاعتبار جميع وجهات النظر العملية عن تفسيرات البيانات ويحتاج فريق التقويم أن يعمل بروح الفريق لتطوير وإعداد الشروح والتفاسير لنتائج التقويم. وذلك بعد تنظيمها وتبويبها في جداول تسهل قراءتها، أو تمثيلها بأشكال ورسوم بيانية تيسر الفهم وتوضح ما تحتويه عليه البيانات من معلومات، وتفيد التمثيلات البيانية في المقارنة بين مجموعات مختلفة من البيانات. (علام، 2003)

خامساً: كتابة تقرير التقويم

أن كتابة التقرير بصيغته النهائية تستوجب مراعاة فريق التقويم احتياجات كافة الأطراف من المعلومات المقدمة، والتعرف على أنواع البيانات التي يتطلعون إلى معرفتها من خلال تقرير نتائج التقويم، وهذا يستوجب استخدام أساليب متنوعة لتوصيل تلك المعلومات، المدعمة بالتوصيات والمقترحات للجهات المعنية بأمر التقويم، ومن الضروري أن يتسم التقرير بالوضوح في الأسلوب، والشمول، والتوازن، والترابط، والمنطقية، وعدم المبالغة أو التحيز في وصف نقاط الضعف ونقاط القوة، ويجب أن تكون لغة التقرير بعيدة عن التعقيد أو احتمال تعدد تفسيراتها، مع ضرورة خلوها من الأخطاء اللغوية أو الإملائية، وأن تكون مستندة إلى حقائق علمية وإلى أدلة دامغة (علام، 2003) وتتم صياغة التقرير النهائي عادة في ضوء موجهات عملية التقويم حيث يركز على العمليات والمدخلات في ضوء أثرها على

المخرجات. ويجب أن يكون التقرير مفصلاً، يتضمن معلومات كاملة تمكن صانعي القرار من اتخاذ القرار السليم، كما ينبغي أن يتضمن التقرير حيثيات إصدار الحكم على درجة الجودة التربوية، وأن يحدد نقاط القوة ونقاط الضعف بدقة، ليخلص بعدها بملخص النتائج والتوصيات التي توصل إليها فريق التقويم. (شعلة، 2000) أن كتابة تقرير التقويم تستوجب الالتزام بخطة وأخلاقيات عملية التقويم كالأمانة، والوضوح والموضوعية في إصدار الأحكام، بعيداً عن الحكم الذاتي. أنه من الأهمية بشيء وضع نتائج التقويم على هيئة توصيات قابلة للتنفيذ والتطبيق العملي وأن تكون متكاملة مع البرنامج الذي تم تقويمه، لتسهم في عملية تطوير البرنامج. ومن المستحسن أن يعرض التقرير التفصيلي معززاً بوسائل العرض التكنولوجية المتعددة، والرسوم البيانية، والجداول الإحصائية. مع تقديم كافة الاستعدادات للمناقشة مع الجهات المعنية، والرد على الأسئلة والاستفسارات الخاصة بموضوع التقرير. وهناك بعض الإرشادات لتشجيع ودعم استخدام نتائج التقويم والتي تتلخص بالآتي: (الدوسري، 2004)

1- التأكد من أن نتائج التقويم يتم تكييفها طبقاً لاستخدام جهات محددة لها حصة في التقويم.

2- يجب تدعيم نتائج وتوصيات التقويم بأمثلة حول ما يمكن عمله في المستقبل.

3- تبصير كل مجموعة أو هيئة لها نصيب من تقويم البرنامج بأهمية استخدام النتائج عملياً، واستعداد فريق التقويم لمساعدتها.

4- المتابعة المستمرة لتطبيق واستخدام نتائج التقويم مع الجهات المختصة والمعنية في التقويم، وذلك بهدف الحصول على تصورات جديدة وأفكار تفيد في تطوير البرنامج الحالي وفي تقويم البرامج المستقبلية المشابهة للبرنامج الذي تم تقويمه.

5- تخزين البيانات الخاصة بمختلف مكونات النظام المدرسي في قاعدة بيانات حاسوبية يجري تحديثها بانتظام كلما توافر مزيد من البيانات والمعلومات، وذلك لضمان الحصول على البيانات المناسبة التي يمكن الاستناد إليها في صنع القرارات التربوية المتعلقة بالمؤسسة المدرسية، وبذلك يمكن الإستفادة من تقرير التقويم والحصول على البيانات بسهولة لتوظيفها التوظيف المناسب. (علام، 2003)

سادساً: اتخاذ القرار في ضوء التقويم التربوي

تعد مسألة اتخاذ القرار، المرحلة الأخيرة في عملية التقويم، إذ يقدم المقومون البدائل المختلفة بخصوص كل جزء أو عنصر تم تقويمه، حيث يتخذ صاحب القرار ما يراه مناسباً بعد اقتناع نتيجة الاطلاع على الحيثيات والعمليات، والإجراءات والبراهين، والأدلة، ليكون القرار صائباً. أن عملية التقويم لا جدوى لها أن لم تتخذ قرارات بشأنها شرط أن تكون هذه القرارات في ضوء التقويم وليس نتيجة للرأي الشخصي لمتخذ القرار وقد يكون القرار المتخذ في ضوء التقويم قرار إلغاء، أو اعتماد، أو تطوير، وذلك حسب الأدلة والحجج والبراهين التي تشير إليها نتيجة التقويم. (الشبلي، 1984) والقرار يكون عبارة عن عمليات ومخرجات تبدأ إجراء تنفيذه بعد قبوله واستحسانه من قبل فريق التقويم. لقد اعتبر خبراء التقويم أمثال Stufflbeam وProvas وAlkeing المشار إليهم في (علام، 2003) أن التقويم يرتبط ارتباطا وثيقاً بصنع القرارات التربوية. فالتقويم الموجه بالقرارات يؤدي إلى معلومات يستند عليها في الاختيار بين بدائل الأفعال، ودعم قرار معين، وتوفير الموارد لمدة زمنية تالية قبل صنع قرار آخر. ومن الضروري تحديد أنماط القرارات المنشودة، لكي يكون التقويم أساساً لصنع القرارات. فالقرارات المتعلقة بالنواتج تختلف عن القرارات المتعلقة بالعمليات، حيث أن القرارات المتعلقة بالنواتج المرجوة تتناول الأهداف التي قد يصعب تحقيقها في ضوء الموارد المتاحة، والبعض الآخر ربما يكون مناسباً ويمكن تحقيقه، فالقرارات في هذه الحالة تهتم بتحديد الاحتياجات وطبيعة البرنامج وأهدافه. أما القرارات المتعلقة بالوسائل والأساليب المرجوة، فأنها تركز على العمليات التي ربما تكون فاعلة أو تتطلب المزيد من التحديد، وكذلك على الإمكانات البشرية ومتطلباتها التدريبية، إضافة إلى كلفة تنفيذ البرنامج. وهناك قرارات تتعلق بالنواتج الفعلية، فهي تتناول الأهداف التي لم تتحقق بدرجة جيدة، والنواتج غير المرغوبة التي تحتاج إلى علاج أو مراجعة، وإعادة تخطيط وتحليل جميع العمليات إذا لم تتحقق الأهداف المنشودة. فالاهتمام هنا ينصب على تقييم الانجازات، والتعرف على ردود الأفعال، وتصميم إجراءات ضبط الجودة. إضافة إلى ذلك، هناك قرارات تتعلق

بالأساليب الفعلية، حيث أنها تتناول العمليات المستخدمة والتي قد تكون متعارضة مع العمليات المستخدمة والتي ربما تكون متعارضة مع العمليات المنشودة، أما بسبب إجراء تعديلات متعمدة عليها، أو بسبب العودة إلى استخدام عمليات معتادة وممارسات قاصرة. (علام، 2003)

أن عملية اتخاذ القرارات في ضوء نتائج التقويم مسألة في غاية الأهمية والخطورة، ذلك أنها توظف عملية التقويم التربوي وتستفيد من نتائجه في التطوير والتحسين، فالتقويم لا يمكن أن يهدف إلى التقويم ذاته واستخراج النتائج وعرض التوصيات، ومن ثم حفظها في ملفات قد يرجع إليها وقد لا يرجع، فالتقويم إذا لا يقودنا إلى اتخاذ قرار من أجل التطوير والتحسين والاستفادة من نتائج التقويم، فهو عملية غير مجدية ولا يعود بالنفع على المؤسسة المدرسية أو العملية التربوية. أن عملية التطوير لا تتوقف على نتيجة تقرير التقويم فحسب، بل تمتد لتشمل عملية التقويم ذاتها، فالقرار قد يتخذ لتطوير البرنامج التقويمي ليخرج على أكمل وجه وليقدم خدمات أفضل وأكثر وجوده مما هو عليه.

مراجع الفصل الخامس

1- البدري، طارق عبدالحميد (2001) الأساليب القيادية والإدارية في المؤسسات التعليمية، عمان: دار الفكر.

2- الحر، عبدالعزيز محمد والبوبي، أحمد عمر(2003) التقويم الذاتي، الدوحة: المركز العربي للتدريب التربوي لدول الخليج.

3- الحصين، عبدالله وقنديل، يسن (1986) مهارات التدريس، الرياض: شركة مرمر للطباعة والنشر.

4- الحيلة، محمد محمود (2002) مهارات التدريس الصفي، عمان: دار المسيرة.

5- الدوسري، راشد حماد (2004) القياس والتقويم التربوي الحديث، عمان: دار الفكر.

6- الشبلي، إبراهيم (1984) تقويم المناهج بإستخدام النماذج، بغداد: مطبعة المعارف.

7- جابر، جابر عبدالحميد (2000) مدرس القرن الحادي والعشرين الفعال، القاهرة: دار الفكر العربي.

8- زيتون، حسن حسين (2001) تصميم التدريس، القاهرة: عالم الكتب.

9- شعلة، الجميل محمد عبدالسميع (2000) التقويم التربوي للمنظومة التعليمية، القاهرة: دار الفكر العربي.

10- عبود، عبدالغني وحجي، أحمد والصغير، محمد غانم، أحمد (1994) إدارة المدرسة الإبتدائية، القاهرة: مكتبة النهضة.

11- عدس، محمد عبدالرحيم (1995) الإدارة الصفية والمدرسة المتفردة، عمان: دار مجدلاوي.

12- علام، صلاح الدين محمود (2003) التقويم التربوي المؤسسي، القاهرة: دار الفكر العربي.

13- فتح الله ، مندور عبدالسلام (2000) التقويم التربوي، الرياض: الدار الدولية للنشر.

14- فيفر، إيزابيل ودنلاب، جين (2001) الإشراف التربوي على المعلمين، عمان: الجامعة الأردنية.

15- قطامي، يوسف وقطامي، نايفة (2002) إدارة الصفوف، عمان: دار الشروق.

16- Cooper, J. (1999) Classroom Teaching Skills (6ᵗʰ ed.) U.S.A.: Houghton Mifflin.

17- Harber, C. and Davies, L. (2002) School Management and Effectiveness in Developing Countries, London: Continuum.

18- Stufflbeam, D. (1987) Professional Standard for educational Evaluation, International Journal of Educational Research, 11, (1).

الفصل السادس

مجالات التقويم

الأساسية والوظيفية

((تقويم المتعلم))

عناصر الفصل

- مجالات التقويم التربوي في العملية التعليمية

1. تقويم التحصيل الدراسي للمتعلم

2. تقويم الاتجاهات

3. تقويم الميول

4. تقويم الشخصية

5. تقويم التفكير الإبداعي

6. تقويم الذكاء والقدرات العقلية

7. تقويم المتعلم نفسياً

8. تقويم النمو الثقافي للمتعلم

- المراجع

الفصل السادس

مجالات التقويم الأساسية والوظيفية

((تقويم المتعلم))

مجالات التقويم التربوي في العملية التعليمية

تتشكل مجالات التقويم التربوي تبعاً لتنوع عناصر ومدخلات وعمليات ومخرجات العملية التعليمية التعلمية. ونستعرض فيما يلي أهم مجالات التقويم التربوي وهي تقويم المتعلم باعتباره محور العملية التعليمية التعلمية ثم نتبعها بالمجالات الأخرى وهي تقويم المعلم، وتقويم المنهج والكتاب المدرسي.

مبررات تقويم المتعلم

تعتبر عملية تقويم المتعلم مسألة في غاية الأهمية لأنها تزوده بمعلومات تتعلق بأدائه ومستوى تعلمه فهي تزوده بالآتي: (دروزة، 2005)

1. **إعلام المتعلم بمستوى إنجازه:** تعتبر معرفة المتعلم بمستوى إنجازه ونتيجة تعلمه حجر الزاوية في عملية التعلم، كما أن معرفة المتعلم للأهداف التعليمية التي حققها والأهداف التي لم يحققها، والمعلومات القيمة والمفيدة التي اكتسبها، والمعلومات التي لم يكتسبها ومدى تنوع هذه المعلومات التي اكتسبها أو مدى ضحالتها، كل هذه تعد من الحوافز التي تدفع بالتلميذ إلى التعلم لا سيما إذا حصل على هذه المعلومات بعد عملية التعلم مباشرة.

2. **منح المتعلم الثقة بعد علمه بالمدى الذي وصل إليه** وامتلاكه لوسائل التحسين والتطوير بعمله. (شعلة، 2000)

3. **تشخيص نقاط القوة ونقاط الضعف:** من الضروري أن يعرف المتعلم نواحي القوة ونواحي الضعف لديه، حيث أن معرفته بذلك تساعده في تعزيز نقاط القوة

لديه وتذليل نقاط الضعف التي يعاني منها، أن تبصير المتعلم بنواحي قوته وضعفه سيساعده بلا شك في تطوير ذاته وتحسين قدراته.

4. **إرشاد المتعلمين تربوياً ومهنياً:** تساعد عملية التقويم المتعلمين في معرفة المساقات التي سيسجلون فيها والمهارات التي سيمارسونها، كما تساعد عملية التقويم أولياء الأمور والمعلمين والمرشدين في إرشاد المتعلمين للانخراط في البرامج التي تتناسب وقدراتهم وميولهم وتساعدهم في إرشادهم لاختيار التخصص المناسب للحصول على المهنة المناسبة.

وينبغي أن يشتمل تقويم المتعلمين على جميع جوانب شخصية المتعلم (جسمياً، عقلياً، اجتماعياً، ونفسياً) بالإضافة إلى بعض الجوانب الأخرى التي تسهم في بناء شخصية المتعلم (ثقافياً، أخلاقياً، وروحياً). (شعلة 2000)

1. **تقويم التحصيل الدراسي للمتعلم:**

ويشمل على:

- ○ معرفته للحقائق والمفاهيم.
- ○ معرفته للمبادئ والتعميمات.
- ○ معرفته للقوانين والنظريات.
- ○ مستوى استعداداته وميوله واتجاهاته.
- ○ مستوى مهاراته اليدوية والعملية.
- ○ مستوى مهاراته العقلية.
- ○ مستوى مهاراته في حل المشكلات واتخاذ القرارات.

على أن يتم تقويم معرفة المتعلم وفقاً لمستويات الأهداف المعرفية وهي: التذكر ـ الفهم ـ التطبيق ـ التحليل ـ التركيب ـ التقويم. (يوسف والرافعي 2001)

إضافة إلى تقويمه وجدانياً، ونفسحركياً. ويرتبط تقويم المتعلم معرفياً بالتحصيل حيث يهدف إلى إصدار الحكم على مدى تحقق الأهداف التعليمية في المتعلم ومدى تأثير ذلك في مستوى نموه عقلياً ومهارياً وانفعالياً وتحديد العقبات التي قد تعرقل أو تعيق هذا النمو ومعرفة أسبابها والعمل على تذليلها. (سيد وسالم2005)

والتحصيل يعني اكتساب التلميذ للمعارف والمهارات المدرسية بطريقة علمية منظمة، والتحصيل في ضوء هذا المفهوم يهتم بجانبين أساسيين من نواتج التعلم هما: الجانب المعرفي ـ المهاري وهذا يعني اهتمامه ضمناً بالجانب الوجداني لأن اكتساب المهارات والخبرات لا يتم إلى حد الإتقان بدون الجانب الوجداني، ويجب تقويم التحصيل الدراسي في ضوء الأهداف التعليمية المحددة سلفاً والتي تشتمل على الجوانب الثلاث (المعرفي ـ الوجداني ـ النفسحركي) ذلك أن التحصيل الدراسي يعتبر أكثر ارتباطاً واتصالاً بالنواتج المرغوبة للتعلم أو الأهداف التربوية. (شعلة 2000)

ولتقويم الجانب التحصيلي للمتعلم فإن الاختبارات وحدها لا تعتبر مؤشراً قاطعاً على مستوى تحصيل المتعلم، ذلك أن الاختبارات تركز على الجانب النظري بشكل كبير وعلى القائم بعملية تقويم مستوى تحصيل التلاميذ أن يبني حكمه على المستويات التحصيلية للتلاميذ بناء على ما يعرفه التلاميذ ويفهمونه من المعلومات النظرية وما يؤدونه من مهارات وتطبيقات تتعلق بمادة التحصيل بحيث يتناسب هذا مع أعمار التلاميذ وقدراتهم والأهداف التربوية للمرحلة التعليمية، ويجب مقارنة مستوى التلميذ بنفسه من خلال الاختبارات ومقارنته بمجموعته، كما يمكن مقارنة نتائج التلاميذ في مدرسة ما في فترة ما بنتائجها في فترة أخرى، ومقارنة نتائج التلاميذ في مدرسة ما بنتائج التلاميذ من نفس أعمارهم وفي نفس المرحلة بمدرسة أخرى. والشكل التالي يوضح تقويم التحصيل الدراسي في ضوء المفهوم الحديث للتحصيل. (المرجع السابق)

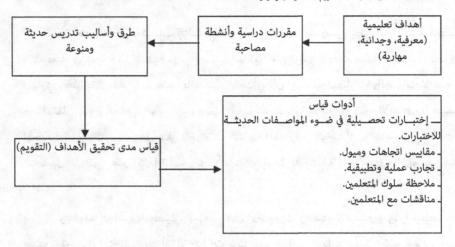

الإجراءات والمعايير التي تساعد في الحكم على المستوى التحصيلي للمتعلمين

1. يتمكن المعلم كمقوم للمستوى التحصيلي لتلاميـذه مـن اسـتخدام الملاحظـة الفرديـة لكـل تلميذ لمعرفة ما إذا كان التلميذ يستطيع إنجاز الأعمال الموكلة إليه بما يتناسب مع قدراته أم لا، ويتم ذلك بمقارنة التلميذ بما أنجز من قبـل، كـذلك التعـرف علـى قدراتـه مـن خـلال المناقشة، فإذا كان ما يؤديه التلميذ يتناسب مع قدراته ومع الأهداف التعليمية يمكن القول بأن التلميذ على قدر عال من المستوى التحصيلي، أما إذا كان مستوى التلميذ ثابتاً عنـد حـد معين وهذا الحد اقل من قدراته فيمكن القول بأن مستوى هذا التلميذ متدن.

2. يمكن الحكم على المستوى التحصيلي للتلاميذ من خلال فحص أعمالهـم بطريقـة منظمـة وذلـك باختيار إنتاج عينة من التلاميذ ذوي القدرات المتباينة وعلـى مـدى شـهور عديـدة ومقارنة هـذه الانتاجات مع بعضها البعض وعلـى مـدى شـهور. ومن المفيـد جـداً تـدعيم البيانات التـي يـتم الحصول عليها من مستويات تحصيل التلاميذ بمشاهدة التلاميذ أنفسـهم مـن خـلال تكليفهم ببعض المهـام التطبيقيـة، إذ أن هـذا يعطـي أبعـادا ذات قيمـة وأهميـة عـن مـدى اسـتيعاب التلاميـذ للمـادة الدراسية واكتسـابهم المهـارات والخبرات التـي تهـدف إليهـا وتكشـف عـن نوعيـة تفكـيرهم، ويجـب أن لا يقـتصر التقويم علـى الجانـب المعـرفي فقـط وفي كـل الأحوال.

ويمكن استخلاص مجموعة من المؤشرات التي تدلنا على أن التحصيل الدراسي للمتعلمين وصل إلى المستوى المطلوب وهذه المؤشرات هي:

1. القراءة بدقة ووضوح.
2. استخدام الكتب والمراجع المختلفة الأخرى بمهارة لتحقيق التعلم الذاتي.
3. استخدام المكتبة والاستفادة منها بكفاءة ومهارة عاليتين.
4. قدرته على التلخيص بجدارة.
5. قدرته على التعبير الشفوي والكتابي بطلاقة.
6. القدرة على الإجابة على أسئلة المعلم بشكل صحيح.
7. القدرة على الإجابة على أسئلة التقويم الشفوي والكتابي بشكل متقن.
8. القدرة على حل المشكلات واتخاذ القرارات.
9. القدرة على المناقشة الهادفة مع الآخرين والإنصات الجيد لهم.
10. استخدام الحاسب الآلي بمهارة عالية.
11. التحدث بوضوح وفهم.
12. القدرة على الفهم والاستيعاب والتذكر والتعليل والتحليل والربط والاستنتاج.
13. المشاركة الفاعلة في الأنشطة التعليمية.
14. انجاز الواجبات المطلوبة بشكل تام ومتقن.
15. القدرة على عمل النماذج والأشكال والمجسمات بما يتناسب والمرحلة التي يدرس فيها.
16. القدرة على حل المسائل الصعبة.
17. المواظبة والاستماع بالدروس.
18. القدرة على طرح الأسئلة الذكية.

2. تقويم الاتجاهات:

الاتجاهات هي استعداد وجداني مكتسب ثابت نسبياً، يحدد شعور الفرد وسلوكه نحو موضوعات معينة ويتضمن حكما عليها بالقبول أو الرفض أو الحياد،

وهذه الموضوعات قد تكون أشياء أو أشخاصا أو جماعات أو أفكارا أو مبادئ، وقد تكون الفرد نفسه كحب الذات واحترامها أو السخط عليها وضعف الثقة بها. والاتجاهات تتضمن دائماً علاقة بين شخص ما وموضوع من موضوعات البيئة ولها خصائص انفعالية وتغلب عليها الذاتية بشكل أكبر من الموضوعية من حيث محتواها ومضمونها المعرفي. (خضر 2004)

والاتجاه عبارة عن وجهة نظر متناغمة أو ثابتة نحو الأشخاص أو السياسة أو القضايا الاجتماعية أو ما إلى ذلك، فهي تعمل على توجيه استجابات الفرد نحو الناس أو المواقف التي تتعلق باستعداده العقلي العصبي. (عريفج وآخرون 1987)

وحيث أن الاتجاهات تنتقل وتعلم، فإن الاهتمام بأسلوب تعلمها يدل على أهميتها في العالم الحديث، وان تقويم الاتجاهات كأي عملية من عمليات التقويم يساعد على تحديد الشكل النهائي للاستجابة الصادرة من الأفراد نحو موضوعات العلوم المختلفة، ومن هنا وجدت أهمية اختبارات الاتجاهات وأهتم الكثير من الباحثين بمسألة تقويم الاتجاهات ووضعوا طرقاً وأساليب مختلفة لقياسها. (فتح الله 2000)

ويهمل المعلمون قياس الاتجاهات لدى تلاميذهم رغم أهميتها، فالاتجاهات قد تكون سبباً في تفوق التلميذ وقد تكون سبباً في رسوبه أو تسربه من المدرسة، فإذا كان اتجاه التلميذ سلبياً نحو مادة اللغة الانجليزية نجده يكره هذه المادة ويتذمر منها بشكل دائم والعكس صحيح، لذلك من الضروري معرفة اتجاهات التلاميذ السلبية منها والايجابية نحو العملية التربوية بكل عناصرها، وذلك لتعزيز الجوانب الايجابية وعلاج الجوانب السلبية. وفيما يلي نموذجاً لاختبار الاتجاهات لدى التلاميذ نحو مادة الرياضيات.

م	العبارة	الاستجابات				
		موافق بشدة	موافق	متردد	غير موافق	غير موافق جداً
1	تعتبر الرياضيات مادة ضرورية وهامة جداً لجميع التلاميذ					
2	تجعلني الرياضيات عصبياً وأشعر بالإجهاد حينما أقوم بدراستها					
3	أستمتع بدراسة الرياضيات وأشعر بالفرحة لحلول حصتها في المدرسة					
4	يرجع الفضل إلى الرياضيات في معظم الاكتشافات العلمية التي تمت في العالم					
5	لا أحب الرياضيات قط وهي أكثر المواد المسببة قلقاً لي					
6	الرياضيات مادة لا ضرورة لها في حياتنا العملية					
7	تعتبر الرياضيات من المواد المحببة إلى نفسي					

3. تقويم الميول:

يعرف الميل بأنه استعداد نفسي لقول أو عمل شيء للقيام بسلوك إنساني أو تربوي معين. (فتح الله 2000) وقد عرفه جيلفورد المشار إليه في (عريفج وآخرون 1987) بأنه نزعة سلوكية عامة لدى الفرد للانحراف نحو نوع معين من أنواع النشاط، ويختلف الميل عن الاتجاه حيث أن الميل ليس له إلا جانب واحد فقط هو الجانب الايجابي، بينما نجد أن للاتجاه ثلاثة جوانب هي: الموجب، والسالب والمحايد، فالفرد لا يميل إلا للأشياء التي تجلب له السعادة والمسرة (خضر 2004) ويرجع اهتمام المعلم لمعرفة ميول تلاميذه لعدة أسباب هي: (المرجع السابق)

1. تنمية الميول المرغوب فيها اجتماعياً.

2. تثبيط الميول غير المرغوب فيها اجتماعياً بالوسائل التربوية المساعدة.

3. غرس الميول الجديدة.

4. استخدام الميول في التوجيه التربوي والمهني.

وسائل اختبار الميول:

مـن الوسـائل التـي تسـاعد المعلـم لاختبـار الميول لـدى تلاميـذه مـا يـلي: (فتح الله 2000)

1. استطلاعات الرأي.

2. مقاييس التقدير المتدرجة.

3. السجلات القصصية وملفات التلاميذ.

4. دراسة الحالة.

5. المذكرات الشخصية للتلاميذ.

6. مشاريع التلاميذ.

7. تقدير الأقران.

8. التقارير الذاتية.

9. وسائل الملاحظة المتاحة.

10. هوايات التلاميذ.

ومن الطرق المتبعة للكشف عن الميول حول موضوع ما هي: (عريفج وآخرون 1987)

1. معرفة الفرد بموضوع ما: إذا لاحظنا بأن شخص ما يلم بموضوع دون غـيره، اتضح لنـا ميله نحو ذلك الموضوع.

2. التفضيل: قد يطلب من الفرد ترتيب قوائم أو فقرات أو أعـمال دون أن يعـرف القصـد من وراء ذلك، وبناء على استجابته تقاس درجة ميله.

3. التداعي: أن استجابة شخص ما لكلمات مختارة بشكل متكرر يكشف عن نمط ميله.

4. الجدول الزمني: تسـجيل توزيـع كامـل للفـترات الزمنيـة التـي يقضيها الفرد لنـواحي النشاطات المختلفة وأشكال الترويح قد تكشف عن الميل عند الفرد.

5. إن ملاحظة الفرد بطريقة علمية وكذلك ملاحظة نوع القرارات التي يتخذها أو الكتب التي يقتنيها أو الأعمال التي يزاولها تعتبر وسيلة هامة لكشف عن الميل.

وللكشف عن ميل التلاميذ نحو المواد الدراسية فإنه من الممكن معرفة ذلك من بعض المؤشرات السلوكية مثل: كمية المال الذي ينفقه التلميذ على مواد التعلم، مقدار الوقت الذي ينفقه التلميذ على الأسئلة المتعلقة بمادة التحصيل، طلاقته اللفظية وسرعة قراءته لمادة والتحصيل، وقدرته على تذكر مادة التحصيل، مدى اعتنائه بكتاباته وكتبه وكراساته، ومدى درجة صحة الأنشطة التي يقوم بها التلميذ. (فتح الله 2000)

4.تقويم الشخصية:

الشخصية مجموعة من السمات النفسية والجسمية والسلوكية المميزة لأفراد التلاميذ والتي تميزهم عن أقرانهم. (خضر 2004) أن مقاييس الميول والاتجاهات وغيرها تعتبر جزء من مقاييس الشخصية، وكذلك الاختبارات التحصيلية التي تدل نتائجها على قدرة التلميذ العقلية، هي جزء من أجزاء الشخصية الخاصة بالتلميذ وتقاس الشخصية بثلاث طرق هي: قوائم وسلالم التقدير، والاستبانات المقننة والاختبارات الاسقاطية، وتستخدم الطريقة الأولى والثانية في مجال التربية، بينما تستخدم الاختبارات الاسقاطية من قبل المختصين في العيادات النفسية حيث أنها تستخدم في حالات الاضطرابات الشخصية الحادة. (عريفج وآخرون 1987)

ويمكن الاستدلال على شخصية الأفراد عن طريق الاستفتاءات وفيها يعطي الشخص المراد التعرف على سمات شخصيته عدد من الأسئلة المحددة ويطلب منه الإجابة عنها بحرية، وتكون الإجابة عادة بنعم أو لا أو لا ادري.

ومن أمثلة هذه الاستفتاءات الاختبار الذي وضعه روبرت برونرويتر والمشار إليه في (خضر 2004) ويقيس هذا الاختبار المقنن ست سمات للشخصية هي: الميل العصابي، الاكتفاء الذاتي، الانطواء، الانبساط، السيطرة، الخضوع، الثقة بالنفس،

المشاركة الاجتماعية، والاختبار مكون من 125 سؤالاً، وفيما يلي نموذجاً مقتطعاً منها: (المرجع السابق)

هل تكثر من أحلام اليقظة؟	لا	نعم
هل تتأثر كثيراً بمديح الناس أو نقدهم؟	لا	نعم
هل أنت بطيء في البت في الأمور؟	لا	نعم
هل تشعر بخوف من مواجهة الجماهير؟	لا	نعم
هل كثيرا ما تشعر انك وحيد؟	لا	نعم
هل يقصدك الناس أحيانا ليستشيروك في أمر ما؟	لا	نعم
هل تعتبر نفسك شخصاً عصبياً؟	لا	نعم
هل قمت أحيانا بعبور الطريق لتتجنب مقابلة احد؟	لا	نعم
هل أنت في العادة لا تهتم بمشاعر الآخرين إذا كنت تحقق هدفا هاما لك؟	لا	نعم
هل تميل إلى البقاء في المؤخرة أو على الهامش في الحفلات الاجتماعية؟	لا	نعم
هل تواجه عادة مشكلاتك وحدك دون أن تطلب مساعدة احد؟	لا	نعم
هل تفضل عادة أن تعمل مع الآخرين؟	لا	نعم
هل تفضل في العادة أن تحتفظ بشعورك لنفسك؟	لا	نعم
هل أنت عادة لا تهتم بالجنس الآخر؟	لا	نعم
هل تحاول أن تعامل الشخص الذي يميل إلى السيطرة بنفس المعاملة التي يعاملك بها؟	لا	نعم

5. تقويم التفكير الإبداعي:

يتفق الباحثون على أن تنمية الإبداع بالتدريب الملائم وتأمين المناخات المؤاتية أمر ممكن عند مختلف الناس، فالإبداع ليس حالة نادرة غريبة المصدر، بل هو مسألة تربوية في المقام الأول، وهو مشروع مستقبلي، تنموي له مقوماته وشروطه، ولذلك فهناك الكثير من المبدعين والقادرين على الإبداع. (حجازي، 1991)

والإبداع هو أرقى مستويات النشاط المعرفي للإنسان وأكثر النواتج التربوية أهمية وخاصة بالنسبة للتلاميذ المتفوقين، وهو أيضا نوع من أنواع التعبير الذاتي،

ولذلك يجب حث التلميذ على إنتاج شيء جديد وفريد بخاصيته، ويعد الإبداع نوعا من أنواع التفكير الذكي أو الابتكاري ولمعرفة مدى قابلية التلميذ في الإبداع يطرح للتلميذ يطرح أمامه موضوعا أو مشكلة ويطلب منه إيجاد الحل الناجح لذلك الموضوع الذي لا توجد له إجابة صحيحة محددة سلفاً، ولكل تلميذ الحق في تقديم استجابة فريدة للسؤال المطروح. (فتح الله 2000) ويمكن الكشف عن التلميذ المبدع من خلال عدة أمور هي: (الحريري 2006)

1. الطلاقة: وهي القدرة على تشكيل اكبر عدد ممكن من الاستجابات تجاه المشكلة المطروحة أو الموضوع المطروح.
2. المرونة: وهي تنوع الاستجابات وتباينها من الناحية الكيفية أي قياس عدد الفئات التي يمكن أن تندرج تحتها إجابات التلميذ حول المشكلة.
3. الأصالة: وهي قدرة التلميذ على طرح استجابات قليلة التكرار وتتميز بالقبول الاجتماعي.
4. الحساسية للمشكلات: ويقصد بذلك القدرة على إدراك ما تحتاجه المواقف من تحسينات وتعديلات، فالإحساس بالمشكلة يدفع المبدع لأن يقدم حلولاً متميزة لتلك المشكلة.

ولاختبار التلاميذ من الناحية الإبداعية يمكن أن تطرح عليهم أسئلة لا تمت للمواد التي درسوها بصلة، أي لا تعتمد على الاستذكار والاسترجاع، مثال:

ماذا تتوقع أن يحدث في حالة تحول كل اليابسة في العالم إلى بحار؟

أو ماذا تتوقع سيحدث أو أنقطع الأوكسجين عن الهواء في العالم؟

6. تقويم الذكاء والقدرات العقلية:

تنقسم طرق قياس الذكاء إلى نوعين، النوع الأول يهتم بالقياس التطبيقي ويمثله الاختبار المقنن، مثل مقياس ستانفورد ـ بينيه Stanford – Binet ومقياس Wechsler ثم المحاولات العربية أمثال تلك التي قدمها أحمد زكي عام 1974 واختبار الذكاء العالي الذي قدمه السيد محمد خيري عام 1980، والنوع الآخر يهتم بالقياس البايولوجي التجريبي مثل: (سيد وسالم، 2005)

❖ قياس الـذكاء عـن طريـق الطاقة المستثارة مـن جـذع المـخ بواسطة جهـاز   Brainstem
Andoitory.

❖ قياس الـذكاء بصـورة غير مباشرة عـن طريـق قياس زمـن رد الفعـل البسيط، الاختيـاري،
التمييزي بواسطة جهاز Reaction Time.

❖ قياس الذكاء بصـورة غير مباشرة عن طريق قياس الذاكرة السمعية والبصرية بأنواعها قصيرة
المدى Short Term Memory والذاكرة طويلة المـدى Long Term Memory والـذاكرة العامـة
General Memory.

واستندت الاتجاهات الحديثة في طرق قياس الذكاء في هذا الصدد عـلى الإسهامات الأولى
في هذا المجال. والشخص متوسط الـذكاء تكون نسبة ذكائه مائة، فإذا زادت عـلى ذلـك يعـد
الشخص مرتفع الذكاء، أما إذا نقصت عن مائة فهو ضعيف الذكاء.

وتفيد اختبـارات الـذكاء لقياس السرعـة المتوقعـة للـتعلم أو القابليـة للـتعلم، ويمكـن
استخدام اختبارات الذكاء في المدارس كوسيلة للتنبؤ عـن مـدى مـا يمكـن أن يجنيـه التلميـذ مـن
الخبرات التربوية التي تقدمها له المدرسة. ونسبة الـذكاء عبـارة عـن درجـة معياريـة تمثـل مـدى
اقتراب أو ابتعاد التلميذ عن متوسط أداء المجموعة التي ينتمي إليها عمرياً ويمكن الحصول عـلى
نسبة الذكاء عن طريق قسمة العمر العقلي للطفل على العمر الزمنـي ثـم ضرب النـاتج في 100.
(خضر، 2004)

$$\text{نسبة الذكاء} = \frac{\text{العمر العقلي}}{\text{العمر الزمني}} \times 100$$

فإذا طبقنا اختبار الذكاء على طفل يبلغ عمره الزمني 10 سنوات وحصل على عمر عقـلي
قدره 12 سنة فإن نسبة ذكائه تساوي

$$\frac{12}{10} \times 100 = 120$$

ويحسب العمر الزمني عادة بالشهور، فإذا كان عمر طفـل مـا ثـلاث سنوات
وأربعة أشهر فإن عمره الزمني 40 شهراً، أمـا العمـر العقـلي فهـو مجمـوع العمـر

الأساسي مضافاً إليه عدد الاختبارات التي اجتازها الطفل بنجاح، ويحسب العمر العقلي باختبار الطفل في أسئلة الأعمار السابقة لعمره الزمني حتى يصل إلى عمر يجيب فيه عن جميع الأسئلة بشكل صحيح ويسمى هذا بالعمر القاعدي، ثم يختبر الطفل في أسئلة تالية لعمره القاعدي بحيث تحسب درجتين لكل اختبار أو سؤال يجيب عنه إجابة صحيحة، والسبب في احتساب درجتين لكل اختبار أو سؤال هو أن لكل عمر زمني ستة اختبارات أو ستة أسئلة، فإذا قسمنا السنة وهي 12 شهراً على 6 وهو عدد الاختبارات أو الأسئلة يكون نصيب كل سؤال أو اختبار 2.

7. تقويم المتعلم نفسياً:

يشمل هذا الاختبار تحديد سمات المتعلم وخصائصه النفسية مـن حيـث: (يوسف والرافعـي، 2001)

- مفهومة عن ذاته.
- تحقيقه لذاته.
- قدرته على الإنجاز.
- اندماجه مع الجماعة.
- انطوائه وعزلته.
- خجله وجرأته.
- ايجابيته أو سلبيته.
- دافعيته.
- عدوانيته.

إلى غيرها من السمات والخصائص النفسية للمتعلم والتي يكون لها انعكاسات مباشرة أو غير مباشرة على مشاركته في العملية التعليمية التعلمية بفاعلية، وبالتالي على نواتج تعلمه.

8. تقويم النمو الثقافي للمتعلم:

يقصد بالنمو الثقافي قدرة المتعلم على التعامل مع الأحداث الجارية والإلمام بكـل جديـد على مستوى البيئة المحلية بالنسبة للمرحلة الابتدائية ويمكن الحكم عليه من خلال الإجابة عـلى الأسئلة التالية: (شعلة 2000)

- هل المتعلم على دراية بالأحداث الجارية؟

- هل يكثر المتعلم من التردد على المكتبة؟

- هل المتعلم على دراية بالكتب الموجودة داخل المكتبة؟

- هل يشارك المتعلم في الأنشطة الثقافية المدرسية المتنوعة (الإذاعة المدرسية، المسابقات الثقافية، مجلات الحائط.... الخ؟)

- هل يوجد لدى المتعلم سجلاً لتدوين المعلومات المختلفة؟

- هل توجد لدى المتعلم الرغبة في الاشتراك في الجمعيات الثقافية والندوات وغيرها؟.

ويجب أن تدعم الأجوبة على هذه الأسئلة من قبل المقومين بالأدلة والشواهد.

مراجع الفصل السادس

1. الحريري، رافدة (2006) الإشراف التربوي، واقعه وآفاقه المستقبلية، عمان: دار المناهج.

2. حجازي، مصطفى (1991) تربية الإبداع (ورقة عمل مقدمة إلى المؤتمر التربوي السنوي السابع) البحرين: جامعة البحرين.

3. خضر، فخري رشيد (2004) التقويم التربوي، دبي: دار القلم للنشر والتوزيع.

4. سيد، علي أحمد وسالم، أحمد محمد (2005) التقويم في المنظومة التربوية، الرياض: مكتبة الرشد.

5. دروزة، أفنان نظير (2005) الأسئلة التعليمية والتقييم المدرسي، عمان: دار الشروق.

6. شعلة، الجميل محمد عبد السميع (2000) التقويم التربوي للمنظومة المدرسية، القاهرة: دار الفكر العربي.

7. عريفج، سامي ومصلح، خالد حسين (1987) في القياس والتقويم، عمان: مطبعة رفيدي.

8. فتح الله ، مندور عبد السلام (2000) التقويم التربوي، الرياض: دار النشر الدولي.

9. يوسف، ماهر إسماعيل والرافعي، محب محمود (2001) التقويم التربوي أسسه وإجراءاته، الرياض: مكتبة الرشد.

الفصل السابع
تقويم المعلم

- تقويم المنهج الدراسي
- تقويم أداء المعلم.
- نمط المعلم وأثره في خلق الجو المناسب داخل حجر الدراسة.
- مراحل عملية تقويم أداء المعلم.
    1. إدارة الوقت.
    2. التخطيط للدرس.
    3. تنفيذ الدرس.
    4. تقويم مخرجات التدريس.
    5. التزام وانضباط المعلم.
    6. تفاعل المعلم مع التلاميذ.
- المراجع.

الفصل السابع

تقويم المعلم

يصرف المعلمون معظم وقتهم في التحضير والإعداد للتدريس ليتمكنوا من تقديم أفضل ما يمكن تقديمه لتلاميذهم من طرق تدريس، ووسائل وتمارين ونشاطات وذلك لتحقيق الأهداف المنشودة، ومع ذلك فإن من ينظر إلى مخرجات عملية التعليم في أي مكان في العالم ولاسيما في الدول النامية، يلاحظ أن جزء من التلاميذ والذين هم مخرجات عملية التعليم، لم يصلوا إلى المستوى المطلوب بعد فهناك تعثر في بعض المهارات، أو نقص في بعض الخبرات أو في بعض العلوم أو معظمها مما يقود إلى تدني المستوى التحصيلي، ولأجل تحسين ذلك الوضع، والعمل على تطوير مخرجات عملية التعليم والرفع من مستوى تأهيل وإعداد التلاميذ، لابد من تقديم العلاج اللازم لمختلف العوامل المؤثرة، مثل المنهج الدراسي البيئة الصفية، البيئة المدرسية، إدارة الصف، طرق التدريس، الوسائل التعليمية، الأنشطة المصاحبة، طرق التقويم، طرق تفاعل المعلم مع التلاميذ، العلاقات الإنسانية، وغيرها من الأمور التي قد تؤثر في عملية التعليم والتعلم، وحيث أن التلميذ هو محور تلك العملية، وأن المعلم هو الدفة المحركة لهذا المحور والمسيرة له، لذا يجب تقويم أداء المعلم، عن طريق معرفة مدى كفاءته، ومدى قدرته على تحقيق الأهداف، وما هي الجوانب التي يحتاج فيها إلى دعم ومساعدة كالتوجيه والتدريب، وكذلك الجوانب التي توضح نقاط قوته وتمكنه لدعمها وتعزيزها. إن مسألة تقويم المعلم ليست مسألة للتقليل من شأن المعلم أو للتمييز بين المعلم المتميز والمعلم غير المتميز أو الضعيف، لكنها عملية تشخيص وعلاج تهدف إلى تطوير النمو المهني للمعلم، إضافة إلى تهيئة فرص وظروف تعلم

جيدة وممتعه للتلاميذ، لاسيما وأن عملية التقويم هي طرف هام من أطراف العملية التربوية، يكمل عملية التعليم ويدعم مسيرتها ويمكنها من تحقيق الأهداف المرجوة، لذلك سنتعرض في هذا الفصل إلى تقويم أداء المعلم، وذلك من أجل الوصول إلى أحكام سليمة لسد العجز الذي قد يواجهه المعلم أثناء تأدية مهامه، والاستفادة من الجوانب الإيجابية لديه وإقرارها وتعميمها.

تقويم أداء المعلم

بما أن التقويم يعني إصدار الحكم التشخيصي لتحديد نقاط القوة وتعزيزها. وتعيين الصعوبات التي يواجهها المعلم ومساعدته على تذليلها. فهو عملية مستمرة تلازم التخطيط. وتشمل كل الوظائف الإدارية التي تليه، لأنها قائمة على أساس تحسين وتطوير الأداء. وعملية التقويم عملية منهجية ومنظمة. ومخططة، تتضمن إصدار الأحكام على السلوك، أو الفكر، أو الوجدان، أو الواقع المقاس، وذلك بعد موازنة المواصفات والحقائق لذلك السلوك التي تم التوصل إليها عن طريق القياس مع معيار جرى تحديده بدقة ووضوح (الحيلة، 2002). والمعلم يحتاج إلى التقويم المستمر لتحسين مستوى الأداء لديه فبعض المعلمين الجدد على سبيل المثال بحاجة إلى تقويم مستمر كي يتمكنوا من معرفة نواحي ضعفهم وقوتهم، والبعض الآخر وإن قضى سنوات طويلة في الخدمة، إلا أنه قد يعاني من بعض الصعوبات في إمكانية بلوغه للأهداف المرسومة من خلال التدريس، وهناك المعلمين المتميزين والموهوبين والمبدعين الذين هم بحاجة إلى من يتعرف على مستوى كفاءاتهم والمهارات والقدرات التي يتميزون بها، لتعزيزها والاستفادة منها. ومن هذا المنطلق، صارت الحاجة ماسة إلى تقويم أداء المعلم، وذلك بوضع معايير ثابتة يتم وفقها ذلك التقويم وفي جو يسوده التفاهم والألفة الاحترام والمشاركة. وذلك لتنمية جميع إمكانات المعلمين بتوفير فرص كثيرة وهامة للتعلم المستمر وتحقيق التفوق والامتياز في أداء المعلم الفردي وفي الأداء عبر المدرسة، وتنمية الروح القيادية لدى جميع المعلمين، والتواصل الفعال مع أولياء الأمور والمجتمع. ويعتبر تقويم المعلم سبيلاً للتنمية المهنية، على أن يتم بأسلوب واضح وقائم على الثقة والمشاركة (جابر 2000).

212

لقد أصبحت النظرة إلى التقويم التربوي، نظرة شاملة واسعة النطاق. وصارت عملية المساءلة التربوية لعملية التعليم والتعلم الصفي من المكونات الضرورية لحركة الإصلاح التربوي الحديثة التي تعتمد على بناء مستويات ومحكات للتعلم يتوقع من التلميذ الوصول إليها باتجاه التعليم الأمثل (الدوسري، 2002). لقد دفعت المستجدات التربوية المتلاحقة رجال التربية إلى اللجوء لاستخدام التقويم التربوي التكويني والذي يعني العملية التشخيصية التصحيحية المستمرة التي تجري على فترات متقاربة بهدف ضمان إحداث التعليم المناسب. وتحسين مردود العملية التعليمية التعلمية. ونتيجة لذلك، أدخلت مفاهيم التقويم التربوي التكويني في فلسفة الإشراف التربوي (الحداد، 2001) ولقد طبق نظام التقويم التكويني في كل من مملكة البحرين والمملكة العربية السعودية، وأصبح للقائمين على عملية التقويم التربوي دور كبير في متابعة وتطبيق هذا النظام، وإجراء الدراسات المختلفة في مجال تطوير أدوات التقويم وأساليبه، ومتابعة المستحدثات والتجارب الريادية التي تنفذ في المدارس في مجال تطوير أساليب التقويم وتدريب المعلم على توظيف الأدوات المناسبة والمتنوعة في مجال التقويم، إضافة إلى تطوير طرق التدريس، وأساليب تقويم المعلم. وحيث أن التقويم عملية تهدف إلى معالجة الخطأ وتعزيز نشاط القوة وأنه عملية شاملة مستمرة. وإنه جزء لا يتجزأ من البرنامج التدريسي فالمعلم يرغب في معرفة درجة الإتقان التي بلغها في عمله. وبلوغ هذا الهدف لا يهم المعلم ومدير المدرسة فحسب، وإنما يهم كل من له علاقة بالعملية التربوية. إن التقويم يعني التعديل بتعزيز نقاط القوة وتلافي نقاط الضعف إضافة لكونه وسيلة لوضع قيمة الشيء، ففي العملية التربوية هو الحكم على مدى الكفاءة والكفاية أو مدى نجاح البرنامج. والغاية وراء ذلك تكمن في تعديل وتطوير مستوى الأداء لا تصيد الأخطاء وإعلانها، لذا فإنه يتحتم على القائم بالتقويم أن يكون ملماً من خلال متابعته المستمرة للمعلم واللقاءات الدائمة بمقدار ونوعية نموه الشخصي والمهني ويجب أن يتصف التقويم بالموضوعية والصدق والثبات والشمولية والاستمرارية فالتقويم عملية مستمرة ولازمة لكل خطوة يقوم بها ويطبقها المعلم وهذا يضمن ملاحقة نموه المهني ومدى استفادته من التدريب المستمر والإطلاع الدائم وخبرات الزملاء المبدعين.

ويقوم عمل المعلم بشكل عام على أساس:

1. قدرته على تطبيق طرق التدريس التي سبق وأن درسها نظرياً في الكلية.

2. قدرته على وضع خطة الدرس بشكل جيد ومحكم.

3. قدرته على التفاعل مع التلاميذ داخل الفصل.

4. قدرته على التفاعل مع إدارة المدرسة والتلاميذ وأولياء الأمور وكذلك مدى تعاونه مع الأعضاء الموجودين في المدرسة من العاملين كافة.

5. قدرته على المشاركة الفعالة في النشاطات المدرسية.

6. قدرته على الانضباط والالتزام بالنظام المدرسي.

7. قدرته على الابتكار والتجديد والتجريب والبحث.

8. قدرته على توصيل المادة العلمية بطريقة واضحة ومفهومة.

9. قدرته على ضبط النظام داخل الفصل.

10. قدرته على تقويم أعمال تلاميذه وملاحظة الفروق الفردية.

11. قدرته على التفاهم مع أولياء الأمور وتأثيره عليهم إيجابياً.

12. قدرته على الالتزام بحضور الاجتماعات التي تعقدها إدارة المدرسة أو المشرف التربوي سواء أكانت اجتماعات فردية أو جماعية.

13. قدرته على تحقيق الأهداف في ميدان المعرفة.

14. قدرته على تحقيق الأهداف في ميدان القيم والاتجاه.

15. قدرته على تحقيق الأهداف في ميدان المهارات (كالكتابة السليمة، والتحدث بلغة عربية واضحة... الخ).

16. قدرته على التصرف في مختلف المواقف التعليمية والمواقف الحرجة.

17. قدرته على تحقيق حاجات التلاميذ ومراعاة الفروق بينهم.

مراحل التقويم التكويني

تمر عملية التقويم التكويني بثلاث مراحل هي:

1. **مرحلة التقويم التشخيصي:** يقوم المقوم التربوي في هـذه المرحلـة بجمـع المعلومـات حـول المعلم. وتحليلها بالتعاون مع الأشخاص المعنيين، ووضع خطط العلاج لإعطاء المعلم الفرصـة لتطوير أدائه وتحسين ممارساته. ومن ضمن خطط العلاج، إلحـاق المعلـم ببرنـامج تـدريبي نوعي مبني على حاجاته، أو إشراكه في مشاغل تربوية تلبي احتياجاته المهنية والتدريبية، أو ربما استخدام أساليب أخرى يتفق عليها أخصائي التقويم والمشرف التربوي، ومـدير المدرسـة، والمدرس الأول. ويهدف التقويم التشخيصي إلى تشخيص ممارسـات المعلم. والعمـل عـلى تطويرها، وتمتد فترة هذه المرحلة من سنة دراسية إلى ثلاث سنوات ليتمكن أخصائي التقويم التربوي خلالها من تشخيص الكفايات. ووضع خطط العـلاج اللازمة وتنفيـذها ومتابعتهـا، وعلاج نواحي القصور، وإعطاء المعلم الفرصة لتطوير أدائه، مع توفير البيئة المناسبة لذلك.

2. **مرحلة التقويم الحكمي:** تتم متابعة المعلم ميدانياً من خلال خطط الإشراف والمتابعة التـي وضعت له طول فترة التقويم التشخيصي بعـد أن يعطـي تقريـراً حكميـاً في نهايـة الفـترة الزمنية المحددة بين سنة دراسية وثلاث سنوات، وتوظيف استمارة مشتركة تحدد الإطار المرجعي لتقويم أداء المعلم يشارك في ملئها مدير المدرسة والمـدرس الأول، ويقوم أخصائي التقويم التربوي بملئها في حالة عدم وجود مدرس أول في المدرسة.

3. **مرحلة تحليل الأداء ووضع خطط العلاج:** ويتم في هـذه المرحلـة تحليـل أداء المعلـم وفقـاً للمادة العلمية وإدراك بنيتها المنطقية، والخطط التعليمية، وخطط الـدروس واستراتيجيات التدريس والتنظيم، وتقويم المعلم للتلاميذ، وتحليل النتائج، ووضع خطط العلاج وتشخيص نواحي القوة والضعف، ومدى قدرة المعلم عـلى تنظيم البيئـة الماديـة الفعالـة، والتواصـل اللغوي وغير اللغوي عند المعلم في عملية التعليم والتعلم.

وسائل تقويم أداء المعلم:

هناك عدة وسائل تتبع في تقويم أداء المعلم أبرزها ما يلي:

1. **تقويم الزملاء:** من دلائل التعاون، والمشاركة، والشعور بـالانتماء، عندما يطلب المعلم مـن أحد زملائه زيارته في حجرة الدراسة لملاحظة طريقة تدريسه، لاسيما إذا كانت علاقتـه مـع زملائه علاقة طيبة قائمة على الود والتعاون وتبادل وجهات النظر ولا يعاب مثل هـذا الأمـر على المعلم. بل على العكس قد يكون مردود تلك الـدعوة تقديراً واحتراماً ومجالاً لتبـادل الزيارات حيث إن زميله هذا سوف لن يتردد في توجيه دعوته أيضا لتقويم درسـه مـن قبـل زميله الذي بادر بدعوته للتعرف على نقـاط قوتـه ونقـاط ضعفه أثنـاء التـدريس وتقديم الملاحظات اللازمة.

2. **تقويم الرؤسـاء في المهنـة:** قـد تكون زيـارة أخصـائي التقويم أو المشرف التربـوي، أو مـدير المدرسـة، أو المـدرس الأول للمعلـم، داخـل حجـرة الدراسـة دعـماً ومسـاندة لـه في عمليـة التدريس، لاسيما إذا كانت تلك الزيارات مرسومة ومتفق عليها مسـبقاً، أو بنـاء عـلى دعـوة موجهة من المعلم، كما أنها تقدم المردود الإيجابي في حالة كـون هـذا الـرئيس الزائـر يتمتـع بصفات القائد الديمقراطي المنصف الذي يقدر الجانب الإنساني ويحترم فردية المعلم. وهنا قد يقوم بمقابلة المعلم بشكل فردي وودي ليتداول معه فيوضح مواطن قوته ويعززها، ومواطن ضعفه ويساعده على تلافيها. إضافة إلى ما سبق فإن المعلم بمقدوره أن يقـوّم ذاتـه حول كل ما تشمل عليه العملية التعليمية من خلال نتائج تقويم تلاميـذه. فـإذا مـا أعطـى تلاميذه إختبارا وقام بتصحيح أجوبتهم. فهو بلا شك سيتعرف على مسـتوى الأداء لديـه مـن خلال حساب متوسط الدرجات التي حصل عليها تلاميذه. فإذا كانت عالية، كان ذلك مؤشراً على جودة التدريس، شرط أن تكون الاختبارات مبنية على الموضوعية والصدق والثبات. أمـا إذا وجد أن هناك تدنياً واضحاً في المستوى وجب عليه مراجعـة كـل الاحـتمالات المتعلقـة بالعملية التربوية ككل. ولعل من المفيد لأخصائي التقويم التربوي ومدير المدرسة والمدرس الأول استخدام نموذج مقابلة تحليل الممارسات الـذي وضـعه Baillet. (ساسي، 2004) وذلك عـن طريق

ملاحظة تدريس المعلم، ويحلل تلك الممارسات والنموذج الموضح أدناه يمكن أن يقدم الدعم الكافي لمساعدة المعلم في أسلوب وطريقة تدريسه. وهو موضح كالتالي: (ساسي، 2004)

نموذج مقابلة تحليل الممارسات

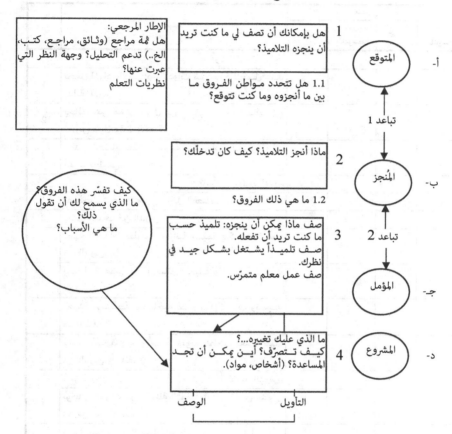

وفيما يلي نموذجاً لاستمارة تقويم الرؤساء لأداء عمل المعلم. (شعلة، 2000)

بطاقة الملاحظة لأداء المعلم / تعبأ هذه الاستمارة من قبل أخصائي التقويم

اسم المدرس: المدرسة:

التخصص: الخبرة:

الدورات التدريبية: داخلية ( ) خارجية ( ) لا يوجد ( )

م	البنود	مستوى الأداء			
		جيد	فوق المتوسط	متوسط	تحت المتوسط
	أولاً إدارة الوقت:				
1	يجعل المواد والأجهزة والأدوات مستعدة للعمل عند بداية الدرس.				
2	يحافظ على مستوى عال من جذب انتباه الطلاب إلى الدرس طول وقت الحصة.				
3	يجذب اهتمام الطلاب بسرعة عند بداية الدرس أو أي نشاط تعليمي.				
	ثانياً: التخطيط للدرس:				
1	يصطحب سجل التحضير داخل الفصل.				
2	يحدد الهدف من الدرس.				
3	يصيغ الأهداف بطريقة إجرائية سليمة يمكن تحقيقها من الدرس.				
4	يشتمل التحضير على الوسائل المعينة والمناسبة لتنفيذ الدرس.				
5	يحدد الأنشطة المصاحبة للدرس (إكساب وتنمية مهارات).				
6	يشتمل التحضير على أسئلة لتقويم الطلاب بعد الانتهاء من الدرس وأثنائه.				
	ثالثاً: تنفيذ الدرس:				
1	يوجه مجموعة من الأسئلة التمهيدية لاستخلاص عنوان الدرس من الطلاب.				
2	يبدأ الدرس أو النشاط التعليمي بمراجعة الدرس السابق وربطه بالدرس الحالي.				
3	يعتمد على خبرات الطلاب أثناء عرض الدرس.				
4	يتحدث بدقة وطلاقة.				
5	يزود الطلاب بالأمثلة الحياتية المرتبطة بالدرس.				
6	يمهد لاستخدام الوسائط التعليمية (معينات التعلم)				
7	يستخدم الوسائط التعليمية في الوقت المناسب				

	وفي مكانها المناسب من الدرس.				
8	يعرض الدرس في تسلسل منطقي.				
9	يركز على الأنشطة التطبيقية (المصاحبة) للدرس.				
10	ينوع من أسلوبه في التدريس.				
11	يوجه مجموعة من الأسئلة تستثير تفكير الطلاب أثناء الدرس.				
12	يوجه أسئلة لمستويات عقلية مختلفة.				
13	يلخص النقاط الرئيسية للدرس بعد الانتهاء منه مباشرة.				
14	يوضح العلاقة بين الدرس الحالي والدروس السابقة.				
15	يدعم الاستجابات الصائبة ويعالج الاستجابات الخاطئة لدى الطلاب.				
16	يراعي الفروق الفردية بين الطلاب أثناء الشرح.				
17	يراعي الفروق الفردية بين الطلاب أثناء توجيه الأسئلة.				
18	يجعل الطلاب طرفاً فعالاً في الموقف التعليمي باستخدام أسلوب الحوار والمناقشة.				
	رابعاً: تقويم الطلاب.				
1	يستخدم أساليب متنوعة لتقويم الطلاب.				
2	يكلف الطلاب بمهام متنوعة وهادفة.				
3	يتابع الطلاب في تنفيذ المهام ويناقشهم فيها.				
4	يلقي الأسئلة بشكل واضح وسليم.				
5	يركز في تقويمه لطلابه على أسلوب حل المشكلات.				
6	يستخدم نتائج التقويم في تنمية جوانب القوة وعلاج جوانب الضعف لدى الطلاب.				
7	يعطي أسئلة لطلابه تقوم إجاباتها على الاستنتاج والاستنباط.				
8	يعطي أسئلة لطلابه متدرجة تمثل جميع المستويات المعرفية (تذكر، فهم،... تقويم).				
9	يستخدم أجهزة وأدوات وتكنولوجيا التعليم أثناء شرحه الدرس.				
10	يربط الدرس الحالي بالدرس السابق.				
11	يوضح العلاقة بين الدرس الحالي والدرس السابق.				

12	يوضح للطلاب الفائدة التي ستعود عليهم من دراستهم لموضوع الدرس.				
13	يربط الموضوعات بالبيئة.				
14	يطرح أسئلة تنمي التفكير.				
15	يركز على الأنشطة التطبيقية بالإضافة إلى الجانب النظري.				
16	يجعل الطلاب طرفاً فعالاً في الموقف التعليمي.				
17	يطرح أسئلة تقوم إجاباتها على الاستنتاج والاستنباط.				
18	يركز على الأسئلة التقويمية التي تعالج المستويات العقلية العليا في الجانب المعرفي من تصنيف بلوم.				
19	يكلف الطلاب بواجبات وأنشطة منزلية تقوم على التعلم الذاتي.				
20	يطرح أسئلة تفتح المجال لمزيد من تساؤلات أخرى.				
21	يطرح أسئلة تثير مشكلات.				
22	يقوم بتكليف الطلاب بأنشطة جماعية قائمة على التعاون بين مجموعات الطلاب.				
23	يبدا الدرس بالتقويم المبدئي حتى ينطق من خبرة المتعلمين.				
24	يقوم بتهيئة المواقف لتوظيف المعلومات والمهارات أثناء الدرس.				
25	يقوم بتصحيح الاستجابات الخاطئة ويدعم الاستجابات الصحيح.				
26	يقوم بإعطاء أسئلة تتطلب تحليلاً وتفسيراً لما تم تعلمه.				
27	يؤكد الإجابات الصحيحة بالأمثلة التوضيحية المرتبطة بواقع الحياة.				
28	يعيد صياغة بعض الإجابات الأخرى ويدعمها بأمثلة حياتية.				
29	يتيح الفرصة للتفاعل بين المتعلمين بعضهم البعض.				
30	يتوقف عن الشرح بعد تفسيره لمسألة أو مفهوم ليستفسر الطلاب عن النقاط الغامضة.				
31	يتيح الفرصة للمتعلمين للتفاعل على الوسائط التعليمية وتكنولوجيا التعليم.				

3. **تقديرات الطلبة للمعلم:** يستخدم أسلوب تقديرات الطلبة للمعلم عادة في المراحل الثانوية، والتعليم العالي، فالطلبة يعرفون عن معلمهم أكثر مما يعرفه الآخرون كالمشرف التربوي ومدير المدرسة والمدرس الأول، والذين يقضون في ملاحظتهم لأداء المعلم فترة قليلة. وعلى الرغم من أن هذا الأسلوب يقدم معلومات مفيدة حول المعلم، إلا أنه لا يكاد يخلو من العيوب، لاسيما إذا لم يستخدم بشكل مناسب لأغراض تعليمية فبعض الطلبة لديهم نزعة نحو تقدير معلميهم على عوامل غير موضوعية، مثل الدرجات التي يحصلون عليها في الامتحانات، وقد يتأثر بعض الطلبة بآراء زملائهم حول المعلم مما يقلل من مصداقية عملية التقويم. هذا إضافة إلى أن بعض الطلبة وخاصة صغار السن لا يستطيعون فهم أبعاد عملية التعليم، والأهداف بعدية المدى الموجودة في ذهن المعلم، مما يؤثر في مصداقية التقويم. (علام، 2003) وفيما يلي نموذجاً لاستمارة تقويم الطلبة للمعلم (شعلة، 2000)

استطلاع آراء الطلاب لقياس مدى قيام المعلم بأدواره

اسم الطالب/ اختياري: الصف الدراسي:

التخصص علمي/أدبي:

م	البنود	درجة الأداء				
		5	4	3	2	1
1	يساعدنا المعلم على اكتساب المعلومات والمهارات بأنفسنا.					
2	يساعدنا المعلم على حل مشكلاتنا بأنفسنا.					
3	يوفر لنا المعلم الأنشطة التعاونية.					
4	يساعد المعلم كل منا على أن يعرف نفسه.					
5	يساعد المعلم على تنمية اتجاهاتنا وميولنا نحو التعلم باستمرار.					
6	يشجعنا المعلم على حب الاستطلاع.					
7	يساعدنا المعلم على حسم الصراعات والتناقضات التي تواجهنا في الحياة.					
8	يتيح المعلم الفرصة لتفاعل الطلاب فيما بينهم.					
9	يشجعنا المعلم على اكتساب المعلومات والخبرات من مصادر متعددة.					
10	يساعدنا المعلم على توظيف المعلومات والخبرات في المواقف الحياتية.					
11	يكلفنا المعلم بإجراء التجارب وتصميم النماذج وتطويرها ذاتياً.					
12	يقوم المعلم بدور الموجه.					
13	يحفزنا المعلم ويدفعنا إلى التعلم باستمرار.					
14	يهيأ المعلم لنا المواقف لتوظيف المعلومات والمهارات من خلال طرح الأسئلة أثناء شرح الدرس باستمرار.					
15	يكلفنا المعلم بممارسة أنشطة تستدعي توظيف المعلومات والمهارات.					
16	يساعدنا المعلم على اكتساب الثقة بأنفسنا.					

17	يظهر المعلم رغبة في أن يصل طلابه إلى أعلى مستوى من التعلم.					
18	يظهر المعلم رغبته في أن يصل طلبه إلى أعلى مستوى من السلوك المرغوب فيه.					
19	يتقبل المعلم آراء طلابه في حل بعض المشكلات بصدر رحب.					
20	يتيح المعلم الفرصة للطلاب للتفاعل فيما بينهم حول قضايا مدرسية.					
21	يتيح المعلم الفرصة للطلاب للتفاعل فيما بينهم حول قضايا عامة.					
22	يتوقف المعلم عن الشرح بعد تفسيره لمسألة معينة ليترك الفرصة للطلاب للاستفسار وطرح الأسئلة.					
23	يترك الطلاب الواجبات المنزلية وممارسة الأنشطة الصعبة ولا يحاسبهم المعلم على ذلك.					
24	يتيح المعلم الفرصة للطلاب للتفكير قبل أخذ آرائهم في حل مشكلة أو الإجابة عن سؤال.					
25	يتيح المعلم الفرصة لكل طالب أن يتخير النشاط الذي يناسبه.					
26	يبدي المعلم رغبته في معرفته مشكلات الطلاب الدراسية.					
27	يهتم المعلم بتنمية مهارات التفكير لدى الطلاب وتدريبهم على الأسلوب العلمي في التفكير.					
28	يتابع المعلم الطلاب في تنفيذ وممارسة الأنشطة ويناقشهم فيها.					
29	يحرص المعلم على أن نزور بعض الهيئات والمؤسسات ذات الصلة بموضوعات المنهج.					

4. **الاختبارات:** يمكن الاعتماد على نتائج اختبارات التلاميذ بأنواعها الشفوية والتحريرية والأدائية كأدوات لتقدير مستوى المعلم ومدى تحقيقه للأهداف المنشودة. (سيد وزميله، 2005)

5. **التقويم الذاتي:** يتمكن المعلم من تقويم ذاته باستخدام طريقة فلا ندرس على سبيل المثال. وذلك بتسجيل شريط صوتي لدرس كامل ومن ثم تحليل ذلك الدرس واكتشاف مواطن الضعف والقوة لديه. كما يمكنه أيضا تسجيل شريط فيديو لمراجعته فيما بعد وملاحظة طريقة تدريسه. وكيفية تفاعله مع التلاميذ. وكذلك طريقة توزيعه لاهتمامه بكل تلميذ دون إغفال أي منهم وتشجيعهم على المشاركة والمبادرة. وتقبل أفكارهم وأحاسيسهم. وهذه الطريقة تفيد المعلمين الجدد الذين لم يكتسبوا الخبرة الكافية في مجال المهنة بعد. والتقويم الذاتي يستهدف تحسين الأنشطة التعليمية - التعلمية التي يقوم بها المعلم من خلال جمعه معلومات عن ممارساته وتحليلها لكي يتوصل إلى بعض النتائج التي تفيده في تطوير أدائه وللتقويم الذاتي عدة فوائد منها الشعور بالاطمئنان والأمن، حيث أن المعلم الذي يكتشف نقاط ضعفه سيتمكن من تداركها دون محاسبة أو مساءلة، فهو يدخل التعديلات على ممارساته استناداً إلى قناعاته الذاتية، كما أن التقويم الذاتي يزود المعلم بالتغذية الراجعة، مما يجعل رصده لممارساته يتسم بالأمانة والموضوعية، إضافة إلى أن التقويم الذاتي يساعد المعلم في بناء شخصيته حيث أنه يتمكن من الحصول على تفصيلات حول كل مهمة أو كفاية معينة، وهذا ما يعزز ثقته بنفسه ويثري خلفيته التربوية والمسلكية، كما أنه يعينه في تطوير ذاته بشكل مستمر دون توقف. ويحتاج المعلم لتقويم ذاته إلى أدوات خاصة بذلك مثل: قوائم الرصد أو سلالم التقدير وقوائم الرصد على سبيل المثال تكون كالتالي:

- هل أثرى المعلم حصيلة التلاميذ في كل وحدة تعليمية بتقديم نشاطات مساندة؟

نعم　　　　لا

- هل قدم المعلم تغذية راجعة فورية لتلاميذه؟　　نعم　　　　لا

أما سلالم التقدير فتتمثل بالآتي:

- يقدم المعلم تغذية راجعة فورية لتلاميذه. دائماً أحياناً نادراً

- يثري المعلم حصيلة التلاميذ في كل وحدة تعليمية بتقديم نشاطات مساندة.

دائماً أحياناً نادراً.

ولكي يعطي المعلم لنفسه تقويماً كمياً، في الأسئلة المقترحة في السلم ثلاثي الترتيب، فإنه يمكن أتباع الخطوات التالية:

1- يعطي الإجابة في العمود الأول (دائماً أو بدرجة كبيرة) 3 علامات.

2- يعطي الإجابة في العمود الثاني علامتين.

3- يعطى الإجابة في العمود الثالث علامة واحدة.

4- تجمع العلامات وتقسم على عدد الفقرات × 3، ثم تحول إلى نسبة مئوية. **مثال:** في أسئلة تقويم ذاتي مكونة من 15 بنداً حصل المعلم على 6 بنود برتبة 3 و 8 بنود برتبة 2 وبنداً برتبة 1 عندها نجري العملية الحسابية التالية:

$35 = 1 \times 1 + 2 \times 8 + 3 \times 6$

فالدرجة المستحقة تكون: $\frac{35}{3x15} = \frac{7}{9} = 78\%$ وهي النسبة التي حصل عليها المعلم في التقويم الذاتي. وفيما يلي بعض النماذج للأسئلة التي يمكن أن يطرحها المعلم في تقويمه الذاتي. (أبولبدة وآخرون، 1996)

1-أسئلة في التقويم الذاتي حول التخطيط للتدريس:

ضع إشارة (√) في العمود المناسب مقابل كل فقرة أو بند في الصحيفة. إلى أية درجة وفقت في التخطيط للدرس:

م	العبارة	درجة كبيرة	درجة متوسطة	درجة قليلة
1	صياغة أهداف الدرس بصورة سلوكية.			
2	تحليل محتوى الدرس إلى جوانب التعلم المختلفة.			
3	شمول الأهداف لجوانب التعلم المختلفة.			
4	اختيار الأنشطة التعليمية لتحقيق أهداف الدرس.			
5	التنويع في الأنشطة التعليمية لمراعاة الفروق الفردية بين المتعلمين.			
6	اختيار التقنيات التربوية والوسائل التعليمية المناسبة للمتعلمين.			
7	تحديد المهارات والتدريبات التي سيمارسها الطلبة.			
8	تحديد الواجبات والأنشطة اللاصفية.			
9	تحديد التهيئة الحافزة، وإثارة الدافعية للتلاميذ.			
10	تحديد المتطلبات السابقة للتعلم الجديد.			
11	تحديد أسلوب التقويم البنائي أو التقويم المستمر للمتعلمين.			
12	تحديد وسائل وأدوات القياس المناسبة لتقويم مدى تحقق أهداف الدرس.			

2- تقويم ذاتي حول تحديد وصياغة الأهداف التدريسية:

ضع إشارة (√) في العمود الذي يعبر عن رأيك كل عبارة مما يأتي:

م	العبارة	درجة كبيرة	درجة متوسطة	درجة قليلة
1	تنسجم الأهداف التدريسية مع الأهداف في المجال الأوسع (أهداف الدرس مثلاً مع أهداف الوحدة).			
2	تعكس الأهداف المنشودة تنوعاً وتوازناً مقبولين لمجالات ومستويات الأهداف.			
3	يعكس كل هدف تدريسي نتاجاً أو عائداً تعليمياً ملائماً بالنسبة للدرس أو الوحدة.			
4	الأهداف التدريسية قابلة للتحقق من قبل التلاميذ في مدة زمنية معقولة.			
5	تعكس الأهداف التدريسية البناء أو النسق المعرفي للموضوع.			
6	صيغت الأهداف بحيث تعكس سلوك المتعلم وأدائه.			
7	كل هدف صيغ على شكل نتاج تعليمي وليس على شكل نشاط تعليمي.			
8	يشتمل كل هدف على نتاج تعليمي واحد.			
9	يتناول كل هدف سلوكاً تعليميا للطالب ومحتوى علمياً معيناً.			
10	يعكس الهدف تغيراً في سلوك المتعلم يمكن ملاحظته وقياسه.			
11	وضع كل هدف بعبارة واضحة ومحددة لا غموض فيها.			
12	يصلح الهدف لتنظيم خبرات أو نشاطات تعليمية تساعد المتعلمين على تحقيقه.			

3- أسئلة تقويم ذاتي في الإدارة الصفية وحفظ النظام.

م	العبارة	درجة كبيرة	درجة متوسطة	درجة قليلة
1	أكون منظماً ومستعداً للدروس التي أعملها وأتجنب العشوائية والتردد.			
2	استخدم أساليب تعليمية تتطلب مشاركة نشطة من الطلبة.			
3	أركز على الغرض من كل نشاط صفي بحيث يصبح التعلم ذا مغزى ويستحوذ على اهتمامات الطلبة.			
4	أهيئ واخطط للتلاميذ على مختلف قدراتهم واستعداداتهم للمشاركة الفاعلة.			
5	أتجنب استخدام التهديدات أو السخرية كوسيلة تأديبية.			
6	أتجنب إحالة المشكلات النظامية إلى شخص آخر لحلها.			
7	أتجنب الانفعال والتسرع في معالجة المشكلات النظامية.			
8	أتيح الفرصة للطلبة للمشاركة في اتخاذ القرارات والتخطيط للنشاطات.			
9	أتعامل مع الطلبة في حدود مستواهم وقدراتهم.			
10	انظم أنشطة لمشاركة الطلبة في عمل منتج بدلاً من وقت الفراغ الضائع.			
11	أتيح الفرص لجميع الطلبة للمشاركة والتعبير عن أفكارهم وآرائهم.			
12	أكون عادلاً وغير متحيز في تعاملي مع طلبتي.			
13	أبدي تقديرا للأعمال الجيدة التي يقوم بها طلابي.			

أسئلة تقويم ذاتي في السمات الشخصية والإدارة الصفية:

ضع إشارة (√) في العمود الذي يعبر عن رأيك أمام الفقرة:

أولاً: السمات الشخصية والعلاقات الإنسانية:

م	العبارة	دائماً	أحياناً	نادراً
1	أظهر اهتماماً بمظهري وتصرفاتي.			
2	أقيم تفاهماً ووداً مع تلاميذي.			
3	أكون متزناً وبعيداً عن الانفعال.			
4	ابدي اهتماماً واحتراماً لتلاميذي.			
5	أكون لطيفاً مع تلاميذي وأراعي حقوقهم ومشاعرهم.			
6	اخلق مناخاً صفياً وديـاً يسـاعد عـلى تنمية علاقـات إنسـانية جيدة.			
7	أوزع اهتمامي على جميع التلاميذ.			
8	استجيب للظروف الطارئة في الصف بطريقة مناسبة.			
9	اظهر مقدرة على أن أرى المواقف من وجهة نظر التلاميذ.			
10	أتقبـل أفكـار التلاميـذ ومقترحـاتهم وأتعـرف عـلى حاجـاتهم لتلبيتها.			
11	أتعرف على مشكلات التلاميذ وأحاول حلها.			
12	أكون عادلاً ومنصفاً مع تلاميذي.			

4- أسئلة تقويم ذاتي في الحفز وإثارة الدافعية:

ضع إشارة (√) في العمود المناسب الذي يمثل رأيك أمام كل فقرة

درجة قليلة	درجة متوسطة	درجة كبيرة	العبارة	م
			تنـوع الأنشـطة التعليميـة التعلميـة مـع المحافظـة عـلى وظيفـة هـذه النشاطات.	1
			التنويع في الوسائط الحسية للإدراك (السمع، البصر، اللمس)	2
			أحداث تغييرات في الظروف المادية للموقف التعليمي التعلمي.	3
			إثارة الدهشة والفضول لدى التلاميذ كلما سمحت الظروف بذلك.	4
			توفير ظروف مادية مواتية للتعلم في غرفة الصف.	5
			ملاءمة النشاطات التعليمية التي اختارها لمستويات نمو التلاميذ.	6
			إتاحة فرصة كافية للنجاح أمام كل تلميذ حسب قدراته واستعداداته.	7
			تـوفير عـنصر الإمتـاع للنشـاطات التعليميـة دون انتقـاص مـن قيمتهـا العلمية.	8
			اعتماد أساليب الدفع الداخلي للتعلم.	9
			التقليل من توظيف واستخدام أسـاليب الدفـع الخـارجي وخصوصـا في الصفوف العليا.	10
			العمل على توفير علاقـات اجتماعيـة سـوية بـين الطلبـة داخـل الصـف وخارجه.	11
			إتاحة الفرص أمام التلاميذ للإسهام في تخطيط النشاطات التعليمية.	12
			تجنيب التلاميـذ التشـتت الـذي ينشـأ في الرتابـة والـروتين والملـل أو العوامل الخارجية.	13
			توفير نشاطات تعليمية من النوع الذي يجعل للتلاميـذ أدوارا أساسـية فيها.	14
			استخدام أساليب تمثيل الأدوار في المواقف التي تسمح بذلك.	15
			طرح أسئلة مثيرة للتفكير.	16
			توظيف المواد التعليمية المختلفة في نشاطات تعليمية مثيرة للتفكير.	17
			الترحيب بأسئلة التلاميذ وطرحها للمناقشة كلما سمح الموقف بذلك.	18
			إشراك عدد كبير من التلاميذ في الإجابة عن الأسئلة المطروحة.	19

أسئلة التقويم الذاتي حول الأسئلة الصفية

أ- خاصة بالمعلم

ضع إشارة (√) في العمود المناسب وأمام كل فقرة فيما يلي:

م	العبارة	دائماً	أحياناً	نادراً
1	أطرح الأسئلة ذات العلاقة بأهداف الدرس.			
2	أسئلتي مصوغة بلغة واضحة لا غموض فيها.			
3	تدفع الأسئلة التي اطرحها الطلبة إلى التفكير بالإضافة إلى تذكر المعلومات الضرورية.			
4	أوزع أسئلتي على معظم الطلبة وبدون ترتيب ثابت.			
5	تلاءم الأسئلة التي اطرحها مستويات الطلبة وتراعي الفروق الفردية.			
6	أتوقع صعوبات معينة يواجهها الطلبة وأطرح أسئلة خاصة بها.			
7	أوجه طلبتي من خلال أسئلتي إلى استخدام طرق التفكير المختلفة.			
8	استخدم فترة صمت بعد طرحي السؤال لأعطي الطلبة زمناً للتفكير في الإجابة وعدم التسرع.			
9	أستثني استخدام الأسئلة التي على شكل أحاجي أو الغاز ولا تستند إلى قاعدة معرفية في الدرس.			
10	أتجنب طرح الأسئلة التي توحي بالإجابة عنها.			
11	أحاول التقليل بقدر الإمكان من الأسئلة التي تتطلب إجابة نعم أو لا فقط.			
12	استخدم أسئلة دقيقة وهادفة تساعد الطلبة على التفكير بدقة في موضوع دراستهم.			
13	أتحفظ في إعادة طرح السؤال بدون مبرر حتى لا يشجع ذلك على عدم الانتباه.			
14	أتجنب اختيار تلميذ بعينه قبل طرح السؤال.			

أسئلة خاصة حول مبادرات الطلبة:

ضع أشارة (صح) في العمود المناسب أمام كل فقرة مما يلي:

م	العبارة	دائما	أحيانا	نادرا
1	أشجع الطلبة على طرح الأسئلة في بداية الدرس على أمل إثارة اهتمامهم بموضوع الدرس ودفعهم للتعلم			
2	أشجع الطلبة على طرح الأسئلة وابدي حماسا وتقديرا للذين يطرحون الأسئلة.			
3	أشجع الطلبة على طرح أسئلة بغرض توضيح محتوى الدرس والتعمق فيه.			
4	أفسح المجال أمام الطلبة لطرح الأسئلة في نهاية الدرس.			
5	لا أتضايق عندما يطرح طلبتي أسئلتهم أثناء شرح الدرس.			
6	أجيب عن أسئلة الطلبة بشكل مقنع وفي حدود معرفتي.			
7	استعين بطلبة آخرين في الصف للإجابة عن بعض أسئلة زملائهم.			
8	إذا طرح طالب ما سؤالا خارج عن موضوع الدرس، فإنني أعالج الموقف بحكمة.			
9	إذا آثار سؤال يطرحه تلميذ ما سيرد لا حقا فإنني امتدح السائل وأؤجل الإجابة.			
10	عندما لا استطيع الإجابة عن سؤال يطرحه طالب، فإنني أؤجل الإجابة للتأكد منها مع مصارحتهم بذلك.			

أسئلة تقويم ذاتي حول التعزيز والتغذية الراجعة:

ضع إشارة (صح) في العمود المناسب أمام كل فقرة من الفقرات التالية:

م	العبارة	دائما	أحيانا	نادرا
1	اعزز الإجابة الصحيحة للطلبة بأسلوب مناسب.			
2	أقدم التعزيز الفوري المناسب للطلبة.			
3	استخدم أسلوب تكرار الإجابة الصحيحة من قبل طلبة آخرين حينما يكون ذلك مناسبا.			
4	الإجابات الخاطئة لا تعزز، وأساعد الطلبة على اكتشاف أخطائهم بأنفسهم.			
5	أخصص وقتا كافيا لتصحيح أعمال الطلاب الكتابية عندما يتطلب الأمر ذلك.			
6	استعين بالطلبة لتقويم أعمالهم بأنفسهم أو أعمال بعضهم البعض.			
7	أستخدم التغذية الراجعة التصحيحية ولا أكتفي بالتغذية الراجعة الإخبارية.			
8	أزود الطلبة بالتوجيهات والإرشادات التي تساعدهم على تحسين أدائهم في المستقبل.			
9	أقوم بتشخيص مواطن الضعف عند الطلبة واخطط لمعالجتها.			
10	أحدد بعض نقاط القوة والمواهب لدى الطلبة واعمل على تنميتها.			
11	أحرص على إيصال الطلبة إلى درجة الإتقان في المهارات الأساسية من خلال التقويم المستمر.			
12	أستخدم إجابات الطلبة الخاطئة في توضيح ما كان غامضا أو أسيء فهمه.			

أسئلة تقويم ذاتي حول استخدام الوسائل التعليمية في التدريس الصفي:

ضع إشارة (√) في العمود الذي يعبر عن رأيك أمام كل فقرة مما يلي:

م	العبارة	التقدير		
		1	2	3
1	إحضار الوسائل المختارة إلى غرفة الصف في الوقت المناسب.			
2	تم التحقق من عمل الوسائل المختارة بشكل يفي بغرض استخدامها.			
3	تناسب الوسائل المختارة الأغراض التي تستخدم لأجلها.			
4	استخدمت الوسائل في المكان والتوقيت المناسبين.			
5	تساعد الوسائل المختارة في حفز التلاميذ على التعلم ومواصلته.			
6	تم إشراك التلاميذ في توظيف الوسائل المستخدمة والمحافظة عليها.			
7	تدعم الوسائل المختارة الأنشطة الأخرى في تحقيق الأهداف.			
8	تم استخدام وسائل تخلو من التعقيد والغموض.			
9	أبدى التلاميذ ارتياحاً واهتماماً بالوسائل المستخدمة.			
10	أسهمت الوسائل المستخدمة في اكتساب المهارات وإدراك العلاقات.			

أسئلة التقويم الذاتي في الاختبارات التي يعدها المعلم:

ضع إشارة (√) في العمود الذي يعبر عن رأيك أمام كل فقرة:

م	العبارة	بدرجة كبيرة	بدرجة متوسطة	بدرجة قليلة
1	تم تحديد غرض الاختبار قبل إعداده.			
2	حددت النتاجات التعليمية المستهدفة التي سيقيسها الاختبار.			
3	تم وضع جدول أو لائحة مواصفات الإختبار.			
4	وضعت أسئلة الإختبار المرتبطة بالنواتج التعليمية.			
5	كتبت الأسئلة بلغة بسيطة وواضحة وروعي فيها إرشادات وضع الأسئلة.			
6	تم التنويع في الأسئلة وروعي فيها مناسبتها للوقت المخصص.			
7	وضعت إرشادات واضحة لكيفية الإجابة عن أسئلة الإختبار.			
8	حددت المدة الزمنية للإختبار والعلامة المستحقة على كل سؤال.			
9	نظمت الأسئلة بحيث تتجمع الأسئلة من النوع الواحد لوحدها، وبحيث تأتي أسئلة المقال في آخر ورقة الأسئلة.			
10	راجعت ورقة الامتحان وتحققت من توفر الشروط فيها.			
11	أعددت مفتاح الإجابة، والإجابات النموذجية على الإختبار عند إعداده.			
12	وفرت الظروف المناسبة عند جلوس الطلبة للإختبار.			
13	أعطى الطلاب الوقت الضروري والكافي للإجابة عن أسئلة الإختبار.			
14	راعيت في وضع أسئلة الإختبار الزمن الذي سيستغرقه الإختبار في التصحيح.			
15	صححت أوراق الإجابات على الإختبار مع مراعاة الموضوعية في التصحيح.			
16	تحلل نتائج الإختبار، ويتم اطلاع الطلبة على نتائجهم والنتائج الكلية.			
17	يطلع كل طالب على ورقة الإجابة التي توفر له تغذية راجعة عن أدائه.			
18	أعالج نقاط الضعف التي يبرزها الإختبار قبل الانتقال إلى الموضوع التالي.			
19	أحرص على تنمية مهارات التقويم الذاتي لدى الطلبة من خلال معالجتي لنتائج الامتحان، وإجابات الطلبة عليه.			
20	أحتفظ بسجل تراكمي لأداءات الطلبة على الإختبارات خلال العام الدراسي.			

ولكي يتمكن المعلم من تقويم ذاته، يمكنه الاستعانة بالاستمارة التالية لجمع البيانات عن مستوى أدائه، وبالتالي التمكن من معالجة نقاط القصور لديه وتعزيز نقاط القوة. (الحر وزميله، 2003)

استبيان خاص بالمعلمين

تعبأ هذا الاستبيان من قبل المعلمين.

بيانات أولية:

اسم المعلم:..................... مادة التدريس:....................

المرحلة التعليمية:..................... تاريخ الميلاد:.............

الحالة الاجتماعية: ☐ متزوج ☐ مطلق ☐ أرمل

المؤهل العلمي:

☐ جامعي ☐ غير جامعي

☐ دراسات عليا في التربية ☐ جامعي / تربوي

☐ غير جامعي / تربوي ☐ دراسات عليا في التخصص

سنوات الخبرة:

☐ 1 - 2 ☐ -3 ☐ -4 ☐ -5☐ 6 ☐ 7 - ☐ 8- ☐ 9 - ☐ 10

☐11- ☐12- ☐13 ☐14- ☐15 ☐16- ☐17 ☐18- ☐19-☐20

☐21- ☐22- ☐23 ☐24– ☐25☐ -26 ☐27- ☐28- ☐ 29 - ☐ 30

خبرة العمل بالمرحلة التعليمية:

☐ ابتدائي ☐ إعدادي ☐ ثانوي عام ☐ ثانوي فني

عدد الدورات التدريبية:

☐ 1 - ☐ 2 - ☐3- ☐4- ☐5- ☐6 - ☐7 - ☐8 - ☐9 - ☐ 10

☐11- ☐12- ☐13 - ☐14 - ☐15 - ☐16 - ☐17 - ☐18 - ☐19-☐20

عدد الحصص الأسبوعية الأساسية:

☐ 1 - ☐ 2 - ☐3- ☐4- ☐5- ☐6 - ☐7 - ☐8 - ☐9 - ☐ 10

☐ 11 -12 ☐ -13 ☐ -14 ☐ -15 ☐ -16 ☐ -17 ☐ -18 ☐ 19-20☐

☐ 21 - 22 ☐ - 23 ☐ 24 – 25 ☐

عدد الحصص الأسبوعية الاحتياطية:

☐ 1- ☐ 2 - ☐ 3- ☐ 4- ☐ 5- ☐ 6 - ☐ 7 - ☐ 8 - ☐ 9 - ☐ 10

الرضا عن العمل في مهنة التعليم:

☐ راض تماماً.

☐ راض بدرجة كبيرة.

☐ راض بدرجة متوسطة.

☐ راض بدرجة قليلة.

☐ غير راض.

الرضا عن العمل بالمدرسة الحالية:

☐ راض تماماً.

☐ راض بدرجة كبيرة.

☐ راض بدرجة متوسطة.

☐ راض بدرجة قليلة.

☐ غير راض.

الأعباء غير التدريسية:

الإشراف على الأنشطة. ☐ عدد الساعات...............

الإشراف على النظام. ☐ عدد الساعات...............

إعداد الإختبارات. ☐ عدد الساعات...............

إعداد البيانات والإحصاءات للمدرسة. ☐ عدد الساعات...............

المشاركة في لجان داخل أو خارج المدرسة. ☐ عدد الساعات...............

أعمال الامتحانات. ☐ عدد الساعات...............

المشاركة في الندوات والمؤتمرات التربوية. ☐ عدد الساعات...............

دروس التقوية داخل المدرسة. ☐ عدد الساعات.............

أعباء أخرى:..

....

....

المهارات الشخصية:

☐ استخدام الكمبيوتر. ☐ استخدام الانترنت

☐ إجادة لغة أجنبية. ☐ البحث العلمي.

☐ كتابة التقارير. ☐ إدارة الاجتماعات.

☐ القيادة التربوية. ☐ الأعمال الإدارية.

☐ أعباء أخرى:..

....

....

الهوايات الشخصية:

☐ الرياضة. ☐ الرحلات

☐ الفن التشكيلي. ☐ الأدب.

☐ الأعمال اليدوية. ☐ الموسيقى.

☐ التمثيل.

☐ هوايات أخرى:..

....

....

تقارير الكفاءة خلال السنوات الخمس الأخيرة:

☐ ممتازة. ☐ العدد.............

☐ جيد جداً. ☐ العدد.............

☐ جيد ☐ العدد.............

☐ مقبول. ☐ العدد.............

☐ ضعيف. ☐ العدد.............

تقديرك الذاتي لكفاءتك المهنية:

☐ ممتاز.

☐ جيد جداً.

☐ جيد

☐ مقبول.

☐ ضعيف.

أجب عن كل عبارة مما يأتي بوضع علامة (√) في الخانة المناسبة:

م	العبارة	دائماً	أحياناً	أبداً
1	أتعلم أسماء تلاميذي في الأيام الأولى للدراسة.			
2	أحرص على قيادة تلاميذي إلى حجرة الدراسة فور الانتهاء من طابور الصباح.			
3	أشرك تلاميذي في وضع قائمة التصرفات المقبولة والمرفوضة داخل حجرة الدراسة.			
4	احضر كل مستلزمات الدرس قبل البدء فيه.			
5	أحرص على حسن إدارة الوقت.			
6	أضع خطة درس بديلة للطوارئ.			
7	أحضر للدرس جيداً.			
8	أتصف بالمرونة والتفهم.			
9	استخدم اللطف مع تلاميذي.			
10	لا اميل إلى استخدام العقاب الجماعي.			
11	أرسل التلميذ المشاكس إلى غرفة المدير لعلاج أمره.			
12	أعمد إلى التنويع في طرق التدريس.			
13	أعمد إلى العدالة في تقسيم المسؤوليات على التلاميذ.			
14	أحرص على الاهتمام بالفروق الفردية.			
15	أهتم بإعطاء الوقت والاهتمام للتلاميذ ذوي الاحتياجات			

					الخاصة.
				16	أشجع التلاميذ على الحفاظ على نظافة وترتيب حجرة الدراسة.
				17	أهتم دائماً بحسن مظهري.
				18	لا أظهر أي انفعالات نفسية مع التلاميذ.
				19	أشجع المبادلات في تبني بعض التلاميذ من ذوي القدرة لقيادة الأعمال الجمالية.
				20	أسمح للتفاعل اللفظي بيني وبين التلاميذ بشكل معقول.
				21	أسمح بالزيارات المفاجئة لحجرة الدراسة من قبل المسئولين.
				22	لا أنزعج من توجيهات الزملاء.
				23	لا أقاطع التلميذ عندما يشرح أو يجيب على سؤالي.
				24	لا أعاقب أي تلميذ بمنعه عن فرصة تعلم متاحة.
				25	أطلع على المستحدثات التربوية.
				26	أحضر الندوات التربوية وورش العمل.
				27	أطلب المساعدة من الزملاء في حالة أحتاج إليها.
				28	أبلغ المسئولين عن المهارات التي أحتاج إليها.

نتيجة التقويم: _____

الملاحظات: _____

ويمكن للمعلم الرجوع إلى البيانات التي جمعها لمقارنتها بالبيانات التي يحصل عليها مستقبلاً من خلال تعبئة استمارة أخرى مماثلة وذلك لمعرفة مدى التطور الذي طرا على نوه المهني.

وفيما يلي بعض الاستمارات التي يمكن الاستعانة بها من قبل أخصائي التقويم لجمع البيانات حول شخصية وأداء المعلم.

نمط المعلم وأثره في خلق الجو المناسب داخل حجرة الدراسة

هنا عزيزي القارئ نتعرض لأنماط مختلفة من الأجواء داخل حجرة الدراسة والتي لابد وان تؤثر سلباً أو إيجاباً على عملية تقويم أداء المعلم، وهذه الأنماط التي تشكل أسلوبا لطريقة وتعامل المعلم هي:

أولاً: النمط التسلطي

يتصف هذا النمط بالفردية في اتخاذ القرارات وعدم احترام آراء الآخرين، بل وعدم إشراكهم فيما يتخذه من قرارات، تعليماته أوامر وأسلوبه تعسفي قاس، فهو شديد البطش، يكثر من إصدار الأوامر والتعليمات ويرفض أي نقاش حول ذلك، الكل يخشاه ويتحاشى الخوض معه في أي نقاش. (الحريري، 2006) أن المعلم التسلطي كقائد لصفه ينفرد بوضع خطة العمل وتحديد أهدافه دون أن يشرك معه أحداً أو يستشير أحداً، بل يفرض على الجماعة كل ما يريد، ويوقع الجزاء ويضفي المدح أو اللوم كما يرى وكيفما يريد دون ذكر الأسباب. (سيد وزميله، 2005) ويلجأ المعلم هنا إلى العقاب الفردي والجماعي، فهو يتميز بشخصية جامدة بعيدة عن المرونة، فتعليماته صارمة، وعمله يتصف بالروتين والرتابة مما يبعث الملل والسأم في نفوس التلاميذ الذين يستجيبون لأوامره خوفاً من العقاب. إن المعلم المتسلط يفرض على التلاميذ عمل النشاطات بأسلوب قسري وجاف، وتتسم تعليماته بعدم الوضوح مما يشتت أفكار التلاميذ ويجعلهم في حيرة من أمرهم. وللنمط التسلطي آثاره السلبية التي تنعكس على شخصية التلاميذ، كما أن استمرار العمل يتوقف على وجود المعلم ففي غيابه تتوقف الأعمال والنشاطات التي يؤديها التلاميذ. وقد توصل فيشمان وهاريس المشار إليهما في (كريم وآخرون، 1995) في دراسة أجرياها على النمط التسلطي بأنه يؤدي إلى وجود شكاوي من جانب أفراد الجماعة، وارتفاع معدلات الغياب بينهم، إضافة إلى أن استمرار العمل يتوقف على وجود القائد. إن أبرز تأثيرات هذا النمط على عملية التعليم والتعلم هي: (البنا وآخرون، 2004)

1. زعزعة الثقة في نفس التلميذ الذي يشعر بأنه مهدد دائماً.

2. عدم وجود الحوافز والمعززات التي تثير دافعية التلميذ إلى التعلم.

3. عدم تشجيع هذا النمط للتفاعل بين التلاميذ.

4. عدم إتاحة الفرصة للتلميذ لتعلم كيفية وضع أهداف لذاته.

5. عدم تشجيع التلميذ على التعاون.

6. كبت رغبات وميول التلاميذ مما يدفعهم إلى النفور من التعلم.

7. ظهور بعض المظاهر السلبية على المتعلم كالحيرة، والشرود، والإتكالية وإثارة الفتن، والغياب المتكرر.

8. الانعزالية وضيق التفكير وعدم إبداء الآراء الشخصية.

9. الخوف الدائم من بطش المعلم وبالتالي هجر المدرسة.

10. محاولة التلميذ كسب ود المعلم وجذب اهتمامه وإبداء الخضوع والولاء له.

ثانياً: النمط الفوضوي

إن المعلم الذي يمارس النمط الفوضوي يتسم بعدم القدرة على التحكم بضبط الصف وتحقيق الانضباط فيه، فهو يعمل بعشوائية ويترك الأمور تسير كيفما أتفق دون وجود خطة واضحة، ودون متابعة منه لتلاميذه لملاحقة تطور نموهم وتعلمهم ومعرفة المهارات التي اكتسبوها. إن المعلم الفوضوي يعطي الحرية المطلقة للتلاميذ ويترك الحبل على القارب تصوراً منه بأنه يسلك النمط الديمقراطي في إدارته، فالتلاميذ يفعلون ما يحلو لهم دون توجيه ودون اكتراث لوجود المعلم. وتتميز بيئة الصف هنا بالنشاط غير الموجه الذي يمارسه التلاميذ. ويلجأ هذا النمط إلى توفير المواد التعليمية والأدوات، لكنه لا يقدمها إلا إذا طلب منه ذلك، ولا يحاول تقويم نتائج تعلم تلاميذه سواء كان ذلك سلباً أم إيجاباً. (منسي، 2000)

والنمط الفوضوي ينعكس على عملية التعلم فيترك الآثار السلبية العديدة في المتعلم والتي هي: (البنا وآخرون، 2004)

1. شعور التلاميذ بالإحباط والقلق والخوف من الرسوب والإعادة لعدم وضوح الأهداف.

2. النظرة السلبية للمعلم من قبل تلاميذه وعدم المبالاة لوجوده وهذا يؤثر سلباً على تحقيق أهداف عملية التعلم.

3. ضعف إنتاجية التلاميذ.

4. إحساس التلاميذ بعدم الثقة حول قيامهم بالعمل بالطريقة الصحيحة.

5. ضعف التلاميذ في القدرة على وضع الخطط لعملهم لعدم وضوح الصورة لديهم.

6. كره التلاميذ للدراسة، لعدم وجود نظام واضح وقيادة رائدة.

ثالثاً: النمط الديمقراطي أو التشاوري

يقوم هذا النمط على احترام مشاعر التلاميذ وفرض احترامه عليهم دون تسلط أو عنف فهو يتسم بالبشاشة والمرونة ويشجع المبادرة ويحترم الأفراد، ويشجع الإبداع، ويدفع التلاميذ إلى تطوير أنفسهم بمنحهم الفرص للنمو، ويتسم المعلم الديمقراطي بالاتصال الواضح وتحديد الأهداف وتشجيع الدافعية للعمل والحث على العمل التعاوني والجماعي، كما أنه يتعامل بطريقة إنسانية عادلة. (الحريري، 2006) والنمط التشاوري يعمل جاهداً إلى التنويع في طرق التدريس وإدخال عنصر التشويق وحث التلاميذ على التفاعل والمشاركة مما يشدهم إلى معلمهم رغبة في التعلم، وإلى المواظبة على الحضور. والمعلم هنا يتسم بالتواضع بعيداً عن التعالي، وعلاقته بتلاميذه قائمة على الألفة والمحبة والثقة. فهو يشجع المناقشة ويحدد الأدوار، ويتيح الحرية الكاملة لكل تلميذ للتعبير عن نفسه (البنا وآخرون، 2004) وللنمط الديمقراطي أثره على المتعلم باعتباره يتميز بالفاعلية العالية مما يجعل تأثيره إيجابياً، ومن آثاره: (المرجع السابق)

1- شعور التلاميذ بالسعادة والطمأنينة مما يدفعهم إلى العمل التعاوني ويحثهم على بذل مجهود أكبر للتعلم.

2- إن لطف معاملة المعلم لتلاميذه تشعرهم بالحب والتقدير نحوه وتقديم الولاء والطاعة له مما يعزز الثقة في أنفسهم ويدفعهم إلى التفكير المشترك.

3- تعويد التلاميذ على المبادرة وطرح الأفكار والمقترحات، وبالتالي تدريبهم على كيفية اتخاذ القرارات الجماعية.

4- مواظبة التلاميذ على الحضور اليومي للمدرسة.

5- تشجيع التلاميذ على الإبداع والابتكار.

6- حب التلاميذ لممارسة النشاطات المختلفة سواء بحضور المعلم أو في غيابه.

إن المعلم كقائد لتلاميذه مسئول عن تحقيق الانضباط داخل حجر الدراسة ومسئول أيضاً عن كيفية إدارة الصف بشكل سليم، ومسئول عن تحقيق التفاعل الإيجابي بينه وبين تلاميذه، فالقيادة عملية اجتماعية تسعى للتأثير على أفعال الأفراد وسلوكهم واتجاهاتهم لتحقيق أهداف مشتركة مرغوبة. (حريم، 1997) والقيادة هي قبول المرؤوسين لسلطة القائد، أي أنها نابعة من قبول جماعي من قبل التابعين لأن يتولى شخص معين مسؤولية قيادتهم وتوجيههم. (النمر، 1990) وبالتالي، فهي القدرة على التأثير في التابعين وحثهم على الدفع والطاقة لتحقيق الأهداف المنشودة ومن هذا المنطلق، ينبغي على المعلم كقائد لتلاميذه، ممارسة النمط الديمقراطي الذي هو من أول مؤشرات القيادة التربوية، وهذا ما سيقدم له الدعم في الحصول على نتيجة جيدة من خلال عملية التقويم.

مراحل عملية تقويم أداء المعلم

تمر عملية تقويم أداء المعلم بمراحل عديدة هي:

1. إدارة الوقت.

2. التخطيط للدرس.

3. تنفيذ الدرس.

4. تقويم مخرجات التدريس.

5. التزام وانضباط المعلم.

6. تفاعل المعلم مع التلاميذ.

1- إدارة الوقت:

إن إدارة الوقت تعني حرص المعلم على استثمار وقت الدرس من خـلال تجهيـز الوسائـل المساعدة على التعليم وذلك قبل بدء الدرس، كما تعني قدرة المعلم على جـذب انتبـاه المتعلمـين بسرعة والمحافظة على هذا الانتباه طـوال وقت الـدرس.(شعلة، 2000) ونظـراً لأهميـة الوقت في المواقف التدريسية فإن إدارة الوقت تعد عنصراً مهماً مـن عنـاصر التخطيط الـذي هـو التفكير المنظم والمرتب لرسم البرنامج الذي سيقوم بموجبه العمـل، وفقـاً للأهداف المطلوبة، لـذا فإن التخطيط عمل ذهني يسعى إلى تحقيق الهـدف بالاستخدام الأمثل لكل الإمكانـات المتاحة. والتخطيط (البدري، 2001) هو العملية الواعية التي يتم بموجبها اختيار أفضل الطرق التـي تكفـل تحقيق هدف معين. وبما أن التخطيط لازم لأي عمل من الأعمال، فإنه يصبح أكثر لزومـاً في عملية معقدة كالعملية التعليمية، لأنه يساعد المعلـم عـلى تنظيم جهوده وجهود تلاميـذه، وتنظيـم الوقت واستثماره بشكل جيد ومفيد، ويضـمن سـير العمـل المـدرسي في اتجاه تحقيق الأهداف المنشودة، واستخدام جميع الأساليب والإجراءات والأنشـطة التـي تساعد عـلى إنجازها (الحيلة، 2002). والتخطيط كوظيفة إدارية لم يعد مجرد عمل روتيني قوامه وضع بعض الأهداف ودعمها بالوسائل المتوقع استخدامها، بل يتعدى ذلك بكثير، إنه نتاج فكـري مـنظم وأسلوب قائم عـلى أساس علمي مدروس ومدعم بالخبرات والتجارب والتوقعات من اجل تحقيـق الأهداف بـأقصر وقت وأقل جهد ولـذلك فـإن الإداري أو المعلـم كمـدير لصفه الـذي لا يضـع حسابا للوقت في خطته قد يتخبط ويتصرف بشكل عشوائي أو ارتجالي في مسالة استخدام الوقت، فقد نلاحظ عـلى سبيل المثال بعض المعلمين الذي يتوانون في تنفيذ تدريس المقرر الـدراسي وينشغلون بنشـاطات أخرى، فإذا ما أوشك العام الدراسي على الانتهاء، نجدهم يلهثون بحثاً عن الوقت الإضافي لإكمـال المقرر مما يرهقهم شخصياً ويزعج التلاميذ وأولياء الأمور على حد سواء.

وهناك من صنف التخطيط لإدارة الوقت إلى ثلاث فئات (جابر، 2000) وهي:

1- **الترتيبات المكبرة:** وتهتم هذه بالسنة الدراسية والأسبوع واليوم وتحددها قوى خارجية كسياسة التعليم في البلد وما يترتب عليها من توزيعات لأوقات الدوام الرسمي والإجازات والمناسبات.

2- **الترتيبات المصغرة:** وهذه تتعلق بزمن الدرس وجدول الدروس وأوقات الاستراحة والنشاطات الجانبية المختلفة.

3- **الأنماط الفردية:** وهي تخص المعلمين والعاملين والتلاميذ ولكل شخص من هؤلاء نمطه في استخدام الوقت وذلك حسب الخبرات والعادات والمهارات والحاجات.

إن الاستخدام الأمثل لإدارة الوقت يستوجب الموازنة بين الأوقات المخصصة لكل نشاط وبين إدارة الوقت داخل حجرة الدراسة. فالمعلم الذي يتمكن من استغلال وقته بشكل جيد ومتقن هو ذلك الشخص الذي يقوم بالتخطيط الجيد لاستغلال الوقت منذ بدء العام الدراسي وذلك بوضع لائحة يتفق عليها مع تلاميذه بتدوين الأمور غير المرغوب فيها والأمور المرغوب فيها، والعقاب المترتب على من يخالف ما ورد في اللائحة، بحيث لا تتعارض تلك اللائحة مع تعليمات وأنظمة المدرسة. هذا سيوفر على المعلم الوقت والجهد في تكرار التعليمات، كما إنه من المناسب جداً لإدارة الوقت حرص المعلم على إحضار جميع الأدوات التي يحتاج لها قبل بدء الدرس لعدم إضاعة الوقت في البحث عنها أو الاستعانة بأحد التلاميذ لإحضارها بينما يكون الدرس قد بدأ، هذا من ناحية، ومن ناحية أخرى يتوجب على معلم المرحلة الابتدائية -الصفوف الدنيا بالذات- اصطحاب تلاميذه قبل بدء اليوم الدراسي وفور انتهاء طابور الصباح إلى دورات المياه لشرب الماء أو استخدام المرافق الصحية، وذلك لتجنب إفساح المجال لبعضهم بالاستئذان للخروج من حجرة الدراسة لاستخدام دورة المياه أو لشرب الماء، كما أن عليه توزيع المسؤوليات على جميع التلاميذ دون استثناء فهذا مسئول عن تنظيف السبورة، وذاك عن توزيع الكراسات على زملائه، والآخر عن جمعها، وهكذا يكون قد وفر الوقت والجهد إضافة إلى غرس الثقة في نفوس تلاميذه وتدريبهم على تحمل المسؤولية والالتزام

بالنظام، كما أن عليه أن يوضح لتلاميذه منذ بدء العام الدراسي الأمور المسموح لهم بها دون الاضطرار إلى الاستئذان وإضاعة الوقت، كالتحرك بالذهاب إلى سلة المهملات لوضع بعض النفايات فيها من أوراق وما شابه، أو الذهاب إلى رف الكتب لتناول كتاب أو إرجاع آخر، شرط أن يكون ذلك التحرك بهدوء، ولحسن إدارة الوقت يجب على المعلم أن يعود تلاميذه على تفسير بعض الحركات والتعبيرات غير اللفظية كالإشارة باليد أو التصفيق أو إطفاء النور وتشغيله لمرة أو مرتين، فهذه الحركات والتعبيرات التي يفترض أن يعلمها لتلاميذه منذ بدء العام الدراسي ستوفر عليه الوقت في توجيه التعليمات اليومية والروتينية بشكل لفظي قبل وبعد كل نشاط.

إن سوء إدارة الوقت سواء من قبل مدير المدرسة أو المعلم كمدير لصفه، يترتب عليه الكثير من المشكلات مثل قلة الإبداع، غياب روح العمل الفريقي، قلة الثقة بين الأفراد، عدم شعور الأعضاء بمهامهم وأهميتهم، تضارب التعليمات وعدم وضوحها، ظهور القلق والتوتر على الأفراد سواء المعلمين أو التلاميذ، ارتفاع الفاقد التعليمي، وانخفاض مستوى الإنتاج، لذا فإنه من الضروري التخطيط وفق الزمن المتاح مع مراعاة الفروق الفردية والحرص على توخي التنسيق والمرونة. وتعتبر إدارة الوقت في عصرنا الحاضر من أهم مصادر الإنتاج حيث يقاس التقدم والانجاز فيه على كمية الوقت الذي بذل في ذلك. فهناك من يؤكد أهمية إدارة الوقت والتخطيط لها والبعد عن العشوائية بالقول "إن المدير الفعال هو الذي يستطيع استثمار الوقت وإدارته بحيث يستفيد من كل دقيقة، وينفق الوقت في موضعه الصحيح. (العمايرة، 1999) ونظراً لكون إدارة الوقت محور العملية الإنتاجية، ودليل التقدم الحضاري، فإن هناك بعض الطرق المستخدمة (الرشيدي، 2000) في إدارة الوقت والتي يعمد كل مدير مدرسة إلى استخدام أحدها وذلك وفقا لما تتسم به إدارته من حسن أو سوء استخدام للوقت في اليوم المدرسي وهي:

1- **طريقة إدارة الوقت الطويل:** تتسم هذه الطريقة بالعشوائية والارتجالية، والبعد عن التخطيط لحسن استخدام الوقت، وتميل إلى التسويف والتأجيل للأعمال وحيث إنه لا يوجد هناك أي هدف تعمل من خلاله تلك الإدارة، فإن الفوضى

247

والتسيب من سمات الإدارة التي تستخدم هذه الطريقة والتي ترضى عادة عـن الإنتاج دون حساب الزمن الذي صرف في ذلك، ولا تقدر قيمة الوقت وأهميته، كما إنه لا يعنيها التأخير في إنجاز الأعمال لأنها لا تقوم بتحديد الأوقات لإنجاز الأعمال، بل ولا تهمها جـودة العمل، بل إنجاز المهام كيفما اتفق.

2- **طريقة إدارة الوقت القصير:** يعمد المعلم كمدير لصفه الـذي يفضل هـذه الطريقة برسـم الخطط وتحديد وقت إنجاز جزء منها وفقاً للوقت المتاح ويحرص على حساب الزمن في كل الأعمال واستغلاله من خلال فهم عناصره وحركته التي تسير دائماً إلى الأمام، ويقوم هـذا المدير بمحاسبة المقصرين الـذين يتوانون في استغلال الوقت وانجاز الأعمال وفق الـزمن المحدد لذلك، كما انه يقدر ويحترم العاملين الذين يحترمون الزمن ويلتزمون بالمواعيد.

3- **طريقة إدارة الوقت الخاطف:** تؤمن هذه الإدارة بأهمية الثواني كجزء مـن الوقت لا يمكن الاستهانة بـه، حيـث إن الـزمن مؤلـف مـن السـنين والأشـهر والأسـابيع والأيـام والسـاعات والدقائق والثواني، وعليه ترى استغلال كل ثانية بالشكل السليم لصالح أهـداف العمـل، فليس هناك أي وقت للضياع وتتجنب هذه الإدارة الأمور التي من شـأنها هـدر الوقت بـلا نتيجة، لإيمانها بأن الوقت نوع من أنواع الاستثمار الذي لابد أن يحقق أرباح. ومن ثم فإنه من المهم جداً تجزئة الوقت إلى دقائق وثوان واستغلال كل ثانية منه.

إرشادات هامة في إدارة الوقت

بما أن الوقت كمورد ثمـين لا يمكن تخزينه ولا اسـترجاعه ولا تمديـده، وحيـث أن اليوم المدرسي محدد بوقت لا يمكن إطالته، وكل درس محصور بوقت أيضاً، لذا فإنه من واجب مدير المدرسة أو المعلم كمدير للصف استغلال الوقت بشكل جيد، بإتباع الآتي:

1. تقسيم العمل وتوزيع المسؤوليات لاختصار الوقت، دون اللجـوء إلى إعطـاء تعليمات يوميـه حـول الأعمـال المطلوبـة، فكـل معلـم وكـل إداري يعـرف

مسؤولياته وواجباته اليومية، كذلك التلاميذ يعرف كـل مـنهم مسـؤولياته ومهامـه في إدارة الصف منذ اليوم الأول لبدء الدراسة.

2. ترتيب الأعمال ابتداء من الأهم والأكثر إلحاحاً ثم الشروع بعمل المهـم، إذ أن القيـام بمجموعـة أعمـال في آن واحـد يتسـبب في مضيعة الوقت وبالتـالي إلى التخبط وسـوء الإنتاج.

3. إنجاز الأعمال والمهام الصعبة والمعقـدة والتـي تحتاج إلى تفكـير وهـدوء، قبل المهـام الروتينية اليومية.

4. وضع جدول زمني لإنجاز المهام وتخصيص الوقت اللازم لكل مهمة بالدقيقة.

5. استغلال أوقات الانتظار أو الركود في عمل شيء مخطط له مسبقاً، كقراءة كتاب أو الرد على بعض الاستفسارات الكتابية.

6. معرفة أنواع مضيعات الوقت وطرق علاجها والحـذر مـن الوقوع في أحـدها والتـي نوردها فيما يلي:

مضيعات الوقت بالنسبة للمعلم

قد تربك المعلم بعض الأمور التي تسبب له هدراً في الوقت الـذي حـدد خطتـه بموجبه، مما يسبب له الحيرة والتذمر وربما إعادة النظر في الأوقات المحددة لإنجاز كل عمـل عـلى حـده. ومن هذه المضيعات للوقت:

1. وصول بعض التلاميذ بعد بدء الدرس، وهذا بالطبع يحـدث تشويشـاً ويربك التلاميذ لفترة وجيزة من الزمن ممـا يسـتوجب مـن المعلم التشـاور مـع إدارة المدرسة ووضع ضوابط للحد من هذه الظاهرة حتى وأن كانت نادرة والاتفاق مـع أوليـاء الأمـور منـذ بدء العام الدراسي عـلى تـوخي الحرص في إيصال التلميذ للمدرسة قبـل بـدء طـابور الصباح، حيث إن ذلك وإن كان سـيؤثر عـلى هـدر الوقت، فإنه سـيؤثر عـلى التلاميذ أنفسهم وعلى مسألة تحقيق الانضباط داخل حجرة الدراسة، هـذا إضافة إلى الإحراج الذي سيشعر به التلميذ المتأخر في الحضور.

2. قلة ساعات اليوم الدراسي، إن قلة ساعات اليوم الدراسي سيؤثر بلاشك على إدارة الوقت من حيث إرهاق كاهل التلميذ بالواجبات المنزلية، وكاهل المعلم في اليوم التالي بملاحظتها وتقويمها. وهذا يستوجب إعادة النظر في إمكانية إطالة اليوم الدراسي، ليتسنى للتلاميذ عمل الواجب في المدرسة مما يعطيهم الفرصة للراحة والمطالعة، ويتيح الوقت للمعلم لأن يقوم أعمالهم قبل بدء اليوم الدراسي.

3. تكليف المعلم بأعمال إضافية من قبل إدارة المدرسة، بعض المعلمين يتميزون بقدرات خاصة أو مهارات جيدة، مما يجعل إدارة المدرسة تستنزف طاقاتهم لاسيما في المناسبات والأعياد والاحتفالات، فالمعلم يكلف بأعمال قد تتعدى طاقته، وتضيع عليه الوقت الكثير بالنسبة لعطائه لتلاميذه. وفي مثل هذه الحالات، لا بأس من تخفيف نصاب المعلم لكي لا يؤثر ذلك العمل الإضافي على تدريسه ويضيع من وقته. أو ربما ينتدب للعمل الإضافي في عطلة نهاية الأسبوع مثلاً أو في المساء وتدفع له الحوافز المناسبة.

4. الزيارات المفاجئة من قبل بعض أولياء الأمور، قد يستغل بعض أولياء الأمور فرصة توصيل ولده إلى المدرسة فيحاول طرح بعض المسائل الطارئة أو الأمور التي يود طرحها على المعلم فيحضر إلى المدرسة دون موعد مسبق. ولعل عادات وتقاليد مجتمعاتنا لا تسمح بالإحجام عن المقابلة، أو التأجيل، هذا إضافة إلى حرص المعلم على بناء علاقة جيدة مع أولياء الأمور واهتمامه بأمور كل تلميذ وحرصه على سماع كل ما يود أن يدلي به ولي الأمر حول ولده. وهذا بالطبع سيضيع عليه بعض الوقت، ومن المناسب للحد من هذه الظاهرة، تكليف ولي الأمر الذي يحضر بدون موعد مسبق بكتابة ما يريد قوله، أو الانتظار لحين انتهاء الدرس.

5. المكالمات الهاتفية، بالرغم من أن الهاتف وسيلة اتصالية توفر الوقت وتتيح الفرصة للحصول على معلومات ضرورية بوقت قصير، إلا أنه يتسبب أحياناً في هدر وقت المعلم عندما يتصل به بعض أولياء الأمور للاستفسار عن

أبنائهم أو عرض حالة طارئة. وذلك في وقت استراحة المعلم أو قيامه بواجبات تخص التلاميذ كالتصحيح أو التخطيط، لذا وجب على المعلم تخصيص وقت معين لاستقبال مكالمات أولياء الأمور ومحاولة الاختصار في الحديث ما أمكن ذلك.

6. الاجتماعات الطارئة أو المطولة، من الملاحظ في بعض المدارس، أن مدير المدرسة يدعو المعلمين إلى عقد اجتماع طارئ لبحث قضية عارضة، وقد تكون هذه القضية قابلة للتأجيل والانتظار، وهذا بالطبع يسبب هدرا في وقت المعلم الذي هو في أمس الحاجة له. هذا بالإضافة إلى اجتماعات المدير بأعضاء هيئة التدريس، وقد تكون إدارة الاجتماع غير منظمة أو غير مخطط لها مسبقاً مما يفسح المجال للإطالة والإسهاب وطرح المواضيع الجانبية والخروج عن جدول الأعمال مما يضيع وقت المعلم. وهنا يجب على المدير إعادة النظر في اجتماعاته وتحديد فترة الاجتماع كأن لا تزيد على الساعة. والحد من مناداة المعلمين لاجتماعات طارئة قد تكثر مما يفسد الفائدة من ورائها.

7. المنافسة والمشاكل الشخصية، في بعض المدارس التي تفتقر إدارتها إلى الإسلوب القيادي ومراعاة العلاقات الإنسانية، والعدالة في توزيع المسؤوليات على المعلمين، نجد أن روح المنافسة والبغضاء تطغى على بعض المعلمين الذين يشعرون بالدونية في التعامل وتجاهل ظروفهم من قبل الإدارة، مما يؤدي إلى الصراع الدائم والشكوى المستمرة لدى الإدارة، والنقاش والتوتر وهذا كله يسبب مضيعة للوقت، وعليه فإن على مدير المدرسة الواعي توخي العدالة وحسن المعاملة والحث على العمل الجماعي والتعاوني والنظر في مشكلات المعلمين والصعوبات التي يواجهونها ومساعدتهم في التغلب عليها، مع العمل على تحقيق الرضا النفسي للمعلمين وتوفير المناخ الودي الآمن لهم في المدرسة بما يكفل العمل بفاعلية وجدارة.

8. سوء التخطيط وعدم وضوح الأهداف، عندما يضع المعلم خطته اليومية، يجب أن يحدد الأهداف تحديداً دقيقاً ويحدد الطريقة التي يتمكن بموجبها من تحقيق هذه الأهداف، أما إهماله التخطيط أو اللجوء إلى خطة قديمة، وعدم اختيار الإستراتيجية المناسبة، فهذا قد يجعله يتخبط في دروسه ويسبب هدرا في الوقت. هذا بالإضافة إلى عدم لجوئه إلى وضع خطة بديلة في حالات الطوارئ كأن يكون درسه مشاهدة فيلماً تعليمياً مع التلاميذ ومناقشة أحداثه بعد مشاهدته، لكن انقطاع التيار الكهربائي في تلك اللحظة يحول حتماً دون تحقيق الأهداف، فإذا لم تكن هناك خطة بديلة، سيضيع الوقت بلا شك.

9. أسباب شخصية ونفسية، قد يكون المعلم غير قادر على التدريس بشكل متقن لعدم رغبته في المهنة، أو لكونه مستجداً، أو ساخطاً على معاملة الإدارة له، وربما يحتاج إلى تحقيق الرضا النفسي لأسباب وظيفية، وكل هذه الأمور قد تجعله قلقاً غير مستقر تنقصه الثقة في النفس واثبات الذات، وقد يتصاعد قلقه في حالة زيارة مدير المدرسة أو المشرف التربوي له داخل حجرة الدراسة، مما يسبب له الإرباك وعدم الراحة، وبالتالي ضياع الوقت. ولحل مثل هذه الأمور، يجب على مدير المدرسة والمشرف التربوي عقد اجتماع فردي مع المعلم الذي يعاني من قصور أو عدم رضا، والتحدث معه بلطف وهدوء وفي جو أخوي ودي لمعرفة احتياجاته ومحاولة مساعدته لتحقيقها، وتوفير الأمن والأمان والاطمئنان النفسي له.

10. الأعمال الكتابية، على الرغم من أن المعلم مسئول عن إعداد التقارير الشهرية للتلاميذ والتقارير القصصية، والتقارير المتعلقة بسير العمل، ومتابعة بعض حالات التلاميذ مع أولياء الأمور، وأعمال كتابية أخرى كالملاحظات والحالات الخاصة. إلا أن إدارة المدرسة قد تكلفه وبشكل متكرر بعمل إحصائيات، أو كتابة حالات، أو دراسات تتعلق بالمنهج، وهذا يشكل عبء إضافي عليه ويتسبب في ضياع الوقت لاسيما إذا تكررت هذه الطلبات حول الأعمال الكتابية الإضافية، ويجدر بإدارة المدرسة تنظيم مثل هذه الأعمال

وتجميعها وطلبها في وقت لا يتـزامن مـع إنهمـاك المعلـم بالـدروس أي في نهايـة العـام الدراسي مثلاً، فهذا يتيح للمعلم فرصة تقـديم الأعمـال الكتابيـة المطلوبـة بشكل جيد متقن بعيداً عن الضغوط حيث لا يوجد تلاميذ وليس هنـاك مسؤولية إعـداد الـدروس وتنفيذها ومتابعة وتقويم التلاميذ.

11. معوقات الاتصال، إن أهم المسببات التي تضيع الوقت هـو معوقـات الاتصال، ومنهـا عدم وجود سياسة تنظيميـة واضحة يسـير بموجبها المعلـم مـما يجعلـه يهـدر الوقت بسبب التعليمات الكثيرة التي يعطيها لتلاميـذه، وعـدم قبـول أحاسيسـهم أو سـماع مبادراتهم، كذلك عدم وضوح الأهداف، والعشـوائية في إعطـاء الـدروس، وعـدم وجـود مهارة إصغاء يتمتع بها، إضافة إلى عدم وجود نظام للاتصـال الفعـال والتفاعـل داخـل حجرة الدراسة. وقد تنقص المعلم المهارة الاتصـالية في إيصال المعلومـات كالسرعة في الحديث، أو البطء الشديد، أو انخفاض مستوى الصوت أو عدم سلامة مخارج الألفاظ مما يثير التساؤل ويتطلب الإعادة والإيضاح، وبالتالي يتسبب في إضاعة الوقت.

2- التخطيط للدرس:

إن التخطيط للدرس هو عملية ذهنية يقوم المعلم بكتابتها وتشتمل على عدة عناصر من أجل تحقيق أهداف محدودة وقصيرة الأمد. والمعلم الـواعي هـو الـذي يـربط أهـداف التعليم بحاجات التلاميذ وتطلعـاتهم وقدراتهم وميـولهم واتجاهـاتهم وظـروفهم، وهـذا يسـاعده عـلى التنويع في النشاطات لتناسب جميع التلاميذ، ذلك أن التلاميـذ يتبـاينون في مستويات الـذكاء والتفكير، ولكـنهم يهدفون دائمـاً إلى زيادة حصيلتهم المعرفيـة والثقافية. (البنا وآخرون، 2004) والتخطيط للتدريس يشـتمل عـلى مدخلين هـما الأكـثر استخداماً مـن قبـل المعلمـين، وهـذان المدخلان هما:

1. **مدخل للاختيار العقلاني:** ومن أهـم الـذين اهتمـوا بهـذا النـوع مـن التخطيط هـي هيلداتابا، أسـتاذة المنـاهج الأمريكيـة، وكانت تعمـل في كليـة سـان فرانسيسـكو، واهتمـت بمسـألة تطـوير المنـاهج فوضعت كتابها الشـهير (تطـوير المنـهج، النظرية والتطبيق) في عام 1962، وعـرف هـذا الأسـلوب بنظام (طابا) حيث شاع

استخدامه في التربية الحديثة وعلى نطاق واسع، وينادي هذا النظام باستخدام أربع خطوات من أجل الحصول على تخطيط جيد يكفل تحقيق الأهداف بفاعلية وكفاءة فيما إذا نفذ بالشكل الصحيح، وهذه الخطوات هي: (المرجع السابق)

أ- تحديد الأهداف السلوكية.

ب- تحديد السلوكيات المعرفية والمهارية والنفسحركية للتلاميذ.

ج- تعيين النشاطات التي تحقق التعلم مع ترتيبها بالتسلسل والتتالي بما يكفل تحرك سلوكيات التلاميذ المعرفية والمهارية والنفسحركية نحو الأهداف.

د- تقويم النتائج بهدف تحسين التخطيط.

وقد يستخدم المعلم هذا المدخل في تخطيطه طويل الأمد (السنوي أو الفصلي) ويقوم بتجزئة ذلك التخطيط إلى وحدات صغيرة، أي إلى خطط يومية يقوم بتنفيذها ومتابعتها، وإجراء ما يلزم من تعديلات في حالة وجود بعض المعوقات التي تحول دون تحقيق الأهداف.

2. **مدخل تخيل أو تصور الدرس**: في هذا المدخل يبتعد المعلم كثيراً عن استخدام المدخل العقلاني ويلجأ إلى تصور الأنشطة والمادة العلمية التي سيقوم بتدريسها والوسائل المتاحة وطبيعة وحاجات التلاميذ، أي أنه لا يبدأ بوضع الأهداف في تخطيطه، وبناء على تلك الأهداف يحدد الأنشطة والوسائل، بل يعمد إلى استخدام خبراته السابقة وانتقاء ما يصلح من تلك الخبرات ليضمها في خطته الراسخة في ذهنه والتي لا يرى ضرورة لتدوينها. أن المعلمين الجدد يفضلون الاعتماد على المدخل العقلاني في تخطيطهم (جابر، 2000) ويتحولون بمرور الزمن ومع التجربة والخبرة إلى استخدام المدخل التخيلي في التخطيط للدرس. ذلك لأنه كلما ازدادت خبرة المعلم في التدريس، شعر بالثقة والأمن من ناحية التخطيط مما يجعله يبتعد تدريجياً عن كتابة تخطيطه بشكل تفصيلي وعلى العموم، فإن المعلم الجيد ذي الخبرة الطويلة، يظل بحاجة لان يدون خطته على الورقة مهما كان تصوره صائبا حيث أنه من أول المواصفات للخطة التدريسية، هي أن تكون مكتوبة للرجوع إليها وتدوينها ما أنجز منها وما لم ينجز بعد، مع ذكر

الملاحظات اللازمة للتعديل والتطوير والحـذف والإضافة مـما لا يمكـن فعلـه ذهنيـاً في كـل الظروف والأحوال. والمعلم الجيد هو الذي يعد خطط الدروس بحيث تغطي المنهج تغطيـة شاملة، ويعتني بإعداد كل درس إعداداً فنياً كاملاً من حيث المحتوى والأساليب المستخدمة، والوسائل التي تعين على تحقيق الأهداف السلوكية المتوقع تحقيقها. كما أنه ينظم الـدروس تنظيماً منطقياً وبطريقـة تيسـر تعلـم التلاميـذ، مـع الاهـتمام بتنظيـم الأنشطة المصاحبة، والالتزام بالخطة الزمنية لتوزيع المنهج. (علام، 2003)

خطة الدرس اليومية وسلامة تطبيقها

تعرف خطة الدرس بأنها: العنوان الذي يعطي الشرح الموجز لكل مـا يـراد إنجازه داخل الصف والوسائل المعينة التي تستخدم لهذا الغرض كنتيجة لما يحدث عن الفعاليـات أثنـاء المـدة التي يقضيها التلاميذ مع المعلم. ومن الأهمية بمكان أن تتصف الخطة بالمرونة فقد تحدث بعض العوامل داخل الفصل تجبر المعلم على تغيير خطته التي وضعها وعليـه أن يكون مستعداً لمثل هذا التغيير ويحذر المعلم من اللجوء إلى الارتجال عند التخطيط للدروس التي يعلمها ويفترض أن تكون معلوماته تفوق لما يحتويه الكتـاب المدرسي المقرر، وعليـه أن يبتكر ويخطط لإعـداد الخطة أولاً بأول ويتحاشى الاقتباس من الخطط الجاهزة المتوفرة لديه من الأعوام السابقة أو من بعض الزملاء لأن هذا يتنافى ومبادئ التعليم الإنساني. ويجـب أن تتـوفر في خطـة الـدرس الجيـد المميزات التالية:

1.   أن تحتوي على هدف معين يصاغ بأسلوب واضح.

2.   أن تحتوي على واجب جيد.

3.   أن تحتوي على خلاصة جيدة تعرض بها أجزاء الدرس بصورة مختصرة.

4.   أن تساعد المعلم على الاعتناء بالفروق الفردية.

5.   أن تحتوي على الأسئلة الذكية الأساسية والمهمة والمثيرة لتفكير التلاميذ.

6.   أن تذكر فيها وسائل الإيضاح.

7. أن تحتوي على ذكر وسائل التشويق والتحفيز.
8. أن تحتوي على ذكر وسائل قياس النتائج من تعليم الدرس.
9. أن تحتوي على توزيع الوقت على كل جزء من أجزاء الدرس.
10. أن تتماشى مع تعلم التلاميذ السابق وخبراتهم.
11. أن تحتوي على مقدمة شائقة لجذب انتباه التلاميذ للدرس.
12. أن يكون العرض وافياً مصنفاً للمادة المراد إيصالها.

نموذج لخطة الدرس

عند تصميم خطة الدرس، يراعى عدم إغفال بعض الأمور الروتينية مثل: اليوم والتاريخ، والوقت والصف، والمادة، وعنوان الدرس الجديد. ولابد من اختيار الوسيلة المناسبة للمادة المقدمة من جهة، ولأعمار ومستويات وقدرات التلاميذ وخبراتهم من جهة أخرى. ذلك لان الغرض من استخدام الوسيلة المناسبة هو تصعيد عملية التعلم. كذلك من الضروري تحديد الأهداف السلوكية المراد تحقيقها بحيث تكون قابلة للملاحظة والقياس وأن تكون واضحة ومحددة. ويجب ملاحظة سلامة الوسيلة من ناحية دقة المعلومات ومناسبة الحجم واختيار مكان العرض المناسب الذي يتيح لجميع التلاميذ فرص الاستفادة منها وملاحظتها بوضوح. ولابد للمعلم من اختيار الطريقة المناسبة للتدريس وما يصاحبها من مواد وموارد متاحة. كما أن لعنصر التشويق في الوسيلة دوراً فعالاً في تحقيق الهدف المراد. ومن الأمور الواجب مراعاتها عند تطبيق خطة الدرس. العرض السريع للمقدمة والتي حدد وقتها من 5 - 7 دقائق يطلع خلالها المعلم على الواجب الذي كلف به التلاميذ في الدرس السابق. ثم يقوم بعرض النقاط الأساسية للدرس الماضي للتذكير وللتمهيد للدرس الجديد وربط الخبرات ببعضها. وقد يكون التمهيد للدرس الجديد بطرح بعض الأسئلة التي تثير تفكير التلاميذ، أو طرح بعض الأسئلة البلاغية التي تطرح لشد انتباه التلاميذ لا للإجابة عنها. أو عن طريق سرد قصة ذات علاقة بموضوع الدرس. أو ربما عرض مشهد تمثيلي أو وسيلة مشوقة. ومن ثم مناقشتها كمدخل للدرس الجديد.

ويلي المقدمة العرض، أي عرض المفاهيم والمعلومات والحقائق والمهارات الجديدة للتلاميذ لأجل ترجمة الأهداف إلى سلوكيات فعلية ومدته من 15 - 20 دقيقة وخلال هذه الفترة تقدم الوسائل التعليمية لدعم المادة المقدمة. يلي ذلك مرحلة التطبيق ومدتها من 8 - 12 دقيقة وهي المرحلة التي يتم فيها تثبيت التعلم، والتطبيق يشتمل على الأنشطة والمناقشة والأسئلة والتمرينات، ثم تأتي مرحلة التلخيص وهي عرض لفظي لا تتجاوز مدته الخمس دقائق يقوم به المعلم لتلخيص ما عرضه من معلومات، ويختتم الدرس عادة بالتعيينات التي لا تتجاوز مدتها الخمس دقائق، حيث يقوم المعلم بالتفاعل مع تلاميذه: ليتمكن من ملاحظة مقدار ما تحقق من أهداف الخطة. فيقوم بتعيين بعض الواجبات التي يفترض أن يقوم التلاميذ بعملها، أو تكليفهم بنشاط معين يتعلق بموضوع الدرس وذلك لمعرفة مواطن القوة وتعزيزها واكتشاف الصعوبات التي يواجهها التلاميذ والعمل على تذليلها. ويستحسن أن تكتب التعيينات على السبورة مع إعلأنها لفظياً للتلاميذ، وذلك مراعاة للفروق الفردية وللتأكد من أن كل التلاميذ استوعبوا الرسالة بشكل واضح خال من الغموض. وفيما يلي نموذج لخطة درس للصف الثاني في المرحلة الابتدائية. (الحريري وزميلتها، 1998)

الصف: الثاني **التاريخ:** **المادة: محفوظات** **الموضوع: أنشودة أمي**

الأهداف السلوكية	المحتوى	الوسيلة	الأساليب والأنشطة	التقويم
أن تنشد التلميذة الأنشودة مع التمثيل بالإشارة لدقيقتين.		السبورة	المقدمة/مراجعة الدروس السابقة بمناقشة معاني الكلمات وتسميع الأبيات السابقة.	تسجيل المعلمة المناقشة.
أن تفسر التلميذة معاني الأبيات الشعرية المكتوبة على السبورة		لوحات مرسومة	التمهيد بذكر فضل الأم وتسابق الشعراء على الثناء عليها واستخلاص العنوان وتسجيله على السبورة.	
أن تدرك التلميذة فضل الأم.			عرض الأبيات الجديدة والمكتوبة بخط كبير على اللوحات المرسومة قراءة المعلمة بتأن للأبيات الجديدة وبصوت مؤثر النبرة.	
أن تذكر التلميذة قول رسول الله عليه الصلاة والسلام في الأم.			إعادة القراءة مرة أخرى. قراءة الأبيات من قبل التلميذات المتقنات ثم قراءة جماعية تليها قراءة فردية.	
أن تكتب التلميذة رسالة شكر إلى أمها تتكون من خمسة أسطر.			شرح الأبيات من قبل المعلمة وتوضيح معاني الكلمات الصعبة وتدوينها على السبورة بعد طرحها مجموعة من الأسئلة حول الموضوع.	تسجيل المعلمة الأسئلة.
			تقسيم التلميذات إلى مجموعات وطرح بعض الموضوعات التي تتعلق في المعنى العام للأبيات وتوزيع أسئلة للمناقشة لكل مجموعة.	
			تقوم المعلمة بالربط بين الأبيات الجديدة حول الأم والقصائد التي تعلمتها التلميذات في السابق.	
			قراءة فردية لجميع التلميذات مع التركيز على الإلقاء الجيد والتفاعل غير اللفظي مع القصيدة كتعبيرات الوجه وحركة اليدين.	
			عرض مشهد تمثيلي قصير تشترك فيه كل من المعلمة والتلميذات بعد تقسيمهن إلى مجموعات وقراءة الأبيات كل حسب دورها.	
			تسميع معاني الكلمات ثم تعيين الواجب المنزلي وكتابة المطلوب على السبورة وهو حفظ الأبيات للدرس القادم.	

بعض العوامل المؤثرة في التخطيط للدرس:

بما أنه لكل معلم أسلوبه الخاص في التخطيط فإن البحوث أكدت على أن معظم المعلمين يطورون طرق تدريسهم والتخطيط لها وفقاً لتصورات عقلية، وأن هناك عوامل عديدة تؤثر في تفكيرهم وبالتالي على قراراتهم لوضع تلك الخطط (جابر، 2000) وهذه العوامل هي:

- عوامل تتعلق بالمعلم كسنوات الخبرة، والخلفية العلمية وأسلوبه في التنظيم وتوقعاته، وفلسفته إزاء التعليم، ومشاعر الأمن والضبط لديه، ومهاراته.

- عوامل تتعلق بالتلميذ، كالحاجات السيكولوجية والجسمية والأكاديمية، ومستوى الدافعية، وخلفيته الثقافية والاجتماعية وتوقعاته، وخصائص الجماعة.

- عوامل خارجية، كالأهداف المرسومة مسبقاً، والمسؤولية، وضغوط المجتمع والأهالي، والعادات والتقاليد والظروف الراهنة.

- عوامل التنظيم، كالجداول والزمن المتاح، وأنماط التخطيط كالتخطيط السنوي والأسبوعي واليومي، وحجم غرفة الدراسة، والمعدات المتوفرة وإعداد التلاميذ.

- عوامل المنهج المدرسي، كالمادة الدراسية، وطرق التدريس، والوسائل والمواد المساندة المتاحة.

إذاً على الرغم من وجود تلك العوامل بجانب العوامل الطارئة وجب على المعلم دراسة كل ما قد يؤثر على تخطيطه للدرس، واستبعاد كل جزء قد يسبب في إرباك التنفيذ واستبداله بآخر، ولاسيما وأن من صفات التخطيط الجيد، المرونة وعدم الجمود.

والمعلم الناجح هو الذي يسعى إلى تطوير نظام تخطيطه وإعادة النظر فيه ولاسيما بعد التقويم ومعرفة النتائج وقد يضطر المعلم لإلغاء بعض بنود مخططه وإضافة أخرى فيما لو طرأ ظرف ما يستوجب ذلك، فالتخطيط الجيد وإن كان اتخذ مساراً ثابتاً قائماً على الخبرة والنتاج الجيد، فهو بحاجة إلى التطوير والإطلاع على المستجدات التربوية والبحوث والاستفادة منها في التخطيط نحو الأحسن.

خطوات في تخطيط الدرس وإدخال بعض التحسينات فيما بعد:

بما أن التخطيط هو عملية ذهنية منظمة لوضع برنامج يكفل تحقيق الأهداف المرجوة في مدة زمنية محددة وبكفاءة وفاعلية ما أمكن ذلك. لذا فإن المعلم قبل أن يشرع بعملية التخطيط، قد يحدد الأمور التي يريدها والمبررات التي تدعوه لذلك، والنشاط والكيفية التي سيخطط بها لهذه الأمور مع تحديد المكان والزمان اللازمين، وينطلق المعلم بتخطيطه عادة من الأهداف العامة للعملية التربوية والتي يفترض أن تشتق منها الأهداف السلوكية وعلى ضوء اختياره يتم تحديد طريقة التدريس والأنشطة المصاحبة والوسائل وطرق التقويم.

3- تنفيذ الدرس:

إن عملية تنفيذ التدريس هي من أهم العمليات التي يقوم بها المعلم، وتشتمل عملية تنفيذ الدرس مجموعة من المهارات الرئيسية، التي يجب على المعلم إتقانها وهذه المهارات هي: (سيد وزميله، 2005)

- مهارة التمهيد للدرس وعرضه.
- مهارة التفاعل اللفظي وغير اللفظي.
- مهارة الاستخدام المناسب للأسئلة.
- مهارة الاستخدام الصحيح للغة.
- مهارة الاستخدام الأمثل للسبورة.
- مهارة استخدام الآلات والمواد التعليمية.
- مهارة استثارة دافعية التلاميذ.
- مهارة الاهتمام بالتدريب والممارسة.
- مهارة استخدام أساليب التعزيز المتنوعة.
- مهارة إدارة وضبط الصف.
- مهارة تهيئة فرص التعلم الذاتي.

أن مسألة تنفيذ الدرس يجب أن تشتمل على الأساليب التي سيستخدمها المعلم أثناء الدرس لتحقيق الأهداف التي حددها مسبقا في خطته للدرس. (شعلة، 2000)

وينبغي عند تقويم تنفيذ التدريس، ملاحظة العناصر الأساسية التي يتضمنها التنفيذ وهي:

- مدى تمكن المعلم من مادته الدراسية وتحديث معلوماته.

- كيفية جعل الموضوعات ملائمة للتلاميذ.

- توظيف الكتاب المدرسي والوسائل المصاحبة.

- وضوح عرض الدرس.

- تقويم التلاميذ أثناء وبعد الدرس.

- ملاحظة الفروق الفردية وإشراك جميع التلاميذ. (علام، 2003)

والمعلم المتمكن من مادته، هو الذي يعمل على تحديث المعارف بصورة مستمرة، ويقوم بعرض المادة الدراسية بشكل واضح ومنظم وبطريقة منطقية وشيقة ومناسبة لمادة الدرس ومحتواها كما أنه يحرص على التنويع في أسلوب العرض. ويحسن إدارة الوقت، ويقوم بطرح الأسئلة الذكية التي تثير تفكير التلاميذ، كما أنه يشجع السؤال والمناقشة، والمبادرة وطرح الأفكار. ويقدم لتلاميذه التغذية الراجعة فيما يتعلق بالأخطاء التي قد يقعون فيها.

4- تقويم مخرجات التدريس:

إن تقويم المعلم يتم بطريقة غير مباشرة وذلك من خلال النتائج التي يحققها تلاميذه في المجالات المعرفية والمهارية والنفسحركية، ويمكن تقويم المعلم من خلال نتائج الاختبارات المختلفة والتي حصل عليها التلاميذ. وتشتمل عملية تقويم مخرجات التدريس على ثلاث مهارات رئيسية هي:

مهارة التقويم التشخيصي، ومهارة التقويم البنائي، ومهارة التقويم النهائي. (سيد وزميله، 2005) ويتضمن تقويم مخرجات التدريس كل الأساليب التي يستخدمها المعلم لمعرفة مدى تحقيق الأهداف التي يتم تحديدها سلفاً، أو إلى أي مدى بلغ التلاميذ حد الإتقان في التعلم. (شعلة، 2000) وإلى جانب نتائج الاختبارات، يمكن تقويم عمل المعلم لمعرفة نتيجة مخرجات التدريس، عن طريق التقارير بأنواعها

المخبرية والميدانية، والواجبات، والملاحظة في مواقف الأداء العملي. (أبو لبدة وآخرون، 1996) مع مراعاة استخدام هذه الوسائل بطريقة إيجابية وفاعله.

5- التزام وانضباط المعلم:

يتضمن هذا البند كل ما تشتمل عليه شخصية المعلم من احترام الأنظمة والقوانين والعمل بها، والالتزام بأخلاقيات المهنة وسلوكياتها (علام، 2003) والتفاعل الايجابي مع التلاميذ، وتوخي العدالة والإنسانية في التعامل معهم، والتجاوب الموضوعي والبناء مع إدارة المدرسة، والتعاون الدائم مع الزملاء، وإتاحة الفرصة لأولياء الأمور في السؤال والمناقشة والمتابعة فيما يخص أبنائهم، هذا إضافة إلى الالتزام بقواعد تدريس المواد والسعي وراء نموه المهني والإطلاع على المستجدات التربوية التي من شأنها تطوير وتحسين مستوى الأداء لديه. أن مسألة تقويم المعلم من ناحية الالتزام والانضباط هي مسألة في غاية الأهمية باعتباره القدوة لتلاميذه، لذا فإنه من الضروري أن يلتزم بكل ما ذكر إضافة إلى احترامه للمواعيد مهما كانت الظروف، واستثماره للوقت وحسن إدارته وحرصه على الاتصال الواضح الفعال، وحسن الإنصات واستخدام الألفاظ الحسنة واتسامه بالمرح والبشاشة واللطف مع المحافظة على ضبط النفس وسعة الصدر. وعلى المعلم باعتباره القدوة الحسنة لتلاميذه، أن يحافظ على تحقيق الانضباط داخل حجرة الدراسة، ولتحقيق الانضباط عليه أن يبدأ بنفسه، ليتعامل بسلوكيات جيدة كالالتزام بالوعود والبعد عن السخرية والتهكم، كما عليه أن يحترم كل تلميذ مهما كانت قدراته (Rogers, 1996) أن بعض المعلمين يفضلون التعامل مع السلوكيات السلبية للتلاميذ كلما ظهرت، بينما يميل البعض الآخر إلى توضيح التعليمات والإجراءات الخاصة بإدارة الصف منذ بدء العام الدراسي وفي اليوم الأول على وجه التحديد. فهم يقومون بالاشتراك مع تلاميذهم بوضع الإجراءات والأحكام الخاصة بالسلوكيات وبشكل واضح، وقد يعمد المعلم إلى تمثيل تلك الإجراءات عن طريق الرسوم، مثل تثبيت رسم لتلميذ يرفع يدله إلى الأعلى وهذا يعني أنه يتوجب على التلميذ الذي يود أن يقول شيء ما، أن يرفع يده

استئذانا للحديث، وهذه الرسوم تفيد كثيرا في المرحلة الابتدائية، ويفضل أن تكون من أعمال التلاميذ أنفسهم، وعلى المعلم التذكير دائماً بأهمية تلك الإجراءات بقوله: تذكروا دائما اتفاقيتنا حول الأمور الممنوعة والأمور المسموح بها داخل حجرة الدراسة، وهذا القول أفضل من أن يقول: لا تنسوا اتفاقيتنا. أن مثل هذه الأمور البسيطة كوضع اللوائح والإجراءات الداخلية مفيدة جداً في دعم مسألة التزام المعلم وانضباطه - لأنها تنعكس بالطبع على التزام وانضباط التلاميذ.

6- تفاعل المعلم مع التلاميذ:

أنه من الضروري لتحقيق عملية التعلم بشكل فعال، أن تكون المادة الدراسية المقدمة للتلاميذ مشبعة لاحتياجاتهم وتطلعاتهم وميولهم، مما يولد لديهم الدافعية للتعلم والمشاركة الإيجابية في مختلف الأنشطة. وبالتالي، يولد لديهم الرغبة في التفاعل مع ما يقدم لهم في البيئة الصفية من معارف، ومهارات، وأنشطة، ومواقف تعليمية مختلفة، والعمل على الاستفادة من كل المواقف التعليمية المتاحة. وحيث أن التفاعل حالة داخلية تتولد لدى الفرد وتدفعه إلى التيقظ والانتباه للموقف التعليمي (عدس، 1995) لذا فمن واجب المعلم خلق دافع التفاعل اللفظي وغير اللفظي بينه وبين تلاميذه، بغية التعرف على هواياتهم ومواهبهم، وميولهم، واتجاهاتهم، وقدراتهم، وطرق التفكير لدى كل واحد منهم، ومن ثم توظيفها لخدمة العملية التعليمية - التعلمية، حيث أن المعلم الذي يجعل من البيئة الصفية منبراً لحديثه اللفظي وغير اللفظي مانعاً لتلاميذه من الحديث، والحوار، والاستفهام، مهدداً إياهم بعدم الحديث، سيخلق بلاشك بيئة صفية يكون فيها المتعلم مجرد متلق سلبي والمعلم هو المرسل المهيمن المنفرد بالحديث مما يجعل التفاعل أمراً مستحيلاً، وبعكس ذلك، فالمعلم الذي يطرح الأسئلة الذكية التي يهدف من ورائها إثارة تفكير تلاميذه وحماسهم ورغبتهم في التفاعل والمشاركة فإنه يخلق بيئة ثرية فاعلة تكون فيها عملية التفاعل عملية مفتوحة بل ومرغوبة فيها مما يشجع التلاميذ على التعبير عن آرائهم، وأفكارهم، وأحاسيسهم، بعيداً عن الخوف والقلق والتردد والإحباط، وهذا ما يخلق في نفوسهم

الرضا والشعور بالانتماء والرغبة في المشاركة الدائمة والفاعلة. إن المعلم الـذي يلجأ إلى طريقـة التفاعل المفتوح يخلق مـن البيئـة الصـفية مكانـاً آمنـاً ودوداً يحسـن فيـه كـل تلميـذ بأهميتـه ويتحمل المسـؤوليات الملقـاة عـلى عاتقـه مـن خـلال توزيع الأدوار والمهام بغيـة إشراك جميـع التلاميذ في إدارة الصف. وحيث أن عملية التدريس هي فن بالإضافة إلى كونها علم، لذا فإنه مـن الضروري أن يعمد المعلم إلى تهيئة أذهـان تلاميذه للانتباه، والتجاوب، والتفاعـل معـه أثنـاء تقديمه الدرس، وذلك عن طريق شد انتباههم بعرض بعض الأسئلة البلاغيـة، وهي الأسـئلة التـي يقوم المعلم بطرحها دون توقع الإجابة عليها من قبل التلاميذ، فهـو الـذي يجيـب عليهـا، وذلك لشد انتباه التلاميذ وإثارة الدافعيـة لـديهم (فلانـدرس، 1983) والمعلم الناجح هـو الـذي يطرح الأسئلة المثيرة للتفكير، والتحليل، والاستنتاج والربط، إضافة إلى تقديم محتوى مادة الدرس الـذي يحتاج أول ما يحتاج إلى لجوء المعلم لدراسة سلوكه الشخصي داخل حجرة الدراسة لمعرفـة مـدى تفاعله مع تلاميذه والعمل على تصعيد ذلك التفاعل. ولعل أهم المهارات اللفظية التـي يحتاجهـا كل معلم هي:

- القدرة على قبول وتوضيح واستعمال وجهات نظر التلاميذ.

- القدرة على قبول وتوضيح والتعبير الحسي والانفعالات التي يبديها التلاميذ.

- القدرة على ربط التعبيرات الحسية بالأفكار ووجهات النظر.

- القدرة على تلخيص الأفكار التي تقدم في المناقشات الجماعية واستنباط خلاصتها.

- القدرة على تشجيع الاتصالات بأنواعها كالمناقشة وتوجيه الأسئلة وتبادل وجهات النظر.

- القدرة على توجيه الأسـئلة للتلاميـذ دون التسبـب في إحراجهم أو وضـعهم في موقـف دفاعي.

- القدرة على استخدام النقد البناء مع ملاحظة عدم جرح إحساس الشخص المنتقد.

إن المعلم الذي يقيم علاقات جيدة مع تلاميذه، ويتيح لهـم الفـرص المتنوعـة لاسـتخلاص المعلومات بأنفسهم وتوظيفها، ويتـابع نمـوهم، ويسـاعدهم في حـل مشـكلاتهم ويشـجع العمـل الجماعي التعاوني بين تلاميذه، ويوزع المسؤوليات عليهم كل حسب قدراته، (علام، 2003) هو ذلك المعلم الناجح الذي يتطلع إليه المجتمع كعنصر فاعل في العمليـة التربويـة، إذ أن مهمتـه لم تعـد تلك المهمة التي تتعلـق بـالتلقين وإثـراء الجانـب الفكـري للتلاميـذ، بـل تتعـدى ذلـك بالتفاعـل الإيجابي البناء الذي يهدف إلى بناء الشخصية الاجتماعية السوية للتلميذ الذي هو محور العمليـة التعليمية التعلمية.

مراجع الفصل

1- أبو لبدة، عبدالله علي والخليلي، خليل يوسف وأبو زينة،، فريد كامل (1996) المرشد في التدريس، دبي: دار الفكر.

2- ألبدري، طارق عبدالحميد (2001) الأساليب القيادية والإدارية، عمان: دار الفكر الكويت: الجامعة العربية المفتوحة.

3- ألبنا، رياض والحريري، رافدة وشريف، عابدين (2004) إدارة الصف وبيئة التعلم، الكويت: الجامعة العربية المفتوحة.

4- الحر، عبدالعزيز محمد والروبي، أحمد عمر (2003) التقويم الذاتي، الدوحة: المركز العربي للتدريب التربوي لدول الخليج.

5- الحداد، يسري أحمد (2001) الإشراف التربوي بمرحلة التعليم الأساسي في ضوء التقويم التربوي التكويني في دولة البحرين، رسالة ماجستير غير منشورة، جامعة البحرين، كلية التربية.

6- الحريري، رافدة (2006) الإشراف التربوي وآفاقه المستقبلية، عمان: دار المناهج.

7- الحريري، رافدة وعبد العزيز، توحيده (1998) الجديد في التربية العملية وطرق التدريس، الرياض: دار الخريجي.

8- الحيلة، محمد (2002) مهارات التدريس الصفي، عمان: دار المسيرة.

9- الدوسري، راشد حماد (2002) التقويم التربوي واسع النطاق، (ورقة عمل) قدمت في اجتماع جمعية عمداء كليات ومعاهد التربية في الجامعات العربية، جامعة البحرين.

10- الدوسري، راشد حماد (2004) القياس والتقويم التربوي الحديث، عمان: دار الفكر.

11- الرشيدي، أحمد كامل (2000) مشكلات الإدارة المدرسية في الألفية الثالثة، القاهرة: مكتبة كوميت.

12- العمايرة، محمد حسن (1999) مبادئ الإدارة المدرسية، عمان: دار المسيرة.

13- النمر، سعود (1990) السلوك الإداري، الرياض: جامعة الملك سعود.

267

-14 جابر، جابر عبدالحميد (2000) مدرس القرن الحادي والعشرين الفعال، القاهرة: دار الفكر العربي.

-15 حريم، حسين (1997) السلوك التنظيمي، عمان: دار زهران.

-16 ساسي، نور الدين (2004) الإشراف التربوي إستراتيجية فاعلة لتطوير وتجويد التعليم، أوراق عمل ورشة، البحرين:وزارة التربية والتعليم.

-17 سيد، علي أحمد وسالم، أحمد محمد (2005) التقويم في المنظومة التربوية، بيروت: مكتبة الرشد.

-18 شعلة، الجميل محمد عبدا لسميع (2000) التقويم التربوي للمنظومة التعليمية، القاهرة: دار الفكر العربي.

-19 عدس، محمد عبدالرحيم (1995) الإدارة الصفية والمدرسة المتفردة، عمان: دار مجدلاوي.

-20 علام، صلاح الدين محمود (2003) التقويم التربوي المؤسسي، القاهرة: دار الفكر العربية

-21 قطامي، يوسف وقطامي، نايفة (2002) إدارة الصفوف، عمان: دار الفكر.

-22 فلاندرس، نيد وأميدون، أميد (1983) دور المعلم داخل حجرة الدراسة (رافدة الحريري مترجم) لندن.

-23 كريم، محمد أحمد وعبدالحيمد، صلاح والنابه، نجاة والشهيل، عبدالرحمن (1995) الإدارة الصفية، بيروت: مكتبة الفلاح.

-24 منسي، حسن (2000) إدارة الصفوف، إربد: دار الكندي.

25- Barrow, Giles, Bradshaw, Emma and Newton, Trndi (2001) Improving Behavior and Self Esteem in Classroom, London: David Fulton Publishers.

26- Bennett, N. CrawFord, M. (2003) Effective Educational Leadership, London: Paul Chalman Publishing.

27- Rogers, Bill (1996) Cracking The Hard Class, London: Paul Chapman Publishing Ltd.

الفصل الثامن
تقويم المنهج الدراسي

عناصر الفصل

- المقدمة

- مفهوم المنهج الدراسي

- أهداف المنهج الدراسي

- عناصر المنهج الدراسي

- المقرر الدراسي والمنهج

- تقويم المنهج الدراسي بعناصره

  1- تقويم محتوى المقرر الدراسي

  2- تقويم الكتاب الدراسي

  3- تقويم طرق التدريس

  4- تقويم الخبرات والأنشطة

  5- تقويم التقويم

- استمارة التقويم المقترحة

- المراجع

الفصل الثامن

تقويم المنهج الدراسي

تعد المناهج بمفهومها الواسع الترجمة الفعلية للأهداف التربوية العامة التي يتطلع المجتمع إلى تحقيقها، والتي هي مستمدة أساسا من فلسفة المجتمع وحاجاته، وآماله، وتطلعاته، والأمل الـذي يحدوه في النمو والتطور الشامل. ولذلك، فإن لتقويم المـنهج أهميـة قصوى في معرفة المعايير التي وضعت بموجبها محتويات المنهج الدراسي ومفرداته. وللتمكن من تقويم المنهج، لابد من التعرف علـى أساسياته، وعناصره، وتنظيماته، ومراحل تطوره، والمهارات اللازمة في تطويره وتطويعـه ليتناسب مـع متطلبات العـصر وليواجه تلك الثورة المعرفية العارمة والمستحدثات التقنيـة المتلاحقـة والتغيـرات العديدة التي صاحبت هذا الانفجار العلمي والتقني الذي تشهده الألفيـة الثالثـة، وحيـث أن الكتـاب المدرسي هو أحد أهم مرتكزات المنهج الدراسي، فإنه أصبح لزاما التطرق إلى مواصفات الكتاب المـدرسي ونشأته ومفهومه، وأهميته في تحقيق أهداف المنهج باعتباره أحد العناصر البارزة والمهمة التي تلعب دورا كبيرا في عملية تنفيذ المنهج، هذا بالإضافة إلى تناول هـذا الفصل للنشاطات المصاحبة للمنهج الدراسي والتي عرفت بالنشـاطات اللامنهجيـة، أو النشـاطات اللاصفية، والمكملـة بطبيعتها للمنهج الدراسي الذي يسهم في تلبية حاجات المجتمع، ويؤثر في التنميـة الاقتصاديـة والاجتماعية والثقافيـة ويتأثر بها، وعليه، فإنه من الجدير بالذكر تسليط الضوء على المنهج الـدراسي لمعرفة مـدى فاعليتـه في تحقيق أهداف المجتمع وتطلعاته.

مفهوم المنهج الدراسي

إن كلمة منهج كما وردت في لسان العرب، تعني: الطريق الواضح. والمنهج من هذا المنطلق يعني: كل الخبرات التعليمية والتربوية والاجتماعية والثقافية التي تهيئوها المدرسة لتلاميذها، بقصد مساعدتهم على النمو الشامل وتعديل سلوكياتهم وذلك من أجل تحقيق أهدافها التربوية. (البشير وميلة، 1992)

ويعرف المنهج أيضا بأنه نظام يشتمل على الخبرات التي تقدمها المؤسسة التربوية للمتعلمين لتساعدهم على اكتسابها وتشرف عليها بهدف تحقيق نموهم نموا شاملا ومتكاملا ومتوازنا.. (شوق، 1998) والمنهج كما تشير إليه وثيقة تطوير صناعة المنهج في دول الخليج العربية، هو الوعاء والبوتقة التي تتجسد المعارف والمهارات التي تهدف إليها التربية لبناء الإنسان، وتنشئة أفراد يمتلكون القدرات العقلية أو الكفايات الحياتية والسلوكيات الروحية والقيمية التي تمكنهم من التفاعل الذكي المنتج مع معطيات العصر، ومتغيرات المستقبل، وتحديات العولمة(مرزوق، 2005) والمنهج هو كل تعلم يخطط له ويوجه بواسطة المدرسة، سواء يتم ذلك بصورة فردية أو جماعية، داخل المدرسة أو خارجها (لبيب وآخرون، 1984) وللمنهج الدراسي عدة معان، فهناك من ينظر إليه على أنه المقرر الدراسي أي الكتاب المقرر، والكتاب المقرر ليس هو المنهج، لكنه جزء منه أو إحدى مكوناته. والمقرر يعني كمية المعلومات والحقائق التي يجب أن يتعلمها التلميذ في موضوع معين خلال السنة الدراسية أو الفصل الدراسي. (البشير وزميله، 1992) أما المنهج فيشمل الأهداف والمحتوى وإستراتيجية التدريس وأساليبه ووسائط التعليم والنشاط المدرسي، وعملية التقويم. (لبيب وآخرون، 1984) وعلى ذلك فإن المنهج الدراسي هو "جميع الخبرات التي يخطط لها داخل المدرسة وخارجها من أجل تحقيق النمو الشامل للمتعلم في جميع جوانب شخصيته كذلك من اجل بناء السلوك السليم وتعديل السلوك غير المرغوب فيه لديه ليكون موطناً صالحا" (الشبلي، 1984) ويعرف المنهج بأنه جميع الخبرات التربوية المنظمة التي تتولى المدرسة التخطيط لها والإشراف عليها، والتي يتعرض لها التلميذ سواء داخل المدرسة أم خارجها. والمنهج وسيلة التعليم لإحداث المعرفة والمهارة والاتجاه لدى التلاميذ بطريقة متدرجة

ومنظمة (خضر، 2004) وحيث أن المنهج الدراسي يمثل الإطار الكلي للعملية التعليمية التعلمية، لأنه أداة التربية والتعليم في تحقيق أهدافها والوصول بالمتعلم إلى أقصى ما يمكن أن يبلغه من طاقات والكشف عن قدراته وتنمية ما لديه من استعدادات ومواهب، وهو بذلك يعد بمثابة البيئة التي تعمل على إعداد الفرد لحياته الحاضرة والمستقبلية وتعده كمواطن يعرف واجبات المواطنة وحقوقها. (مرزوق، 2005) إذا، نستنتج مما ذكر بأن المنهج الدراسي هو منظومة متكاملة تشتمل على مجموعة من الخبرات والنشاطات والمهارات التي تتداخل فيما بينها لتعد المواطن الصالح الواعي، وذلك وفقا لأهداف مرسومة ومستمدة من أهداف المجتمع وتطلعاته وآماله وطموحاته، وقيمه، وفلسفته ووفقا لاستراتيجيات واضحة وأساليب متنوعة تساعد في بناء شخصية الفرد وإعداده بشكل سليم يتماشى مع التطورات الهائلة في مجال العلم والمعرفة وتواكب القفزات النوعية والكمية السريعة في الثورة التقنية والتطور العظيم الذي يشهده العالم.

أهداف المنهج الدراسي

لقد انصب الاهتمام في المنهج التقليدي والذي أطلق عليه - المنهج الضيق – على إعطاء مجموعة من الحقائق والمعارف – عن طريق التلقين – وقد تم تنظيم تلك المعارف والحقائق في شكل تخصصات مختلفة كالتاريخ والجغرافيا، والعلوم وغيرها، حيث أن ذلك التنظيم يقوم على أساس وضع مقرر لكل تخصص ويدرس كل مقرر بشكل منفصل، إضافة إلى ذلك، فإنه أي المنهج التقليدي لا يراعي ميول التلاميذ ورغباتهم في دراسة موضوعات معينة، بل أن المعلومات تفرض على كل تلميذ، بل ويعاقب في حالة تقصيره. أما المنهج الحديث، فهو يهتم بنمو التلميذ بطريقة شاملة، عقليا، وجسميا، واجتماعيا، ونفسيا، وروحيا، وأخلاقيا، كما أنه ينظر إلى المواد الدراسية كوسيلة تساعد على تحقيق نمو التلميذ، آخذاً في الاعتبار ظروف البيئة وظروف التلميذ. (البشري وزميله، 1992) والمنهج الحديث يسعى إلى تحقيق مجموعة من الأهداف والتي طرحها (Braslavsky, 2002) والمشار إليه في (المعمري، 2005) وهذه الأهداف هي:

1- تربية أفراد نشيطين في سياق يتميز بالتغيرات المتلاحقة والهادفة.
2- مقاومة الاختلاف الطبقي (التفاوتات الاجتماعية) والتغلب على تحدي العنف.
3- التعامل مع التنوع الثقافي بشكل مبدع.
4- الإعداد من أجل إعادة ابتكار السياسات، أي سياسات الدول تجاه قضايا معينة.
5- الإعداد على القدرة لاتخاذ المزيد من القرارات الشخصية المعقدة والمتنوعة.
6- الاستفادة من التقدم التكنولوجي مع تجنب آثاره السلبية.

عناصر المنهج الدراسي

يتكون المنهج الدراسي الحديث من خمسة عناصر أساسية هي:

1- **الأهداف التعليمية:** تعد الأهداف التعليمية العنصر الأساسي من عناصر المنهج لأن جميع العناصر الأخرى ترتبط ارتباطا وثيقا بها. (البشير وزميله، 1992) والأهداف التعليمية هي مخرجات أو نواتج التعلم التي يسعى المنهج إلى تحقيقها، كما أنها وصف للتغيرات السلوكية التي يسعى المنهج إلى إحداثها في المتعلمين. (لبيب وآخرون، 1984)

2- **المحتوى:** المحتوى هو كل ما يضعه المخطط للمنهج من خبرات، سواء خبرات معرفية أو انفعالية أو حركية بهدف تحقيق النمو الشامل المتكامل للتلميذ. ويجب أن تكون الخبرات التي يشملها محتوى المنهج خبرات هادفة ومخططة ومبنية على مجموعة من الأسس والمعايير. (عبدالموجود وآخرون، 1981)

ومن أهم هذه الأسس: (البشير وزميله، 1992)

أ) أن يرتبط المحتوى بالأهداف التعليمية وأن يكون محققا لها.
ب) أن يتناسب مع واقع الحياة ومشكلاتها، وأن يواكب التطورات العلمية والثقافية المتتابعة.
ج) أن تتوافر الوحدة والانسجام والتكامل بين الموضوعات التعليمية.
د) أن يتم ترتيب المحتوى وبناؤه في سنوات الدراسة المختلفة. (عبد الموجود وآخرون، 1981)

هـ) التأكيد على الخبرات التي تعلم التلاميذ أساليب التفكير العلمي وطرق البحث أكثر من الاهتمام بالمعارف المجزأة والمعلومات التفصيلية.

و) التكامل بين الجانب النظري والجانب التطبيقي، أي بين العلم والعمل.

3- **طرق التدريس ووسائله:** المقصود بطريقة التدريس هو كيفية التدريس، وهو الأساليب التي تقدم بها الخبرات للتلاميذ وتختلف طريقة التدريس باختلاف المحتوى التعليمي الذي يقدم للتلاميذ، ومن هذه الطرق: طريقة الإلقاء أو المحاضرة، والمناقشة والحوار، وحل المشكلات، وطريقة المشروع...إلخ وتعتمد مسألة اختيار طريقة التدريس على طبيعة المادة التي تدرس، وعمر التلاميذ، وخصائص نموهم، وعدد التلاميذ، ومستوى التعلم الذي يريد المعلم أن يحققه، إضافة إلى خبرة المعلم ومدى قدرته على التنويع في طريقة تدريسه لكسر الروتين والملل.

4- **الخبرات والأنشطة والوسائل التعليمية:** تعد الخبرات والأنشطة والوسائل مكلمة لما يحتويه المقرر الدراسي، فهي مواد مساندة له وشمتقة من أسس فلسفية واجتماعية ونفسية ومعرفية مرتبطة بالمتعلم ومجتمعه وتطبق في مواقف تعليمية تعلمية داخل المدرسة وخارجها، شأنها شأن المقرر الدراسي، وذلك بقصد الإسهام في تحقيق النمو المتكامل لشخصية المتعلم بجوانبها العقلية، والوجدانية، والجسمية، وتقويم مدى تحقق ذلك كله لدى المتعلم. (سعادة وزميله، 1991) وتشتمل الخبرات والوسائل والأنشطة التعليمية على الرموز البصرية والرموز اللفظية كالإذاعة المدرسية والصور الثابتة والمتحركة والمعارض والمتاحف والرحلات والزيارات والحفلات والمسابقات والخبرات المباشرة الهادفة والتي هي أساس التعلم عن طريق العمل والإدرام الحسي المباشر للأشياء. والخبرات المعدلة وهي استخدام الأشياء التقليدية والأدوات التي يتعذر الحصول عليها لكبر أو صغر حجمها أو لعدم توفرها في البيئة. (كاظم وزميله، 1992) وتدعم هذه الوسائل والخبرات والأنشطة عملية تعلم التلميذ واكتساب المهارات المختلفة الاجتماعية منها، والاتصالية، والحسية،....إلخ، كما تمده بالخبرات العملية إلى جانب النظرية لصقل شخصيته من جميع جوانبها المختلفة.

5- **التقويم:** التقويم هو "مجموعة من الأحكام التي نزن بها جميع جوانب التعليم والتعلم وتشخيص نقاط القوة والضعف فيه بقصد اقتراح الحلول التي تصحح مسارها. وبالتالي، فإن عملية التقويم تتضمن تقدير التغيرات الفردية والجماعية والبحث في العلاقة بين هذه التغيرات وبين العوامل المؤثرة فيها" (لبيب وآخرون، 1984) ويمكن النظر إلى التقويم على اعتبار أنه عملية قياس مدى تحقيق أهداف المنهج، فهو الوسيلة التي تجمع بها الأدلة عن صحة الفروض التي تستند عليها تطبيقاتنا التربوية، وعن صحة الأهداف التي نسعى إلى تحقيقها، وعن مدى كفاءة المعلم، وتعلم التلاميذ وتفاعلهم مع الخبرات التي يحتويها المنهج. (عبدالموجود وآخرون، 1981) وحيث أن التقويم يهدف إلى تحسين العملية التعليمية التعلمية، فإن أهم المبادئ والأسس التي يجب مراعاتها في عنصر التقويم هي: (البشير وزميله، 1992)

أ) أن يكون التقويم مستمراً خلال الفترة الدراسية، وأن تستخدم فيه وسائل عديدة ومتنوعة لقياس جوانب التلميذ المختلفة، وعدم الاقتصار على الاختبارات التحصيلية في التقويم.

ب) أن يكون شاملا، أي يعني بكل نواحي نمو التلميذ وبكل جوانب سلوكه.

ج) أن يكون وثيق الصلة بالأهداف التعليمية، حيث أن نجاح التقويم يتوقف على وجود أهداف محددة وواضحة وملموسة يمكن قياسها وتقديرها وملاحظتها.

والتقويم يشمل تقويم الأهداف ونمو التلاميذ والمعلم وطرق وأساليب التدريس (خضر، 2004)

المقرر الدراسي والمنهج

درجت العادة على استخدام مصطلح المنهج ليرادف المقرر الدراسي أو ليشير إليه، أو استخدام مصطلح المقرر الدراسي أو الكتاب المدرسي للدلالة على المنهج الدراسي. ومازال بعض التربويين والمعلمين يخلطون بين هذه المصطلحات. ويعد الكتاب المدرسي أو المقرر الدراسي أكثر عناصر المنهج أهمية، حيث أنه يمثل إحدى وسائل الاتصال المكتوبة في العملية التعليمية التعلمية، والذي له أهمية كبيرة في تحقيق

أهداف المنهج. (بن سلمة وزميلة، 2005) والكتاب المدرسي هو أحد العناصر الرئيسية التي تـؤدي دورا كبيرا وبارزا في تنفيذ المنهج ويمثل محتوى التـدريس. والكتاب المـدرسي كـما وصفة حمـدان، 1998 والمشار إليه في (بن سلمة وزميله، 2005) هو الوكيل الإجرائي للمنهج أو بديل عنه بالكامـل، أو قـد يكون هو المنهج نفسه، وعليه فإن الكتاب المدرسي يمثل الوجه التطبيقي للمنهج التربوي، وهو الإطار المـادي المتحرك الذي يضمن صورة المنهج الدراسي بكل أهدافه ومحتواه وأنشطته وأسـاليب تقويمـة. (المرجع السابق) وحيث أن المـنهج هـو الإطار العـام للخبرات التعليميـة أو أنـه مجمـوع الخبرات التعليميـة، والتعلمية الواجب إكسابها للمتعلم داخل المدرسة أو خارجها. ومحتوى المنهج هو المضمون التفصيلي الدقيق للمادة العلمية المراد تقديمها للمتعلم بما تشتمل عليه مـن حقـائق، ومعلومـات، ونظريات، وقوانين، وأنشطة، وصور، ورسـومات، وخـرائط... إلـخ فـإن المقرر الـدراسي هـو عبـارة عـن عنـاوين الموضوعات المقررة التي ينبغي تدريسها للتلاميذ خلال فصل دراسي، أو صف دراسي محـدد في إطار كل مادة من المواد الدراسية. فالمقرر الدراسي يمثل الوثيقة المكتوبة التي تحمل محتوى المنهج. (يوسف وزميله، 2001) وهكذا نجد أن المقرر الـدراسي أو الكتاب المدرسي هو الوثيقـة الإجرائيـة لمحتـوى المـنهج، ومن خلاله يمكن تحقيق أهداف العملية التعليمية التعلمية، هذا فيما لو وضع بإتقان وجـودة عاليـة وروعيت فيه الفروق الفردية بين التلاميذ واختلاف القدرات والميـول والاتجاهـات والـدوافع بينـهم، وفيما لو اهتم بالنمو الكامل الشامل للتلميذ وركز على المهارات والخبرات العملية إلى جانب النظريـة مما يساعد على إعداد التلاميذ للخوض في معترك الحياة والتعامـل مـع مشكلاتها وصـعوباتها بجـدارة وثقة.

تقويم المنهج الدراسي بعناصره

بما أن الوظيفـة الأساسـية للتقـويم هـي تحديـد جـدوى أو قيمـة برنـامج مـا، فـإن الوظـائف التفصيلية لتقويم المنهج استنادا إلى تحديد جدوى كبرنامج متكامل فهي: (الشلبي، 1984):

1- معرفة ما حققه التربويون من بناة للمنهج ومنفذين له الأمر الـذي يرفع مـن معنويـاتهم مـن ناحية ويزودهم بمؤشرات يستطيعون بموجبها تخطيط عملهم اللاحق.

2- تبرير ما يبذل من جهد ووقت ومال بالنسبة للتربويين وللمواطنين بشكل عام.

3- التعرف على آثار المنهج لدى المتعلمين في ضوء الأهداف التربوية مما يساعد في تطوير المنهج.

4- تشخيص السلبيات في حال التنفيذ وبخاصة كيفية التنفيذ وفق الظروف المختلفة بمـا يـؤدي إلى تطوير في طرائق التدريس وإعطاء مؤشرات لتكييف التنفيذ بحسب الظروف المختلفة.

5- جمع البيانات التي تساعد متخذ القرار في اتخاذ موقف من المنهج تطويرا أو استمراراً أو إلغاء.

6- مساعدة التقويم في حل المشكلات التربوية ومشكلات التجديد بشكل خاص عن طريق التعرف عليها بدقة وفي الظروف المختلفة.

7- تطوير أساليب التقويم وإجراءات التقويم ونظرياته نتيجة للخبرة المباشرة في الممارسة.

8- المساعدة في حسن تصنيف المتعلمين إلى مجموعات بحسب قدراتهم ورغباتهم وميولهم.

9- تقرير سير المتعلمين عبر السلم التعليمي (النجاح والرسوب).

10- ʻعطاء صورة للمتعلم عن انجازه وتقدمه المدرسي في المجالات المختلفة بصورة محـددة واضحة بما يساعده على تطوير انجازه ونمو شخصيته والاستفادة من نتائج العمليات التقويمية في جهود الإرشاد والتوجيه التربوي والمهني للمتعلمين.

11- إعطاء صورة لأولياء الأمور عن تحصيل أبنائهم مما يدفعهم إلى مساندة المدرسـة في عملهـا مـن أجل تحقيق الأهداف.

هذا ويمكن إضافة وظائف أخرى لتقويم المنهج هي:

1- مدى إمكانية المنهج في إكساب المتعلمين المهارات المختلفة التي تتعلق بمشكلات المجتمع وكيفية التعامل معها ومعالجتها.

2- مواكبة المنهج للتطور العلمي والتقني المتسارع والاستفادة من المستحدثات المختلفة وتوظيفها لخدمة المتعلمين.

3- مدى ارتباط محتويات المنهج وأهدافه بخصائص التلاميذ ومراعاة الفروق بينهم.

4- مدى قدرة المنهج على المساعدة في اكتشاف الموهوبين وبطيئي التعلم لتقديم البرامج اللازمة لهم.

5- مدى توظيف المنهج لخدمة التعلم الذاتي لدى التلاميذ.

6- مدى ما يحتويه المنهج من برامج وأنشطة ممتعة ومشوقة تثير دافعية التعلم لدى التلاميذ.

وقد حدد تريفنجر في بحثه المقدم عام 1994 والمشار إليه في (شعلة، 2000) مجموعة من المحكات التي يجب مراعاتها عند تقويم المنهج، وهذه المحكات هي:

1- **وجود أساس نظري سليم:** من الضروري أن يقوم المنهج على إطار عمل خاص، على أن يفحص هذا الإطار ومن ثم يوصف ويعرض بشكل واضح بعيد عن الغموض، ومن الضروري أن يعتمد هذا الإطار على وثائق البحوث والدراسات الحديثة وتوظيف نتائجها بشكل مباشر بالمهارات التي ينبغي أن يشتمل عليها المنهج. ويراعى أن يكون الأساس النظري قائم على العقلانية ويبرر دواعي استخدامه.

2- **توازن التدريب المناسب وتسهيل الاستخدام:** يساهم هذا المحك على تقييم الاحتياجات التدريبية، التي يمكن أن تصاحب اختيار المنهج وفاعلية استخدامه وتمكن المعلمين من تنفيذ المنهج بفاعلية وذلك من خلال ورش العمل، المناقشات، المطبوعات، والمفردات، ويجب أن يكون التدريب المطلوب مشتملا على إمكانية تنفيذ المنهج.

3- **تلبية الفروق الفردية:** يشير هذا المحك إلى مدى استجابة المنهج لخصائص نمو التلاميذ وقدراتهم وميولهم واحتياجاتهم، وطرق التدريس المقدمة لهم، وتنوع

الأنشطة التي تثير التفكير والتحليل والاستنتاج والربط، إضافة إلى احتوائه على أنشطة تساعد التفكير الجماعي بجانب الفردي، مع إتاحته اختيارات وبدائل متنوعة تخدم اهتمامات كل تلميذ وتساعده في التوجيه والتعلم الذاتي.

4- **مناسبة المنهج لتنمية مهارات التفكير المختلفة:** ينبغي أن يشتمل المنهج على نشاطات ومهارات شاملة ومتنوعة تدفع التلميذ إلى التفكير الإبتكاري والتفكير الناقد والمنتج وطرق حل المشكلات وأن يهتم بتطبيقاتها من خلال تعرض التلاميذ لها.

5- **التصميم التعليمي:** يقصد بالتصميم التعليمي، المحك الذي يختبر مدى دقة تعميم المنهج وفق المبادئ الأساسية للتخطيط التعليمي، كالإستراتيجيات التعليمية المتنوعة، إمكانية تطبيق بعض جوانب المنهج على أرض الواقع، وضوح الوسائل المصاحبة ودعمها لتعلم التلميذ، قدرة المنهج على زيادة المخرجات التعليمية الهامة، وقدرة المنهج على إمداد المعلمين بمصادر لرقي التدريس، مع إعطاء التلميذ الفرصة لاستخدام المصادر المرتبطة بالمناهج، وشمول المنهج على تمرينات وأنشطة متنوعة تساعد المعلمين والتلاميذ على اختيار ما يناسبهم منها.

6- **البناء والتنظيم:** يختص هذا المحك بأهداف المنهج وطرق تنظيم جزئياته، لتساعد مستخدمها في أن يواجه هذه الأهداف باستخدام استراتيجيات متعددة ومتناسقة.

7- **البعد والتسلسل:** يساعد هذا المحك على التعرف على مدى تكامل المنهج، من حيث تحديده للمهارات التي يمكن تقييمها، ومستويات الصف الدراسي التي يقصدها المنهج ومدى وضوح تحديدها، ومن حيث مدى انعكاس المنهج لاحتياجات التلاميذ وتمكنهم من تطبيق الإستراتيجيات بطرق تتناسب مع مستوى نضجهم.

8- **التناسب الاجتماعي والثقافي:** يختص هذا المحك بمسألة فحص المنهج فيما إذا كان يستجيب لحاجات الدارسين وفقا للطبيعية الثقافية، الفئة العمرية، والجنس كما يختص بفحص لغة المنهج ومدى فهم التلاميذ لها، وطريقة التنظيم التي سار

بموجبها المنهج، والأمثلة المطروحة فيه، والفرص المتاحة لدفع التلاميذ نحو التفكير الفعال، ومدى مناسبة المواد في محتواها وأمثلتها والصور التوضيحية لأعمار وخبرات التلاميذ.

9- **المهارات وراء المعرفية:** يتناول هذا المحك فحص مدى تناول المنهج للمهارات وراء المعرفية مثل: اللغة، المفردات، مهارات الإدارة، مهارات التفكير الإبداعي والإنتاجي، والتغذية الراجعة. وهنا ينبغي معرفة فيما إذا كان المنهج يستطيع مساعدة التلاميذ على تعلم عمليات التخطيط والتنظيم، واختيار الإستراتيجيات المناسبة للعمل الفردي أو الجماعي، واتخاذ القرارات، وحل المشكلات المختلفة.

10- **النموذج المناسب للتطبيقات:** يختص هذا المحك بفحص المنهج من ناحية احتوائه على أمثلة ملائمة للتطبيقات العملية للطرق والأساليب النظرية التي تم تدريسها. كإتاحة الفرص للتلاميذ ليتعرفوا من خلال المنهج ووسائله المختلفة على خبرات الآخرين في عمل نماذج مناسبة في استخدامهم للمهارات والأدوات، وتقديم أمثلة توضيحية متنوعة لهم في هذا المجال.

11- **الاستجابة لاهتمامات التلاميذ ودافعياتهم:** يبحث هذا المحك عن مدى إمكانية المنهج الدراسي في استخدام المواقف التي ترتبط باهتمامات التلاميذ، وعن مدى قدرة الدروس التي يتضمنها على تحفيز التلاميذ وتحريك نشاطاتهم، وإثارة دافعياتهم لممارسة الأنشطة والتدريبات التي يحتوي عليها المنهج.

12- **التفاعل النشط والتعلم عن طريق الخبرة:** يختص هذا المحك في البحث عن وجود توازن فعال بين التدريبات والأنشطة المكتوبة أو الأنشطة الشفوية والمناقشات، ومدى قدرة المنهج على دفع التلميذ للتعلم عن طريق المشاركة والاندماج النشط مع كل جزئيات المنهج.

13- **مصادر التقييم المناسبة:** يبحث هذا المحك عن مدى وجود رؤية خاصة في المنهج لأساليب التقييم والتقويم المختلفة للتفكير المنتج، كأن يحتوي المنهج على مصادر قوائم الملاحظة ومقاييس التقدير ومصادر الاختبارات الأخرى، والتأكد من أن أساليب التقويم المستخدمة تقدر بدقة وبوضوح أهداف المنهج.

14- **التدعيم بالبحث والتقويم:** يختص هذا المحك بمعرفة مدى تدعيم المنهج بدراسات وبحوث حديثة تزيد من فاعليته، وذلك بالتساؤل فيما إذا تم تعرض المنهج للتقويم التجريبي، وهل تمت دراسة المنهج أو مراجعته من جانب الباحثين أو أخصائيي التقويم؟ وهل هناك ما يشير إلى أن التغذية الراجعة من جانب مستخدمي المنهج قدمت أية فائدة لتطوير وتحسين المنهج ذاته؟

15- **الصورة النهائية للمنهج وفائدته في الاستخدام:** يفحص هذا المحك الصورة النهائية للمنهج من حيث جودة الإخراج، وجاذبية العرض للمحتوى بالنسبة للتلاميذ، والتنظيم والترابط. كما أنه يفحص مدى وفاء المنهج بحاجات التلاميذ وقدراتهم وميولهم ومراحل نموهم وكيفية إعدادهم للتعامل مع المجتمع، ومدى فاعلية الأنشطة المصاحبة للمنهج في تحقيق الأهداف التربوية.

إن عملية تقويم المنهج تؤثر بلا شك في عناصر المنهج وذلك باكتشاف نقاط القوة وتعزيزها ومعرفة نواحي القصور في كل عنصر وعلاجها مما يساعد على تحسين وتطوير المنهج بكل ما يحتويه من عناصر.

ولكي نتمكن من تقويم المنهج، ينبغي أخذ مكوناته كلاً على حدة وتقويمها، وذلك لكي يحقق التقويم أهدافه ويؤدي وظائفه التي ذكرت آنفا. وفيما يلي سنتعرض لمكونات المنهج الدراسي لتناولها بالتقويم.

أولا : تقويم الأهداف التعليمية للمنهج: بما أن الأهداف التعليمية هي الأساس في العملية التربوية والذي يمثل التغيرات التي يتوقع من المنهج تحقيقها في شخصيات المتعلمين، لذا فإنه من الضروري وضع بعض المعايير المهمة لتقويم الأهداف وهذه المعايير هي:

- هل تترجم الأهداف الفلسفة التربوية؟

- هل تعبر هذه الأهداف عن حاجات المتعلم والمجتمع وثقافته وبيئته واتجاهات العصر؟ (الشلبي، 1984)

- هل ترتبط هذه الأهداف بخصائص التلاميذ؟ (سيد وزميلة، 2005)

- ما مدى واقعية هذه الأهداف؟

- هل بالإمكان قياس وتقويم هذه الأهداف؟

- هل تشتمل الأهداف التعليمية للمنهج على أهداف معرفية ووجدانية ومهارية وبشكل متوازن؟

- هل تتناول الأهداف جميع جوانب النمو لدى التلاميذ؟

- هل روعيت في صياغتها الشروط الواجبة مثل الوضوح والتحديد؟ (الشلبي، 1984)

- ما مدى مناسبة هذه الأهداف للمرحلة العمرية للتلاميذ؟

- ما مدى مشاركة كل من المعلمين والمتعلمين وأولياء الأمور في وضع وتحديد هذه الأهداف؟ (شعلة، 2000)

- ما مدى التركيز على الجانب التطبيقي للتعلم إضافة إلى الجانب النظري؟

أن عملية تقويم الأهداف التعليمية للمنهج ستكشف لنا بلا شك مدى مناسبة تلك الأهداف لأعمار التلاميذ وحاجاتهم وميولهم وقدراتهم كما أنها ستقودنا لمعرفة مدى وضوح تلك الأهداف ومقابلتها لحاجات المجتمع، وتوظيفها لملاحقة التطورات والمستجدات التربوية. كما ستقودنا لمعرفة مدى قابلية النظام التربوي على تحقيق تلك الأهداف بشكل سليم.

ثانيا: تقويم محتوى المقرر الدراسي: أن عملية تطوير المقرر الدراسي مسألة في غاية الأهمية ذلك لأنها تساعد في إعادة بناء المقرر الدراسي وتحسين وتطوير بعض جوانبه. والمقرر الدراسي يمثل الوجه التطبيقي للمنهاج التربوي، وهو الإطار المادي المتحرك الذي يتضمن صورة المنهج الدراسي بكل أهدافه ومحتواه وأنشطته وأساليب تقويمية. (بن سلمه وزميله، 2005) ولتقويم المقرر الدراسي ينبغي مراعاة المعايير التالية: (المرجع السابق)

- مدى ملاءمة المقرر الدراسي للفئة المستهدفة.

- هل يخدم الكتاب المدرسي (المقرر) الأهداف المتوقع تحقيقها من جراء دراسة المادة التعليمية ذات العلاقة به؟

- هل يبدو الكتاب منظما تنظيما مريحا للنظر؟

283

- ما مدى استخدام الكتاب للرموز والتلميحات مثل الأحرف المائلة، أو الأحرف الغامقة، أو أنـواع الخطوط الكبيرة أو الصغيرة؟

وهناك من يضيف معايير أخرى هي: (يوسف وزميله، 2001)

- هل الكتاب مرتب ترتيبا منطقيا متسلسلا؟

- ما مدى مراعاة موضوعاته لقيم المجتمع وعاداته؟

- ما مدى ارتباط موضوعاته ببيئة المتعلم واحتياجاته؟

- ما مدى ارتباط موضوعاته بميول ورغبات المتعلم؟

- ما مدى مواكبة موضوعاته للتطورات العلمية والتقنية على المستويين المحلي والعالمي؟

- ما مدى تركيزه على نشاطات التعليم والتعلم؟

- ما مدى مراعاته لأسس وتعاليم الشريعة الإسلامية؟

- هل توجد موازنة في موضوعاته بين الجانبين النظري والعلمي؟

- هل تراعي موضوعاته محددات السلوك الأخلاقي؟

- ما مدى شمولية مضمونه العلمي؟

- هل هناك موازنة في موضوعاته بين تاريخ العلم ومستحدثاته؟

أما سيد وزميله فقد إضافة المعايير التالية: (سيد وزميله، 2005)

- ما مدى سلامة اللغة التي كتب بها المحتوى؟

- ما مدى تنوع طرق عرض المحتوى؟

- ما مدى تضمين محتوى الكتاب على مواقف حياتية مـن واقع التلاميـذ لتـدريبهم عـلى كيفيـة التعامل مع الحياة؟

- ما مدى احتواء الكتاب المدرسي على بعض المشكلات البيئية الهامة؟

- هل يحتوي الكتاب على طرق لتنمية التفكير الإبداعي؟

- هل يشتمل الكتاب على جداول وأشكال مساعدة؟

هذا إضافة إلى معايير أخرى يقوم بموجبها المحتوى أو المقرر الدراسي وهي:

- مدى جاذبية الكتاب للتعلم؟

- هل تم إخراج الكتاب بشكل جيد؟

- هل يحتوي الكتاب على وسائل ورسومات توضيحية؟

- هل يشتمل الكتاب على تدريبات تساعد المتعلم على اتخاذ القرارات؟

- هل يشتمل الكتاب على أسئلة تساعد على العصف الذهني؟

- هل يتناسب حجم الكتاب مع عمر المتعلم؟

- هل يشتمل الكتاب على نشاطات متنوعة لمراعاة الفروق الفردية؟

- ما مدى ترابط فصول الكتاب المدرسي وتنظيم تسلسلها؟

أن عملية التقويم للمقرر الدراسي تهدف إلى فحص السلامة العلمية لمحتواه، والتعرف على مدى أخذه في الاعتبار للتطورات والمستحدث العالمية، ومدى مراعاته للترتيب المنطقي وعدم الازدواجية والتكرار، إضافة إلى معرفة مدى استفادة المتعلمين منه، ومدى قدرته على صقل شخصياتهم ومراعاة قدراتهم وميولهم وحاجاتهم.

خطوات تقويم المقرر الدراسي

يستند تقويم الكتاب المدرسي (المقرر الدراسي) على عدة خطوات يمكن إجمالها في الآتي: (يوسف وزميله، 2001)

1- تقويم الكتاب المدرسي ذاته: ويشمل هذا الجانب عدة جوانب فرعية هي:

أ) تقويم أهداف الكتاب المدرسي: يختص هذا الجانب بالحكم على مدى إعلان هذه الأهداف على صفحات الكتاب الأولى، ودقة ووضوح صياغتها، ومراعاتها لقيم المجتمع وعاداته وتطلعاته، وشمول هذه الأهداف لكل جوانب نمو المتعلم.

ب) تقويم الشكل العام للكتاب المدرسي: وهذا يعني الحكم على مدى جاذبية الشكل الخارجي في الكتاب، ومناسبة تصميمه وإخراج غلافه، وتناسق الألوان ومناسبة الحجم وعدد الصفحات.

ج) تقويم طباعة الكتاب المدرسي وإخراجه: يختص هذا الجانب في الحكم على مدى مناسبة كثافة الكلمات في السطر الواحد، والسطور في الصفحة

الواحدة، وجودة الطباعة، ودقة الترقيم، ونوعية الورق والحبر المستخدم، ووضوح العناوين وإبرازها بشكل جيد.

د) تقويم لغة الكتاب وأسلوبه: لغة وأسلوب الكتاب أمر مهم للغاية، فسلامة اللغة ووضـوحها واستخدام المفردات المناسبة لأعمار التلاميذ، وخلو الكتاب مـن الأخطـاء اللغويـة والإملائيـة والمطبعية موضوع جدير بالتقويم.

هـ) تقويم المضمون العلمي للكتـاب المـدرسي: ويشـمل الحكم عـلى صـحة المضمون العمـلي وخلوه من الأخطاء، وكفايته لتحقيق الأهداف، وتنوعه وشموله وتعدد أنشطة.

2- **تقويم الكتاب المدرسي على ضوء علاقته بالمتعلم:** يختص هذا الجانب بالحكم على مـدى إسهام الكتاب المدرسي في تزويد المتعلم بخبرات متنوعـة تنمـي ميولـه ورغباتـه واتجاهاتـه، ومهاراتـه العملية والعلمية، وسلوكياته المرغوبة، وأساليب تفكيره، ووعيه بقضـايا مجتمعـه، وقدرتـه عـلى حل المشكلات التي تواجهه واتخاذ القرارات الصائبة – وتنمي لديه القدرة على التفكير الإبداعي.

3- **تقويم الكتاب المدرسي على ضوء علاقته بالمعلم:** الكتاب المدرسي أو المقرر الـدراسي هـو حلقـة الوصل بين المعلم والمتعلم، وهو محور التفاعـل الـذي يحـدث بيـنهما، وعليـه فـإن تقـويم هـذا الجانب يعطينا بعض المؤشرات حول مدى رغبة المعلم في تدريس هـذا المقـرر، وقناعتـه بأهميـة الكتاب المدرسي واتجاهاته نحوه، ومهاراته في تشويق التلاميذ لاستخدام الكتاب المدرسي، وقدرتـه هو على استخدامه وتدعيمه بمصادر معلومات إضافية تسهم في زيادة فعليته.

4- **تقويم الخدمات المساندة للكتاب المدرسي:** هناك العديد من الخدمات التي تساعد على تسـهيل عملية تطبيق ما جاء في الكتاب المدرسي، وهذه الخدمات تشمل: الخدمات البشرية: مثل عـمال المكتبة وفنيي التجهيزات وتكنولوجيا التعليم، وموظفي السكرتارية. والخدمات التربويـة: كـالمواد والوسائل والكتب المساندة ومصادر التعلم على اختلاف أنواعها، والخدمات المادية مثل: الجداول المدرسية، والمختبرات وقاعات النشاط، والمواد الخام والميزانية المالية.

أن تقويم هذه الخدمات يساعد بلا شك في الحكم على مدى فاعليتها وعلى مدى تيسيرها لاستخدام الكتاب المدرسي بطريقة سهلة وفاعلة. وفيما يلي جدولا توضيحيا حول مجالات وجوانب تقويم الكتاب التي ذكرت آنفا. (المرجع السابق)

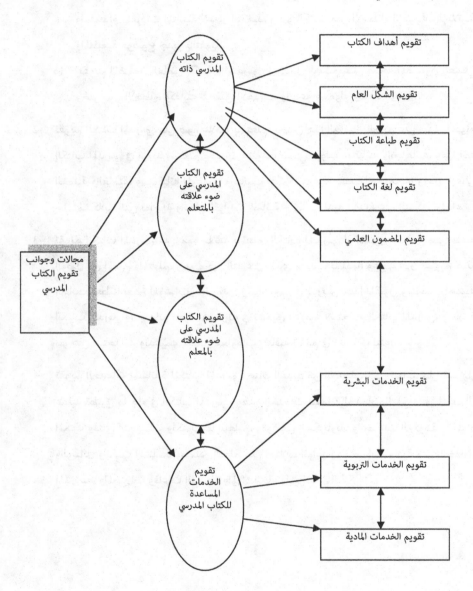

ثالثا: تقويم طرق التدريس ووسائله: يساعد التقويم لطرق التدريس ووسائله على توضيح ما إذا كانت هذه الطرق مناسبة وفعالة في تدريس المقرر، وهل هي متنوعة؟ وما مدى تدعيمها بنتائج البحوث التربوية؟ وهل هي جديدة وتراعي أنماط التعلم المختلفة لدى التلاميذ؟ وهل تناسب الوضع القائم في المدرسة من حيث توزيع التلاميذ داخل الصفوف وعددهم وحجم المنهج المطلوب؟ (الغافري، 2005)

كما يقودنا التقويم لطرق التدريس ووسائله إلى الحكم عليها من خلال معايير عديدة أهمها: (الشبلي، 1984)

- هل يراعي المعلم جميع جوانب شخصية المتعلم ليكون نموه متوازنا؟
- هل ينوع المعلم الوسائل والنشاطات التربوية المساندة للمقرر الدراسي؟
- هل يهتم المعلم من خلال تدريسه ببناء السلوك السليم لدى المتعلم؟

وقد أضاف خضر معايير أخرى هي (خضر، 2004)

- هل يستعمل المعلم لغة سليمة؟
- هل المعلم متمكن من مادته التي يدرسها؟
- هل يتقبل المعلم النقد البناء؟
- هل يراعي المعلم الجوانب الأخلاقية في سلوكه؟
- هل يستخدم وسائل معينة أثناء الدرس؟
- هل يستخدم أساليب موضوعية ومنوعة في التقويم؟
- هل يقوم بتخضير دروسه يوميا؟

وهناك معايير أخرى يمكن إضافتها إلى ما ذكر آنفا وهي:

- هل يدعم المعلم شرحه بالأمثلة والشواهد؟
- هل يربط الجانب النظري بالجانب العملي؟
- هل يطرح أسئلة ذكية ومتنوعة تثير دافعية التلاميذ في التحليل والربط والاستنتاج؟
- هل يركز على تنمية التفكير الإبداعي لدى التلاميذ؟

- هل يراعي الفروق الفردية عند شرحه للدرس؟

- هل يشجع التلاميذ على المبادرة؟

- ما مدى تفاعل المعلم مع تلاميذه والذي تحدثه طريقة التدريس؟

- هل يجيب على كل تساؤلات التلاميذ؟

- هل يستخدم في تدريسه وسائل ذات صلة بموضوع الدرس؟

- هل الوسائل التي يستخدمها ترتبط بالهدف المراد تحقيقه من خلالها؟

- هل الوسائل التي يستخدمها مناسبة لخصائص التلاميذ وقدراتهم؟

- هل يراعي المعلم عامل الزمن أثناء تدريسه؟

أن تقويم طريقة التدريس ووسائله ستقود بلا شك إلى تحسين أداء المعلم في هذا الجانب، وذلك بعد التعرف على نقاط قوته ونقاط ضعفه وتقديم العلاج المناسب لنواحي القصور إن وجدت بغية الاستفادة من عملية التقويم واستخدام نتائجها لغرض التحسين والتطوير.

رابعاً:تقويم الخبرات والأنشطة والوسائل التعليمية: يقصد بالخبرات والأنشطة والوسائل التعليمية تلك الممارسات التي توفرها المدرسة للتلاميذ داخل الفصل وخارجه أو داخل المدرسة وخارجها بهدف إكسابهم المهارات اللازمة لتحقيق النمو المتكامل لهم (جسمي وعقلي وثقافي واجتماعي وأخلاقي وروحي.. إلخ) (شعلة، 2000) وينبغي أن تكون هذه الأنشطة مناسبة لاهتمامات وميول وخصائص نمو التلاميذ، وأن تسهم في تحقيق النمو المتكامل لهم مع إسهامها في تحقيق الأهداف المنشودة في المرحلة التعليمية. ولذلك فإنه من الضروري تقويم تلك الخبرات والأنشطة والوسائل للاستفادة القصوى منها على ضوء نتائج التقويم. وهناك عدة معايير لتقويم ذلك الجانب أهمها: (سيد وزميله، 2005)

- ما مدى توافق الوسائل والأنشطة التعليمية مع أهداف المنهج؟

- ما مدى مناسبة الوسائل والأنشطة التعليمية لمستوى التلاميذ وخصائصهم وميولهم؟

- ما مدى كفاءة الوسيلة التعليمية في تقديم المواقف التعليمية؟

- ما مدى حداثة ودقة المحتوى التعليمي في تقديم المواقف التعليمية؟
- ما مدى حداثة ودقة المحتوى التعليمي الذي تقدمه الوسيلة التعليمية؟
- ما مدى جودة الوسيلة التعليمية في عرض المادة التعليمية؟
- ما مدى تنوع الأنشطة التعليمية؟
- ما مدى ملائمة الأنشطة لواقع التلاميذ؟
- ما مدى قبول التلاميذ لهذه الأنشطة؟
- ما مدى إثارة هذه الأنشطة لدافعية التلاميذ؟
- ما مدى تنوع الأنشطة: أنشطة فردية، أنشطة جماعية؟
- هل راعت الخبرات النمو الشامل للتلاميذ؟
- هل هناك نشاطات عملية تدعم الجانب النظري؟ (الشبلي، 1984)
- هل أتاحت المدرسة الفرص الكافية للتلاميذ للقيام بزيارات ميدانية تساعد في تكوين اتجاهات إيجابية لدى التلاميذ نحو البيئة والمجتمع؟ (الغافري، 2005)
- هل حدد زمان ومكان ممارسة هذه الأنشطة تحديداً جيداً ومناسباً؟ (علام، 2003)
- هل قامت المدرسة بحصر وتنسيق وتوزيع التلاميذ على الأنشطة المختلفة وفق ميولهم ورغباتهم؟ (المرجع السابق)
- مدى قدرة المتعلمين على تحمل المسؤولية والتعاون في إنجاز الهدف (شعلة، 2000)

خامسا : تقويم التقويم: أن تأثير التقويم في أساليب التقويم المقترحة في المنهج يكشف معرفة إلى أي مدى أن هذه الأساليب قادرة على تحقيق العدالة بين التلاميذ، ومدى تمتعها بالموضوعية والصدق والدقة والاقتصادية، كما تقود إلى معرفة مدى قياسها لمختلف جوانب التلميذ ومدى تنوعها. (ألغافري، 2005)

ولتقويم التقويم، يجب استخدام المعايير التالية: (سيد وزميله، 2005)

- ما مدى ملائمة وشمول وسائل وأدوات التقويم لأهداف المنهج؟
- ما مدى مناسبة وسائل وأدوات التقويم لخصائص التلاميذ؟

- ما مدى توفر الخصائص السيكوميترية في أدوات التقويم؟
- ما مدى التنوع في أساليب وأدوات التقويم؟
- ما مدى تنوع وشمول التدريبات في المنهج؟

كما يمكن إضافة:

- هل يعتمد المعلم على نتائج التقويم الشهري؟
- هل يأخذ المعلم بعين الاعتبار نتائج التقويم اليومي؟
- هل يتناول التقويم جميع جوانب شخصية المتعلم؟

وفيما يلي مقترحا لتقويم المنهج بعناصره المختلفة، حيث يمكن لأخصائي التقويم استخدامه وفقا لسلم التقديرات المتاح والذي يقابل فيه تقدير (ممتاز) 5 درجات، و(جيد جدا) 4 درجات و(جيد) 3 درجات و(مقبول) درجتان و(ضعيف) درجة واحدة.

نموذج استمارة مقترحة لتقويم المنهج الدراسي

الرقم	عناصر التقويم	ممتاز	جيد جدا	جيد	مقبول	ضعيف
	أولاً: الأهداف التعليمية					
	مدى قدرة الأهداف على ترجمة الفلسفة التربوية.					
	مدى قدرة الأهداف على تعبيرها عن حاجات المتعلم.					
	مدى قدرة الأهداف على تعبيرها عن حاجات المجتمع.					
	مدى واقعية الأهداف.					
	مدى القدرة على قياس الأهداف المعرفية.					
	مدى القدرة على قياس الأهداف الوجدانية.					
	مدى القدرة على قياس الأهداف المهارية.					
	مدى وجود موازنة بين الأهداف.					
	مدى وضوح الأهداف.					
0	مدى توافر الدقة في تحديد الأهداف					
1	مدى مناسبة الأهداف للمرحلة العمرية للتلاميذ					
2	مدى قدرة الأهداف على التركيز على الجانب التطبيقي.					
3	مدى إشراك كل الأطراف المعنية في وضع الأهداف.					
4	مدى دقة صياغة الأهداف.					
5	مدى مناسبة الأهداف لاتجاهات العصر.					
6	مدى مناسبة الأهداف لقدرة التلاميذ.					
ثانيا: الكتاب المدرسي (المقرر الدراسي)						
	المظهر الخارجي للكتاب					
	إخراج الكتاب					
	مدى جودة طباعة الكتاب					
	مدى أصالة اللغة المستخدمة في الكتاب					
	مدى جودة الورق المستخدم في الكتاب					
	مدى وضوح الموضوعات الرئيسية (العناوين)					
	مدى مراعاة موضوعات الكتاب لعادات وقيم المجتمع					
	مدى ترتيب الكتاب بشكل منطقي متسلسل					
	مدى استخدام الكتاب للرموز والتلميحات					

0	مدى تنظيم الكتاب بشكل يريح النظر					
1	مدى قدرة الكتاب على خدمة الأهداف المتوقع تحقيقها					
2	مدى ارتباط موضوعات الكتاب ببيئة المتعلم					
3	مدى ارتباط موضوعات الكتاب بميول المتعلم					
4	مدى ارتباط موضوعات الكتاب بحاجات المتعلم					
5	مدى مواكبة موضوعات الكتاب للتطورات العلمية					
6	مدى قدرة موضوعات الكتاب على استثارة دافعية التلاميذ نحو التعلم.					
7	مدى قدرة موضوعات الكتاب على استثارة التفكير الإبداعي لدى التلاميذ					
8	مدى احتواء الكتاب على نشاطات مختلفة					
9	مدى شمول الكتاب على تمرينات عملية					
0	مدى وضوح الوسائل المستخدمة في الكتاب					
1	مدى تنوع الوسائل الموجودة في الكتاب					
2	مدى شمول الكتاب على أسئلة تساعد على العصف الذهني					
3	مدى مراعاة محتوى الكتاب للفروق الفردية					
4	مدى مناسبة محتوى الكتاب لقدرات المتعلمين					
5	مدى مناسبة محتوى الكتاب لعمر المتعلمين					
6	مدى مناسبة حجم الكتاب لعمر المتعلمين					
7	مدى تضمين محتوى الكتاب على مواقف حياتية من واقع التلاميذ					
8	مدى قدرة محتوى الكتاب على تدريب التلاميذ طريقة التعامل مع المواقف الحياتية					
9	مدى تنوع طرق عرض المحتوى					
0	مدى مراعاة محتوى الكتاب لمحددات السلوك الأخلاقي					
1	مدى توخي الدقة في تنظيم فصول الكتاب					

2	مدى وضوح التفسيرات والمعاني					
3	مدى مراعاة محتوى الكتاب للفروق الفردية بين التلاميذ					
4	مدى قدرة محتوى الكتاب على تشجيع التعلم الذاتي					
5	مدى إسهام الكتاب المدرسي في تنمية طريقة الاستكشاف لدى المتعلمين					
6	مدى اهتمام محتوى الكتاب بالأنشطة الجماعية					
7	مدى إسهام محتوى الكتاب في اكتشاف مواهب التلاميذ					
8	مدى مساعدة محتوى المنهج التلاميذ على ربط الخبرات السابقة بالخبرات الجديدة					
9	مدى استناد محتوى الكتاب إلى نظريات النمو المناسبة للمرحلة الدراسية					
0	مدى تقديم المحتوى للأمثلة التي تساعد على الاستيعاب والفهم					
ثالثا: طرق التدريس ووسائله						
	مدى مراعاة المعلم لجميع جوانب شخصية المتعلم					
	مدى اهتمام المعلم بالتنويع في طرق التدريس					
	مدى تركيز المعلم على أهمية التفاعل اللفظي بينه وبين التلاميذ					
	مدى قدرة المعلم على إيصال المفاهيم بشكل واضح					
	مدى إهتمام المعلم بالفروق الفردية للمتعلمين					
	مدى حرص المعلم على التنوع في الوسائل التعليمية					
	مدى قدرة المعلم على طرح الأسئلة المثيرة للتفكير					
	مدى قدرة الملم على إدخال عنصر التشويق للدرس					
	مدى حرص المعلم على إعداد خطة الدرس اليومية					
0	مدى اهتمام المعلم بالتنويع في الأهداف السلوكية					
1	مدى استخدام المعلم للغة السليمة					

2	مدى حرص المعلم على مراعاة الجوانب الأخلاقية السلوكية					
3	مدى تشجيع المعلم لمبادرات التلاميذ					
4	مدى اهتمام المعلم بعملية تقويم تلاميذه					
5	مدى اهتمام المعلم على التنويع في طرق التقويم					
6	مدى حرص المعلم على تعيين الواجبات اليومية					
7	مدى حرص المعلم على متابعة التلاميذ في حل الواجبات					
8	مدى قدرة المعلم على ربط الجانب النظري بالجانب التطبيقي					
9	مدى سعة اطلاع المعلم في المادة التي يدرسها					
0	مدى تركيز المعلم على تنمية التفكير الإبداعي لدى التلاميذ					
1	مدى قدرة المعلم على طرح الأمثلة الكثيرة أثناء الشرح					
2	مدى اهتمام المعلم بالإجابة على كل تساؤلات التلاميذ					
3	مدى ارتباط الوسائل التي يستخدمها المعلم بالهدف المراد تحقيقه					
4	مدى قدرة المعلم على إعداد الدرس					
5	مدى حرص المعلم على إدارة الوقت					
6	مدى مناسبة الطريقة التي يستخدمها في التدريس لخصائص التلاميذ					
7	مدى قدرة المعلم على إشراك جميع التلاميذ في الإجابة على الأسئلة المطروحة في الدرس					
8	مدى قدرة المعلم على تحفيز التلاميذ للمشاركة					
9	مدى تقبل المعلم للنقد البناء					
0	مدى قدرة المعلم على تحقيق أهداف الدرس					
رابعا: الخبرات والأنشطة والوسائل التعليمية						
	مدى مساهمة الأنشطة في تحقيق أهداف المدرسة					
	مدى مساهمة الوسائل التعليمية إكساب المتعلم مهارات معينة					
	مدى توافق الوسائل والأنشطة التعليمية مع أهداف المنهج					

	مدى الوسائل والأنشطة التعليمية مع حاجات وتطلعات المجتمع المحلي					
	مدى التنويع في الأنشطة التعليمية					
	مدى التنويع والتشويق في الوسائل التعليمية					
	مدى مراعاة الخبرات للنمو الشامل للتلاميذ					
	مدى توافق الأنشطة مع المرحلة العمرية للتلاميذ					
	مدى استفادة التلاميذ من الخدمات البيئية من خلال الأنشطة المدرسية					
0	مدى ملائمة الأنشطة لقدرات التلاميذ					
1	مدى الاهتمام بتصنيف التلاميذ وفقا لميولهم للانخراط في الأنشطة					
2	مدى جودة الوسيلة التعليمية في عرض المادة العلمية					
3	مدى استثارة الأنشطة لدافعية التلاميذ					
4	مدى إتاحة الأنشطة الفرصة للتلاميذ للتعرف على البيئة المحلية					
5	مدى قدرة المتعلمين على تحمل المسؤولية في إنجاز الهدف					
6	مدى قدرة النشاطات في ملاحقة التطور العلمي					
7	مدى قدرة المدرسة على إشراك أولياء الأمور					
8	مدى إمكانية النشاطات في تقديم خبرات عملية					
9	مدى إقبال التلاميذ على المشاركة في النشاطات					
0	مدى إسهام أولياء الأمور في المشاركة بإعداد وشراء الوسائل التعليمية					
خامسا: التقويم						
	مدى ملائمة وسائل وأدوات التقويم لأهداف المنهج					
	مدى شمول وسائل التقويم لأهداف المنهج					
	مدى تنوع أساليب التقويم					
	مدى ملائمة وشمول وسائل التقويم لمحتوى المنهج					
	مدى استخدام المعلم للتقويم اليومي					

	مدى استخدام المعلم للتقويم الأسبوعي					
	مدى اهتمام المعلم بتطوير طرق تدريسه في حالة تدني المستوى ألتحصيلي للتلاميذ					
	مدى توفر الخصائص السيكوميترية في أدوات التقويم					
	مدى استخدام الأساليب والطرق المستحدثة في التقويم					
0	مـدى الاهـتمام بتقـويم الجوانـب المختلفـة لشخصـية المتعلم					

مراجع الفصل

1- البشير، محمد مزمل وسعيد، محمد مالك (1992) مدخل إلى المناهج وطرق التدريس، الرياض: دار اللواء.

2- الرشيدي، سعد وسلامة، عبدالرحيم ويونس، سمير والعنزي، يوسف (1999) المناهج الدراسية، الكويت: مكتبة الفلاح.

3- الشبلي، إبراهيم مهدي (1984) تقويم المناهج بإستخدام النماذج، بغداد: مطبعة المعارف.

4- العبري، صالح بن سعيد (سبتمبر 2005) المنهج الدراسي وبيئة الطالب (رسالة التربية) سلطنة عمان: وزارة التربية والتعليم.

5- الغافري، محمد (سبتمبر 2005) التقويم والمنهج المدرسي (رسالة التربية) سلطنة عمان: وزارة التربية والتعليم.

6- المعمري، سيف بن ناصر (سبتمبر 2005) المنهج المدرسي والتغيرات المعاصرة، (رسالة التربية) سلطنة عمان: وزارة التربية والتعليم.

7- بن سلمة، منصور والحارثي، إبراهيم (2005) المرشد في تأليف الكتاب المدرسي ومواصفاته، الرياض: مكتب التربية لدول الخليج.

8- خضر، فخري رشيد (2004) التقويم التربوي، دبي: دار القلم.

9- سعادة، جودة أحمد، وإبراهيم، عبدالله محمد (1991) المنهج المدرسي الفعال، عمان: دار عمان للنشر.

10- سيد، علي أحمد وسالم، أحمد محمد (2005) التقويم في المنظومة التربوية، الرياض: مكتبة الرشد.

11- شعلة، الجميل محمد عبدالسميع (2000) التقويم التربوي للمنظومة التعليمية، القاهرة: دار الفكر العربي.

12- شوق، محمود أحمد (1998) الإتجاهات الحديثة في تخطيط المناهج الدراسية، القاهرة: دار الفكر العربي.

13- علام، صلاح الدين (2003) التقويم التربوي المؤسسي، القاهرة: دار الفكر العربي.

14- كاظم، أحمد خيري وجابر، جابر عبدالحميد (1992) الوسائل التعليمية والمنهج، القاهرة: دار النهضة العربية.

15- لبيب، رشدي ومينا، فايز مراد وشمس الدين، فيصل هاشم (1984) المنهج، منظومة لمحتوى التعليم. القاهرة: دار الثقافة.

16- مرزوق، عبدالمجيد أحمد (سبتمبر 2005) المناهج الدراسية ومتطلبات المجتمع والتنمية (رسالة التربية) سلطنة عمان: وزارة التربية والتعليم.

17- يوسف، ماهر إسماعيل والرافعي، محب (2001) التقويم التربوي، أسسه وإجراءاته، الرياض: مكتبة الرشد.

18- Gaskell, P.J. (1992) Authentic Science and School Science, International Journal of Science Education, Vol. 14, (3) PP. 265 – 272.

19- Lowe, R. (1993) Successful Instructional Diagram, London: Kogan Page.

20- Robsn, C. (1993) Real World Research UK. Oxford: Blackwell.

الفصل التاسع
توجهات حديثة في التقويم التربوي

عناصر الفصل

1. التقويم القائم على الكيف.
2. تقويم نواتج التعلم عالية المستوى.
3. التقويم الواقعي.
4. التقويم البديل.
5. تكنولوجيا التقويم.
6. التقويم المدار بالكمبيوتر.
7. التقويم عن بعد.
   - أ- التقويم بالمراسلة.
   - ب- التقويم بالهاتف.
   - ج- التقويم عبر القنوات الفضائية.
   - د- التقويم عبر الانترنت.
8. بنوك الأسئلة.
9. التقويم واسع النطاق.
10. التقويم متعدد المقاسات.

- نموذج التقويم التربوي المعاصر في المملكة المتحدة.
- إجراءات التقويم
- المراجع

الفصل التاسع

توجهات حديثة في التقويم التربوي

يشهد العصر الحالي تطوراً متلاحقاً في جميع ميادين الحياة، ويحظى ميدان التربية والتعليم بقسط كبير من هذا التطور الذي انصب على التنويع في العلوم والمعارف وتراكمها، وظهرت أساليب حديثة في مجال التعليم والتعلم بما يتفق مع الثورة المعلوماتية والتطور التقني الهائل، وصار المتعلم يلجأ إلى استخدام الحاسب الآلي في تعلمه ويتعلم عبر الانترنت والقنوات الفضائية، وهذا كله انعكس بطبيعة الحال على عملية التقويم التربوي باعتبارها أهم أركان العملية التربوية ومصدر تطورها. (الحريري، 2006)

ولقد تطورت أساليب ووسائل وأدوات التقويم التربوي نظراً للتقدم الهائل في مجال تكنولوجيا الاتصالات وتكنولوجيا المعلومات وما يصاحبها من تطور في مجال تكنولوجيا التعليم وظهور أساليب تعليم وتعلم تعتمد بشكل أساسي على تطبيقات تلك التكنولوجيا، مما أدى إلى ظهور مايسمى بتكنولوجيا التقويم Evaluation Technology كمجال فرعي من مجالات تكنولوجيا التعليم Instructional Technology ومن هذا المنطلق ظهرت العديد من التوجهات الحديثة في فلسفة وأهداف عملية التقويم وفي أساليب ووسائل وأدوات التقويم، وذلك كما يلي: (يوسف والرافعي 2001)

1. **التقويم القائم على الكيف Qualitative Evaluation**: من التوجهات الحديثة في مجال التقويم التربوي، التوجه الذي يؤكد على ضرورة التركيز على التقويم الكيفي (النوعي) كبديل للتقويم الكمي Quantitative Evaluation أو إمكانية الموازنة بينهما. ففي بداية الستينات من القرن العشرين انتهج أنصار الفلسفة

(الوضعية) الموضوعية والبحث التجريبي المنضبط واعتمدوا على العديد من وسائل التقويم الكمية في قياس المتغيرات والسمات والخصائص التي يمكن إخضاعها للقياس الكمي، ثم تحليل تلك القياسات إحصائيا، واغفلوا الظواهر والسمات والمتغيرات النوعية (الكيفية) التي يصعب قياسها كمياً بشكل دقيق. وخلال السبعينات من القرن العشرين بدأ أنصار الفلسفة (التفسيرية) انطلاقا من علم الاجتماع وعلم الإنسان في تأييد البحوث النوعية (الكيفية) لكن أنصار الطرق الكمية عارضوا ذلك ووصفوها بأنها غير علمية وغير دقيقة، وبناء على ذلك بقى الكثير من المختصين في مجال التقويم يعتمدون تماما على الطرق الكمية. وفي عام 1980 أصبحت هناك ثلاثة اتجاهات واضحة في التقويم التربوي هي:

أ-   لم يعد معظم المقومين التربويين يتجنبون استخدام أساليب التقويم الكيفي (النوعي) فقد أصبح هذا النوع من التقويم منهجية احترمها أولئك الذين تفهموا مدى دقة معاييرها.

ب-   على الرغم من أن التقويم الكمي أكثر قبولاً وانتشاراً فإن التوازن بدأ يميل بسرعة نحو التقويم الكيفي.

ج-   بدأ الحوار بالتحرك إلى مدى ابعد من الجدل بين أنصار التقويم الكمي والتقويم الكيفي، حيث بدأ الحديث عن فوائد استخدام كلا النوعين في نوع واحد باعتبارهما يكملان بعضهما البعض، وهنا بدأ التكامل بين وسائل وأساليب التوجهين الكمي والكيفي في مجال التقويم التربوي.

2.   **تقويم نواتج التعلم عالية المستوى:** كان سابقاً محور تركيز التقويم في أي نظام تعليمي هو نواتج التعلم المعرفية أي المعلومات في أدنى مستوياتها التي ينصب اهتمامها على مستوى التذكر، وقليل من الاهتمام لمستويات الفهم والتطبيق. لكن الأمر قد تغير في وقتنا الراهن ليشمل التقويم التربوي العديد من النواتج عالية المستوى مثل العمليات العقلية العليا المتمثلة في (التحليل والتركيب والتقويم) ومهارات التفكير العلمي الابتكاري المنطقي ومهارات البحث العلمي ومهارات عمليات العلم، وأساليب التفكير، وأساليب التعلم والقدرة على اتخاذ

القرارات، والقدرة على حل المشكلات، والقدرة على التعامل مع النصوص المتشعبة والقيم والسلوك.... الخ، وبناء على ذلك ظهر العديد من الاختبارات والمقاييس المناسبة لقياس كل واحد من نواتج التعليم المشار إليها.

3. **التقويم الواقعي Authentic Evaluation:** وهو التقويم المرتبط بالواقع وتزامن هذا النوع من التقويم مع ظهور التعلم الواقعي، وهو التعلم الذي يركز على خبرات مرتبطة مباشرة بواقع المتعلم، وحياته اليومية وما يلاقيه فيها من مشكلات وصعوبات، ويركز هذا النوع من التعلم على الفهم العميق والاستقصاء الدقيق، وقدرة المتعلم على بناء معنى لما يتعلمه، وقدرته على بناء المعرفة بنفسه، وقدرته على تطبيق ما يتعلمه ميدانياً على ارض الواقع كحل المشكلات واتخاذ القرارات المناسبة، ويتطلب هذا النوع من التعلم تصميم اختبارات تتسم أسئلتها بالتالي:

- أن تكون ذات محتوى علمي دقيق.
- تعكس طبيعة الاستقصاء العلمي.
- تركز على الفهم العميق.
- تركز على أساليب التفكير وطرق بناء المعرفة.
- تركز على مشكلات وأمور متعلقة بالواقع.
- مفتوحة النهايات وتحتاج لبحث مستمر.
- لها أكثر من إجابة محتملة.
- موضوعة في سياقات تتعدى حجرة الدراسة.

وعليه فإنه من الضروري إعادة النظر في الاختبارات الموضوعية لكي تركز على قدرة المتعلم على تفسير إجاباته وتبرير اختياره لتلك الإجابات، ولقد نادت التوجهات الحديثة للتقويم التربوي بضرورة تطوير وتنويع أدوات وأساليب القياس التقليدية واللجوء إلى استخدام أنماط جديدة مثل الاختبارات المنزلية Take Home Exams والتي تتطلب وقتاً مضنياً من المتعلم في البحث والتنقيب المستمر، واختبارات الكتاب المفتوح Open Book Exam التي تمنح المتعلم فرصة للاستفادة من خبراته

ومعارفه السابقة في مواقف جديدة تساعده في اكتساب خبرات جديدة مثل توضيح وجهة نظره حول موضوع ما، أو اتخاذ قرارات مناسبة حيال موضوع معين، كذلك يركز الباحثون في مجال التقويم التربوي على ضرورة إجراء الاختبارات الفورية القصيرة POP – Quiz التي تقدم للمتعلم اسئلة مقتضبة وفورية دونما استعداد مسبق منه للاختبار مما يجعله في حالة انتعاش علمي وعقلي بصورة دائمة. (المرجع السابق)

4. **التقويم البديل Alternative Evaluation**: وهو التقويم الذي يعتمد على الافتراض القائل بأن المعرفة يتم تكوينها وبنائها بواسطة المتعلم، حيث تختلف تلك المعرفة من سياق لآخر. وتقوم فكرة هذا النوع من التقويم على إمكانية تشكيل صورة متكاملة عن المتعلم في ضوء مجموعة من البدائل بعضها أو جميعها، ويعتمد التقويم البديل على شكلين من أشكال التقويم هما:

أ- تقييم الأداء Performance Assessment: وهو نوع من التقييم النمائي لأداء المتعلم مع الوقت، وينتمي إلى التقويم الواقعي ويعتمد على أنواع خاصة من الاختبارات مثل اختبارات مهام الأداء الأكاديمي والمهام المرتبطة بالواقع.

ب- حقائب عمل التلميذ (السجلات التراكمية) Portfolios: تضم حقائب عمل التلميذ سجلات تراكمية تحتوي على مجموعة من الوثائق التي تكون بمثابة أدلة يتم تجميعها عن مستوى معارف وخبرات المتعلم، ومهاراته واتجاهاته وقيمه واستعداداته وقدراته وذلك من خلال عمل التلميذ مع المعلمين ومشاركته لهم في انجاز مهام وأبحاث وتقارير معملية أو متابعة ومناقشة الأخبار والتقارير العلمية أو عمل أوراق بحثية، ويمكن تحديد مستوى قدرات المتعلم على ضوء هذه الوثائق إلى جانب وثائق ومؤشرات أخرى تساعد في إصدار الحكم بدقة وموضوعية.

5. **تكنولوجيا التقويم Evaluation Technology**: بما أن التقويم يمثل مكونا مهما من مكونات النظام التعليمي، ومجالا فرعيا من مجالات تكنولوجيا التعليم، لذا فإنه لا بد من الاستفادة من التكنولوجيا وتطبيقاتها في مجال التقويم التربوي والتعليمي. والتكنولوجيا تساعد كثيرا في تسهيل عملية التقويم التربوي وتجعلها

أكثر مرونة واتقانا لمقابلة الحاجات الفردية لكل من المتعلمين والمعلمين على حد سواء، فالتكنولوجيا يمكنها المساعدة في مجال التقويم التربوي في تقديم التالي:

أ-   تزويدنا بأجهزة وأدوات تكنولوجية تفيد كثيرا في عمليات التقويم مثل الكمبيوتر، الانترنت، القنوات الفضائية المرئية والمسموعة، والوسائط المتشعبة.

ب-   تساعد في إجراء عمليات تقويم حديثة غير تقليدية مثل التقويم بمساعدة الكمبيوتر، التقويم عبر الانترنت، التقويم عن بعد، بنوك الأسئلة، التقويم واسع النطاق، والتقويم متعدد القياسات.

ج-   تساعد في تصميم مجموعة متنوعة من الاختبارات المستحدثة وطرق الإجابة عليها.

د-   تحفز المتعلمين على التفاعل الايجابي مع الخبرات في المجالات والموضوعات التي يدرسونها وذلك من خلال تزويدهم بتغذية راجعة مستمرة.

هـ-   تغير القدرات والسمات والخصائص التي يجب على التربويين الاهتمام بتقويمها، فهي تساعد على نقل محور التقويم من قياس قدرة المتعلم على حفظ وتذكر ما يتلقاه في حجرة الدراسة إلى قدرته على تقويم وتطبيق تلك الخبرات والمعلومات ثم تتطلب الاختبارات من المتعلم التركيز والفهم العميقين واستخدام الحقائق وثيقة الصلة بالموضوع، فهي لا تعتمد فقط على حفظ وترديد الموضوعات.

6.   **التقويم المدار بالكمبيوتر Computer Adaptive Evaluation:** يعتمد هذا الأسلوب الحديث من أساليب التقويم على استخدام الكمبيوتر في إجراء عملية التقويم، حيث أن الكمبيوتر يقدم الاختبار إلى المتعلمين باستخدام برمجيات معدة لهذا الغرض في تخصصات مختلفة فالكمبيوتر يعرض الاختبار على المتعلم ثم يستقبل إجاباته ويقوم بتصحيحها ورصد درجاتها ثم يحدد فيما إذا كان المتعلم قد حقق مستوى الإتقان المطلوب أم لا، ويمكن تحديد أهم تطبيقات ومزايا التقويم المدار بالكمبيوتر بالتالي: (سيد وسالم 2005)

يساعد التقويم المدار بالكمبيوتر في:

د- بناء الاختبارات وفقاً لأغراض خاصة بكل متعلم أو بمجموعة من المتعلمين.

هـ- بناء اختبارات مصورة لمواقف حقيقية، أو لمواقف محاكاة عبر الكمبيوتر.

و- بناء عدد من الاختبارات القصيرة في مستويات محددة مسبقاً من حيث الصعوبة وإجراء المقارنة بينها.

ز- وضع أنواع بديلة وصيغ متكافئة متنوعة من الأسئلة والمفردات التي تناسب الأهداف التعليمية بكل مجالاتها ومستوياتها.

ح- إجراء تعديلات في أسئلة الاختبارات وإضافة أو حذف أسئلة أخرى وطباعة نسخ عديدة منها.

ط- حفظ خزائن وبنوك الأسئلة.

ي- تقديم تفسيرات علاجية في اختبارات الشخصية والاختبارات الاسقاطية واختبارات الذكاء.

ك- التصحيح الآلي للاختبارات.

ل- رصد درجات الاختبارات.

م- تخزين سجلات المعلمين والاحتفاظ بسجلات شاملة عن أداء التلاميذ في كافة المواد الدراسية.

ن- متابعة أداء التلاميذ ومستوى تقديراتهم خلال برنامج أو مقرر محدد.

س- تفسير درجات التلاميذ وإجراء مقارنات بينها.

ع- تفريغ البيانات والدرجات الخاصة بالاختبارات.

ف- حساب إحصائيات موجزة على مستوى الصف أو المدرسة تتعلق بثبات الاختبارات الصفية والتحليل الكمي للأسئلة.

ص- التحليل الإحصائي للبحوث العلمية وما يستخدم فيها من مقاييس واختبارات.

ق- إعداد التقارير لعرضها على أولياء الأمور لمتابعة المستويات الدراسية لأبنائهم بشكل مستمر.

7. **التقويم عن بعد Distance Evaluation**: ظهر هذا النوع من التقويم لمواكبة ما يعرف بالتعلم عن بعد، حيث يعتمد هذا النوع من التقويم في ذلك النوع من التعلم على تكنولوجيا الاتصالات والمعلومات وتطبيقاتها الحديثة كالقنوات الفضائية والأقمار الصناعية والكمبيوتر وشبكة الانترنت والهواتف النقالة، ويختلف التعليم عن بعد في المؤسسات التعليمية عن التعليم النظامي المعتاد في مجالين: الأول يتمثل في عدم المواجهة المباشرة بين المعلم والمتعلم خلال عملية التعليم والتعلم، أما المجال الآخر فيتمثل في بعد المسافة بين المعلم أو مصدر التعليم والمتعلم، فالمعلم والمتعلم لا يجمعهما مكان واحد وتوقيت محدد كما هو الحال في التعليم المدرسي والجامعي والنظامي. (يوسف والرافعي 2001) ويتم التقويم عن بعد عبر عدة قنوات وهي نفس القنوات التي يتم من خلالها التعليم والتعلم عن بعد وأهم هذه القنوات ما يلي:

أ- **التقويم بالمراسلة Evaluation By Mailing**: تعتبر المراسلة من أساليب التقويم عن بعد، حيث يتم إرسال الاختبارات والمقاييس والاستبانات إلى المتعلم أو إلى المختصين والخبراء في مجال معين عبر البريد العادي أو الإلكتروني أو بواسطة الفاكس، وقد تكون الرسالة (محتوى أداة التقويم) تحريرية أو مصورة أو مسموعة أو متعددة الوسائط، وعلى المستقبل أن يجيب عليها ثم يعيدها مرة أخرى إلى المصدر. (سيد وسالم، 2005)

ب- **التقويم بالهاتف Evaluation By Telephone**: يعد الهاتف أحد قنوات التقويم عن بعد، ويمكن استخدامه في تطبيق الاختبارات والمقاييس والاستبانات الصوتية اللفظية عبر الهاتف بأنواعها المختلفة، أو استخدام الطريقة المكتوبة وإرسالها عبر الهاتف المصور الذي يعرف بالفاكس.

ج- **التقويم عبر القنوات الفضائية**: تساعد القنوات الفضائية التعليمية المسموعة والمرئية والتي تبث عبر الأقمار الصناعية في تسهيل عملية التعليم والتعلم عن بعد، وكذلك في تسهيل عملية التقويم التربوي عن بعد، حيث يمكن تطبيق

الاختبارات والمقاييس من خلال القنوات الفضائية على المتعلمين في أي مكان. (المرجع السابق)

د- **التقويم عبر الانترنت Evaluation By Internet**: تمثل شبكة الانترنت أهم قنوات التعليم والتعلم والتقويم عن بعد، ويمكن استخدامها في تقويم المتعلم أما من خلال البحث في الشبكة عن معلومات وبيانات تلزم المتعلم في إجابة سؤال أو اختبار ما، وأما من خلال التعرف على نظم الامتحانات والاختبارات في المؤسسات التعليمية على مستوى العالم ويكون ذلك للمعلمين وأخصائيي التقويم التربوي (يوسف والرافعي، 2001)

8. **بنوك الأسئلة Questions (items) Bank**: لقد أسهمت بنوك الأسئلة أو بنوك المفردات في دعم عملية التقويم التربوي، كما أسهمت تكنولوجيا التقويم في تطوير بنوك الأسئلة بشكل كبير والرفع من كفاءتها، لاسيما تكنولوجيا الحاسب الآلي. ويشير (فوزي الياس، 1993) الوارد ذكره في (يوسف والرافعي 2002) إلى أن الخطوة الأولى لإنشاء بنك الأسئلة هي إنشاء خزانة أسئلة أو خزانة مفردات، حيث تضم خزائن المفردات تلك مجموعة ضخمة من المفردات الإختبارية التي تتم مراجعة صياغتها وتصنيفها حسب وحدات وموضوعات الكتاب المدرسي أو المقرر الدراسي. وبنك الأسئلة هو نوع من أنواع بنوك المعلومات ويشتمل على العديد من خزائن المفردات التي تضم رصيداً هائلاً من المفردات والأسئلة الإختبارية المقننة. ولبنوك الأسئلة مزايا عديدة أهمها:

- أن المفردات والأسئلة المخزنة بها مقننة ومتقنة ولذلك يمكن الاعتماد عليها في بناء اختبارات جيدة لنظم الامتحانات.
- أن المفردة الواحدة في تلك البنوك تبقى فعالة لعدة سنوات ويمكن تكرارها في إعداد الاختبارات لسنوات متعددة شرط عدم تكرارها في امتحانين متتاليين.
- إن لكل مفردة مخزنة في تلك البنوك بيانات إحصائية كافية عنها مما يسهل الاستفادة منها في وضع اختبارات وفق مواصفات معينة.

○ هذه البنوك تفيد في إمكانية وضع اختبارات جيدة وفعالة لجميع المواقف التعليمية

○ ان هذه البنوك تفيد في عمل صور متكافئة للاختبارات تطبق في الامتحان الواحد لمنع عملية الغش.

○ تتيح هذه البنوك الفرصة لإعداد تمارين واختبارات تدريبية تساعد التلاميذ في التمكن من المواد الدراسية.

○ تضمن هذه البنوك السرية التامة للامتحانات.

○ تساعد هذه البنوك في إعداد اختبارات تكوينية بنائية لموضوعات ووحدات المقرر الدراسي اولاً بأول.

9. **التقويم واسع النطاق Large Scale Evaluation:** هو التقويم الذي يعتمد على عمليات قياس لجماهير كبيرة من المتعلمين أو الأفراد في أماكن وأوقات مختلفة، فالقياس باستخدام الكمبيوتر أو الانترنت على سبيل المثال يسهل تطبيق الاختبارات والمقاييس والاستفتاءات وغيرها من أدوات ووسائل التقويم المختلفة على إعداد كبيرة من المتعلمين في وقت واحد أو في أوقات مختلفة، حيث يمكن لهؤلاء المتعلمين تلقي تلك الاختبارات في أي مكان بعيدا عن المدارس ومعاهد ومؤسسات التعليم الأخرى، فيمكن لهم أداء الامتحانات وهم في منازلهم ومتى شاؤوا، ولكن هناك بعض الصعوبات التي تواجه هذا النوع من التقويم مثل إمكانية تزييف الشخص المعني بالتقويم وقيام شخص آخر بتقديم الإجابات بدلا عنه، كذلك عمليات الغش. ويمكن حل مثل هذه الصعوبات بوضع قيود وضوابط تضمن صدق وموضوعية ودقة تطبيق مثل هذا التقويم. (المرجع السابق)

10. **التقويم متعدد القياسات Multiple Measures Evluation:** وهو احد أنواع التقويم التربوي والذي يدخل ضمن التوجهات الحديثة في مجال التقويم وهذا النوع من التقويم لا يعتمد على مؤشر واحد أو أسلوب قياس واحد في إصدار الحكم على المتعلم، بل يعتمد على أكثر من أسلوب قياس وعلى أكثر من

مؤشر لإصدار الحكم على مستوى أي عنصر من مدخلات ومخرجات وعمليات النظام التعليمي.

بعد استعراض الأنواع المتعددة للتقويم التربوي وفق التوجهات الحديثة، تعال عزيزي القارئ نستعرض شكلاً توضيحياً لهذه التوجهات الحديثة والذي سيكون كالتالي:

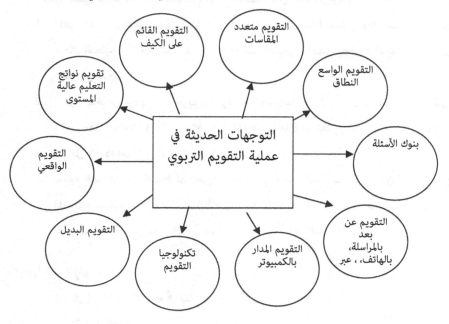

نموذج التقويم التربوي المعاصر في المملكة المتحدة

تقع مسئولية التقويم في المملكة المتحدة على مكتب المعايير التربوية الذي انشئ عام 1993. ويقوم مكتب المعايير التربوية بإجراء عملية التقويم في ضوء مجموعة من المعايير، ويستخدم مجموعة من أدوات التقويم في جمع المعلومات والبيانات عن مختلف جوانب العملية التعليمية التعلمية والتي يتم من خلالها تقدير فاعلية العملية التعليمية التي تهدف إلى تحقيق النمو المتكامل للمتعلم، ويتم تزويد فريق التقويم بكتيب يعرف بإطار التقويم ويحتوي هذا الإطار على نظام العمل ومتطلبات ومعايير التقويم ويعمل

كمرشد للمقومين أثناء قيامهم بعملية التقويم، ويهدف إلى تحديد جوانب القوة وجوانب الضعف في العملية التعليمية بهدف تحسين أداء المدارس، وذلك بغرض تحقيق النمو المتكامل للمتعلمين (جسميا، عقليا، نفسيا، اجتماعيا، خلقيا، وروحياً) ويقوم بعملية التقويم التي يطلق عليها عملية (التفتيش) أنماط مختلفة من المقومين وهم:

1. المقوم المسجل بمعرفة مكتب المعايير التربوية: يتميز هذا النمط بكونه يمتلك خبرة طويلة بمجال التعليم، ولا يتم تسجيله إلا إذا اجتاز التدريب الذي يعقده المكتب ويتمثل في برنامجين تدريبيين.

2. المقوم المختص: وهو عضو فريق التقويم ويقوم بالتقويم في مجال تخصصه، ويمكن ان يكون مقوما واحدا في أكثر من فرع في المادة الواحدة أو العلوم التي لها صلة ببعضها، ولا يسجل إلا إذا اجتاز برنامجا تدريبيا بالمكتب.

3. المقوم العادي: هذا النمط له تجربة شخصية في مجال التعليم، لكنه من المهتمين بهذا المجال ويستفاد منه حسب إمكاناته وتخصصه وهذا النمط يكون حساساً لرؤية نقاط الضعف لأنه لا يعايشها كالباقين ولذلك فإن حساسيته لالتقاطها تكون شديدة.

إجراءات التقويم

تتمثل إجراءات التقويم في ثلاث مراحل هي:

أ-   قبل التقويم.

ب-   أثناء التقويم.

ج-   بعد التقويم.

والشكل التالي يوضح أنماط المقومين وإجراءات التقويم في انجلترا، ويلز واسكتلندا (شعلة 2000)

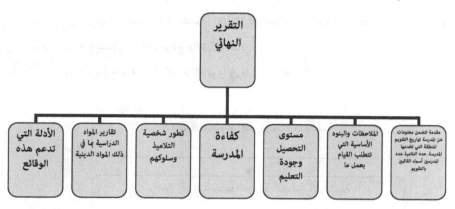

وتصنف المدارس في ضوء هذه التقارير إلى مستويات وتعطى الفرصة لأولياء الأمور لاختيار أفضل المدارس لأبنائهم

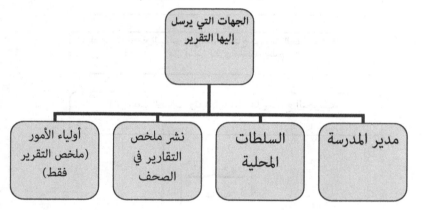

يلاحظ من الشكلين الموضحين أن نتائج هذا التقويم ترتبط بالإصلاح مما يدفع المدارس لأن تعطي بيانات أولية قبل القيام بالتقويم وتحاول أن تظهر على حقيقة واقعها، ذلك لأن التقويم في الدول المتقدمة يتم في ضوء منظومة التحكم الذاتي التي توفر تغذية راجعة يتم من خلالها مراجعة عناصر المنظومة المدرسية بكاملها وتساعد على وضع خطة لتحسين الأداء، أما في البلاد العربية بشكل عام فإن المدارس تحاول ان تظهر سلوك الالتزام والفاعلية عند زيارة فريق التقويم لها، وربما يرجع السبب في ذلك إلى ان عملية التقويم يكون الحكم فيها على الأفراد كالمعلم والمدير وغيرهم.

ولقد وضع الجميل محمد شعلة (شعلة، 2000) نموذجا مقترحا لممارسة نظام التقويم التربوي في البلاد العربية ويتمثل هذا النموذج بالشكل التالي:

تصور مقترح لمراحل التقويم التربوي في البلدان العربية

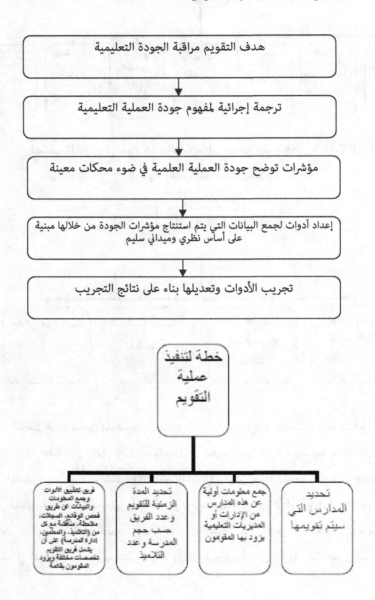

مراحل تنفيذ خطة عملية التقويم

أثناء التقويم

1. مرحلة جمع البيانات الاولية عـن المدرسـة ويكون في اليـوم الاول، ويـتم اعطـاء المدرسة فكرة عـن التقـويم التربـوي بمفهومـه العلمـي والهـدف مـن التقـويم حتـى تفـتح المدرسـة صـدرها لفريـق التقـويم، كـما ينبغـي إعـلام المدرسة بأنها ستشترك مـع فريـق التقـويم في وضع خطة عمل لتنمية جوانب القوة وعـلاج جوانب الضعف ولن يتم كتابة التقرير النهائي إلا بعد مناقشة الملاحظات مع إدارة المدرسة.

2. مرحلـة جمـع المعلومـات والادلـة مـن الوثائق والأفـراد والملاحظـة الموضوعية ويـتم التركيز فيها على:
جوانب العمليـة التعليميـــة (مدخلات، عمليات، مخرجات) على ان يكـون التركيـز في المخرجات على المهارات وليس المعارف فقط.

بعد التقويم

1. كتابة التقرير المبدئي.

2. مناقشة التقرير مع الجهات المعنيـة (مدير المدرسة، المعلمين، مدير الإدارة التعليمية، وكلاء الوزارات) ويفضل ان يحضر المناقشة ممثلين عن الآباء والمجالس المحلية.

3. كتابة التقرير النهائي مع تحديد جوانب القوة، جوانب القصور مع توضيح الادلة التي تثبت صحة ذلك.

وضع خطة عمل لتنمية جوانب القوة وعلاج جوانب القصور (خطة لتحسين الأداء) على أن يشترك في وضع الخطة مع فريق التقويم إدارة المدرسة والمعلمين.

متابعة المدارس في تنفيذ خطة العمل وتصحيح مسار الخطة في ضوء ما يستحدث من ظروف.

مراجع الفصل

1. الحريري، رافدة (2006) الإشراف التربوي وآفاقه المستقبلية، عمان: دار المناهج.

2. خضر، فخري رشيد (2004) التقويم التربوي، دبي: دار القلم.

3. سيد، علي أحمد وسالم، أحمد محمد (2005) التقويم في المنظومة التربوية، الرياض: مكتبة الرشد.

4. شعلة، الجميل محمد عبدالسميع (2000) التقويم التربوي للمنظومة التعليمية، القاهرة: دار الفكر العربي.

5. يوسف، ماهر اسماعيل والرافعي، محب محمود (2001) التقويم التربوي أسسه وإجراءاته، الرياض: مكتبة الرشد.

الفصل العاشر

أنشطة تدريبية

عناصر الفصل

- نماذج لاختبارات تحصيلية مقالية.

- نماذج لاختبارات موضوعية.

- نماذج من قوائم وبطاقات الملاحظة لتقويم الجوانب الأدائية والسلوكية.

- نماذج لأدوات تحليل المحتوى.

- نماذج من مقاييس الميول والاتجاهات.

- بعض أدوات تطبيق البرمجيات التعليمية

- المراجع

الفصل العاشر

أنشطة تدريبية

الاختبارات التحصيلية المقالية

تقسم أسئلة الاختبارات التحصيلية المقالية إلى نوعين هما:

- الاختبارات المقالية المفتوحة.
- الاختبارات المقالية المغلقة أو المحددة.

1. الاختبارات المقالية المفتوحة:

تبدأ عادة بكلمة (تكلم) أو (تحدث) وتتطلب الإجابة على أسئلة تلك الاختبارات القدرة على الابتكار والتنظيم والتكامل خاصة في إيجاد موضوع متكامل.

مثال: تحدث عن أسباب الثورة الفرنسية.

2. الاختبارات المقالية المغلقة أو المحددة:

يكون السؤال فيها طويلاً نوعا ما، ومترابطاً وتتطلب الإجابة الدقيقة والمحددة والواضحة، ولا تحتاج إلى الإسهاب والإطالة وتستلزم من التلميذ الفهم والاستيعاب والقدرة على الربط. (عبدالهادي، 2002)

مثال: قام احد الباحثين بإجراء دراسة على المجتمع المحلي في البحرين وكانت الدراسة بعنوان: أثر الوضع الاقتصادي على هجرة الشباب من القرى إلى العاصمة ولتحقيق ذلك قام بجمع المعلومات وتحليلها. على ضوء ذلك:

- حدد نوع الدراسة.
- اذكر الأدوات المناسبة التي يستخدمها الباحث.
- حدد متغيرات الدراسة.

321

والأسئلة المقالية تصلح لقياس نواتج التعلم المرتبطة بعمليات عقلية عليا، كالفهم، والتفكير، وحل المشكلات، وعرض المادة المدروسة وتنظيمها، وتكامل الأفكار، والقدرة على التعبير الكتابي، والقدرة على إعطاء التفسيرات والتطبيقات للمفاهيم والمبادئ والإجراءات، والقدرة على اكتشاف الأفكار العامة واشتقاقها واستنتاجها. (دروزة 2005)

ولا تخلو الاختبارات المقالية من العيوب، ومن عيوبها أنها لا تغطي جميع المادة، تحتاج إلى قدرة كتابية، تدخل فيها ذاتية المصحح، قد يخرج التلميذ عن جوهر الموضوع في بعض الأحيان، قد تصدر عن التلميذ أخطاء ناتجة عن ضعف التلميذ في الكتابة والتعبير مما يؤثر على نتيجة تقويمه، يحتاج التلاميذ إلى وقت طويل للتفكير والإجابة، التفسيرات المتباينة التي تكون من قبل التلاميذ، إضافة إلى أن تصحيح الاختبارات يستغرق وقتاً طويلاً.

نموذج أسئلة لاختبار تحصيلي مقالي

س1 اذكر المقصود من كل مما يأتي بما لا يزيد على السطرين عن كل مفردة.

أ-   الأحماض.

ب-   القلويات.

ج-   الاختزال.

د-   التأكسد.

س2 علل لما يأتي:

أ-   اختيار أبو جعفر المنصور بغداد عاصمة له.

ب-   زيادة عدد القلاع والحاميات في عهد هارون الرشيد.

ج-   انتهاج المتوكل سياسة التقرب من العرب.

س3 اذكر خطوات تحضير الأوكسجين مع وصف الأدوات والمواد المستخدمة باختصار.

س4 عدد أخوات الفعل كان.

س5 اثبت بالتجربة أن غاز ثاني اوكسيد الكربون مهم لعملية البناء الضوئي.

س6 ما الأسباب التي أدت إلى قيام معركة بدر ؟ وما هي النتائج التي ترتبت عليها ؟

س7 قارن بين ما يحدث للمبتدأ والخبر في حالة إدخال إن أو أحدى أخواتها، وكان أو إحدى أخواتها عليهما.

س8 لخص أهم انجازات المغفور له الملك عبد العزيز أل سعود في المجال السياسي والاقتصادي والاجتماعي بما لا يزيد على عشرين سطراً.

س9 ناقش حكاية (الصياد والنملة) موضحا الأفكار الرئيسية التي دارت حولها الحكاية

س10 اكتب موضوعا إنشائيا حول فضل الأم متضمنا جميع العناصر التي شرحت في حجرة الدراسة.

نماذج لاختبارات موضوعية

يطلق مصطلح الاختبارات الموضوعية على الأسئلة الحديثة، وقد اشتهرت بهذا الاسم لأنها لا تتأثر بذاتية المصحح، ومن أشهر الاختبارات الموضوعية ما يلي: (عبدالهادي 2002)

1.   اختبارات الصواب والخطأ.

2.   اختبارات الاختيار من متعدد.

3.   اختبارات المقابلة.

4.   اختبارات التكميل.

ومن مزايا الاختبارات الموضوعية أنها لا تدخل فيها ذاتية المصحح، ولا تستغرق وقتا طويلاً في التصحيح، كما أنها تناسب جميع التلاميذ من ناحية الفروق الفردية، وتحقق جميع الأهداف التي وضعت من أجلها، لكنها لا تخلو من العيوب، فهي تسهل عملية الغش، وتتطلب الوقت الطويل والجهد في إعدادها، كما أنها تدفع بعض التلاميذ للتخمين مما يؤثر على صدق الاختبار، والاختبارات الموضوعية لا تشجع على التفكير بشكل صحيح ومتكامل، كما أنها لا تشجع على التحليل والتعليل والابتكار.

أولا: اختبارات الصواب والخطأ:

يتكون نمط هذا النوع من الاختبارات من جملة يطلب من التلميذ تأكيدها بوضع علامة (✓) في حالة كونها صحيحة أو نفيها بوضع علامة (×) إذا كانت خاطئة. واختبارات الصواب والخطأ تتمثل بالآتي:

ضع علامة (✓) أو (×) أمام كل جملة من الجمل التالية:

السؤال	الإجابة
1. البصرة هي عاصمة جمهورية العراق	(×)
2. الرياض هي عاصمة المملكة العربية السعودية	(✓)
3. بلغ عدد سكان مملكة البحرين في إحصائية عام 1999 ثلاثة ملايين نسمة	(×)
4. ناتج قسمة 36 على 6 يساوي الرقم 6	(✓)
5. الزكاة هي ركن من أركان الإسلام	(✓)
6. كلمة تفاحات هي جمع تكسير	(×)
7. الزاوية الحادة تساوي 90 درجة	(×)
8. الحرف (على) هو احد حروف الجر	(✓)
9. العدد 25 هو ناتج ضرب 5 × 5	(✓)
10. يبنى الفعل الماضي على السكون	(×)

ثانياً: اختبارات الاختيار من متعدد

أسئلة الاختيار من متعدد تتكون من جزئين، الأول يسمى قاعدة السؤال، أي جوهر السؤال الذي نتوقع الإجابة من خلال قراءته، أما الجزء الثاني فيطلق عليه بدائل الإجابة، ويختلف عدد البدائل من اثنتين إلى ثلاثة أو أربعة أو خمسة وأحيانا تصل إلى ستة بدائل، وأفضل الأسئلة هي ما تضمنت أربعة بدائل لقدرتها على التمييز، وفي مثل هذا النوع من الأسئلة يطلب من المتعلم أن يختار البديل الذي يراه صحيحا.(دروزة 2005) وفيما يلي بعض النماذج لأسئلة الاختيار من متعدد.

اختر العبارة الصحيحة لكل سؤال مما يأتي:

1. أهم المعادن الموجودة في دول الخليج العربي هي:

أ ـ الحديد ب ـ الكبريت ج ـ الفوسفات د ـ النفط هـ الذهب

2. الرقم الذي يقبل القسمة على 5 بدون باقٍ هو:

أ ـ 17 ب ـ 19 ج ـ 40 د ـ 14 هـ 39

3. أن سقوط الدولة العباسية حصل لعدة عوامل أخطرها:

أ ـ اتساع رقعة الدولة.

ب ـ تعدد الخلافات الإسلامية.

ج ـ صراع العباسيين فيما بينهم.

د ـ كثرة الفتن والقلاقل.

ه ـ كل ما ذكر.

4. أهم رواد المدرسة السلوكية هو:

أ ـ جان جاك روسو.

ب ـ بياجيه.

ج ـ سكينر.

د ـ بافلوف.

ه ـ الفارابي.

5. المتوسط الحسابي للأرقام 9، 13، 4، 10، 6، 9، 11، 7، 9، 12 هو:

أ ـ 6 ب ـ 9 ج ـ 10 د ـ 12 هـ ـ 14

6. عاصمة الجمهورية العربية السورية هي:

أ ـ حلب.

ب ـ دمشق.

ج ـ حمص.

د ـ حماة.

ه ـ اللاذقية.

7. توجد محافظة المحرق في:

أ ـ دبي.

ب ـ اليمن.

ج ـ عمان.

د ـ البحرين.

ه ـ الكويت.

8. تسقط معظم أمطار اليمن في:

أ ـ فصل الصيف.

ب ـ فصل الخريف.

ج ـ فصل الشتاء.

د ـ فصل الربيع.

ه ـ طوال العام.

9. تقع مدينة حائل في:

أ ـ وسط المملكة العربية السعودية.

ب ـ شمال المملكة العربية السعودية.

ج ـ شرق المملكة العربية السعودية.

د ـ غرب المملكة العربية السعودية.

ه ـ جنوب المملكة العربية السعودية.

10. إن أكبر صحاري المملكة العربية السعودية هي:

أ ـ صحراء الدهناء. ج ـ صحراء الصمان.

ب ـ صحراء النفوذ. د ـ صحراء الربع الخالي.

ثالثاً: اختبار المقابلة

تتكون أسئلة اختبارات المقابلة من قائمتين تحتوي الأولى منها على كلمات أو عبارات أو أشكال وتسمى بالمثيرات، وتحتوي الثانية على الاستجابات التي تمثل البدائل ويطلب من المتعلم أن يبحث في قائمة الاستجابات عن الكلمة أو العبارة أو الشكل المرتبط بالمثيرات. (يوسف والرافعي، 2001)

قواعد كتابة أسئلة المطابقة أو المقابلة:

على المعلم أن يراعي في كتابة الأسئلة في هذا المجال النقاط التالية: (عبدالهاديأ 2002)

1. وضوح التعليمات.
2. التجانس في الأسئلة خاصة المعلومات.
3. الترتيب المنطقي بحيث تكون قائمة المفردات مرتبة ترتيباً منطقياً.
4. حسن التنظيم بحيث يكون عدد المفردات غالباً يساوي عدد الاستجابات.
5. العدد المحدد في الأسئلة بحيث لا يتجاوز في السؤال الواحد 12 مفردة.

وفيما يلي بعض النماذج لاختبارات المقابلة: (دروزة 2005) و (عبدالهادي 2002) و (يوسف والرافعي 2001) و (سيد وسالم 2005)

س1 صل كل جملة في العمود الأول بما يناسبها من جمل العمود الثاني:

نظرية التحليل النفسي	المثير والاستجابة
النظرية المعرفية	الأنا الأعلى زالانا
النظرية السلوكية	الدوافع والغرائز
نظرية الجشطلت	ارتباط الجزء بالكل
	البنى المعرفية

س2 ناظر بين الأقطار العربية في العمود الأيمن وعواصمها في العمود الأيسر، بحيث تضع رقم القطر مقابل رمز عاصمته.

الأقطار العربية	العواصم
1. جمهورية مصر العربية	الرياض
2. المملكة الاردنية الهاشمية	الخرطوم
3. جمهورية السودان	الرباط
4. المملكة العربية السعودية	عمان
5. المملكة المغربية	القاهرة

س3 اختر من القائمة الأولى ما يناسبها من القائمة الثانية، ثم اعد كتابة الفقرة كاملة:

القائمة الأولى	القائمة الثانية
1. تنسب طريقة الثبات بالتجزئة النصفية إلى	ثرستون
2. أول من قام بتصميم مقياس للذكاء هو	كودر ـ ريتشاردسون
3. التحليل العاملي بالطريقة شبه المركزية تنسب إلى	بيرسون
4. ينسب حساب ارتباط حاصل العزوم للعلاقة الخطية إلى	سبيرمان / براون
5. يعد معامل الفا a حالة خاصة من قانون	جيلنورد
	بينيه ـ سيمون
	ثوراندايك

س4 تخير من العمود (ب) ما يناسبه من عبارات العمود (أ).

العمود (أ)	العمود (ب)
1. من الحشرات التي تساعد في نقل مرض التيفود	الضباب
2. يسمى تكاثف بخار الماء في طبقات الجو العليا	البعوض
3. يسمى تكاثف البخار عند سطح الأرض	الذباب
4. يسمى تحول الشمع من الحالة السائلة إلى الحالة الصلبة	التجمد
	السحاب

س5 اكتب أمام اسم كل بلد من البلاد العربية بالقائمة الأولى الرقم الدال على عاصمتها من القائمة الثانية.

القائمة الأولى	القائمة الثانية
( ) 1. المملكة العربية السعودية	1. بيروت
( ) 2. جمهورية مصر العربية	2. بغداد
( ) 3. الجمهورية العربية السورية	3. القاهرة
( ) 4. لبنان	4. مسقط
( ) 5. سلطنة عمان	5. طرابلس
	6. الرياض
	7. دمشق

س6 ضع بين الأقواس في القائمة الأولى الرقم الدال على اسم المخترع أو المكتشف من القائمة الثانية.

القائمة الأولى	القائمة الثانية
( ) 1. الهاتف	1. مدام كوري
( ) 2. كشف أشعة اكس	2. هارفي
( ) 3. كشف الراديوم	3. اديسون
( ) 4. كشف الدورة الدموية	4. بل
( ) 5. المصباح الكهربي	5. رونتجن
	6. باستير
	7. ماركوني

س7 ضع بين الأقواس في القائمة الأولى أمام اسم كل خليفة الرقم الدال على العمل الذي قام به من بين مجموعة الأعمال بالقائمة الثانية.

القائمة الأولى	القائمة الثانية
( ) 1. عمر بن الخطاب رضي الله عنه	1. لازم الرسول (صلى الله عليه وسلم) وذاد عنه في عدة مواقف.
( ) 2. هارون الرشيد	2. بنى مسجد قرطبة
( ) 3. المعز لدين الله الفاطمي	3. بنى مدينة سامراء
( ) 4. عمر بن عبدالعزيز	4. رفع الجزية عن من اسلم
( ) 5. عثمان بن عفان رضي الله عنه	5. وضع التاريخ الهجري
( ) 6. علي بن أبي طالب رضي الله عنه	6. الغى نظام الالتزام بجمع الضرائب
	7. امر بكتابة المصاحف وتوزيعها
	8. قضى على اسرة البرامكة

رابعاً: اختبارات التكميل

تشتمل اختبارات التكميل على أسئلة حذفت من مقدمتها أو مؤخرتها كلمة أو جملة أو رقم أو رمز، وتتضمن احد بدائله ما حذف منها، ويعد هذا النوع من الاختبارات الموضوعية من الأنواع الفعالة في قياس تحصيل التلاميذ ويطلق عليها

اسم اختبارات الاستدعاء أو التذكر، حيث يتطلب من المفحوص الاستجابة عليها باستدعاء المفردات، أو الجمل التي تكمل النص، ويستخدم هذا النوع من الأسئلة في قياس الأهداف التربوية التعليمية التي تتمثل في تذكر المعلومات كالتواريخ والأسماء والمفردات الخاصة بالنظريات والأرقام المتعلقة في مجال الرياضيات. (عبدالهادي 2002) وفيما يلي بعض النماذج والأمثلة لهذا النوع من الاختبارات الموضوعية:

1ـ فيما يلي مجموعة من النظريات في العمود الأيمن، اذكر أسماء روادها في العمود الأيسر.

أ‌-   النظرية السلوكية .   أ ـ ....

ب‌- النظرية المعرفية.   ب ـ ....

ج‌-   نظرية العلاقات الإنسانية.   ج ـ ....

إملأ الفراغات الواردة في كل عبارة مما يلي:

2- نسمي القيمة التي نحصل عليها إذا جمعنا العلامات وقسمناها على عددها....................

3ـ حصلت الجزائر على استقلالها عام....................

4ـ حجم الجسم بدون الجاذبية هو....................

5 ـ لاستخراج كثافة السائل نقسم.................... على....................

6ـ نستخدم لقياس الضغط الجوي الأداة التي تعرف بـ....................

7ـ يتكون العمود البسيط من قطب موجب من.................... وقطب سالب من....................

8ـ الفاعل في اللغة هو اسم.................... يأتي بعد الفعل ويدل على فعل الفعل

9ـ إن قيمة $8 + 4 \times 2$ =....................

10ـ تقترب قارة آسيا من أمريكا الشمالية عند مضيق.................... ومن افريقيا عند مضيق....................

نماذج من قوائم وبطاقات الملاحظة

تصمم قوائم وبطاقات الملاحظة لتحديد درجة حدوث سلوك ما، وهي عبارة عن مجموعة من الجمل تصف صفة أو سلوك ما، ويقوم الملاحظ بتقدير درجة توفر هذه الصفة أو السلوك عند المفحوص وقد يتدرج هذا المقياس على مدى ثلاثي أو رباعي أو خماسي أو أكثر وذلك وفقاً لطبيعة الصفة أو رغبة المقوم. ويتم ذلك بتدريجات مختلفة مثل: دائماً، غالباً، أحيانا، نادراً أو ممتاز، جيد جدا، جيد، مقبول، ضعيف. أو ما إلى ذلك وقد تحول هذه التدريجات إلى أرقام مثل 1، 2، 3، 4، 5 بحيث يدل الرقم الأعلى (5) على قوة هذه السمة والرقم الأدنى (1) على ضعف هذه السمة. (يوسف والرافعي 2001)

وفيما يلي بعض النماذج من قوائم وبطاقات الملاحظة. (سيد وسالم 2005) و (يوسف والرافعي 2001)

ملاحظة درجة اشتراك التلميذ في المناقشة الصفية وسلوكه اثنائها.

	دائماً	غالبا	أحيانا	نادراً	أبدا
* يطلب الاشتراك بالمناقشة برفع يده.					
* يناقش بأدب واحترام.					
* ينتظر دوره في الحديث.					
* تفكيره منظم ومتسلسل منطقياً.					
* لا يقاطع الزملاء أثناء حديثهم.					

نموذج مقياس للسلوك يستهدف قياس السلوكيات البيئية الخاطئة التي قد يسلكها أطفال ما قبل المدرسة وذلك لتحديد مدى ممارسة الأطفال لكل سلوك من هذه السلوكيات.

م	السلوكيات البيئية الخاطئة	مدى ممارسة الطفل لها				
		دائماً (4)	غالباً (3)	أحيانا (2)	نادرا (1)	لايفعل (صفر)
	أولاً: سلوكيات مع النباتات					
1	يقطف الزهور والورود أينما وجدت					
2	يتلف أي نبات أو شجرة يراها					
3	يقطع غصون وأوراق النباتات والأشجار					
	ثانياً: سلوكيات مع الحيوانات					
4	يصيب الحشرات أو الطيور التي يراها					
5	يقوم بتعذيب أي حيوان أليف يمسك به					
6	يضرب أي حيوان أليف يراه					
7	يلهو بأي حيوان أو حشرة ميتة					
8	يصر على نوم قطة أو كلب أليفة معه في سريره					
9	يحاول قتل أي حيوان أو حشرة ضعيفة					
	ثالثاً: سلوكيات مع الطعام					
10	يتلف من الطعام أكثر مما يأكل					
11	يلهو ببعض الأطعمة مع نفسه أو غيره					
12	يلقي بقايا الطعام على الأرض					
13	يترك ما تبقى من الطعام مكشوفاً بعدما يأكل					
14	يلقي ما تبقى من الطعام الصالح في سلة المهملات					
	رابعاً: سلوكيات مع الماء					
15	يسرف في استخدام الماء عند غسله يديه أو وجهه أو أسنانه					
16	يلوث أي إناء به ماء نظيف بعد استخدامه					

17	يترك الصنبور مفتوحا بعد استخدامه					
18	يتبول في حوض السباحة أو أي مجرى مائي					
19	يلقي النفايات والفضلات ليسد مجاري صرف المياه					
20	يسكب أي اناء به ماء نظيف					
21	يملأ الكوب الى اخره ويشرب منه كمية قليلة ويرمي ما تبقى					
22	يلهو بالماء ويرش به الاخرين					
	خامساً: سلوكيات في الاماكن المغلقة					
23	يكتب على الحوائط والجدران					
24	يحفر على الحوائط أو اسطح الاثاث					
25	يتلف الحوائط أو الارضيات أو الاثاث					
26	يبصق على الارضيات والمفروشات					
27	يلقي اية فضلات في أي مكان موجود به					
28	يضيء مصابيح الكهرباء نهاراً					
	سادساً: سلوكيات في الطريق العام					
29	يلقي القمامة في الطريق العام					
30	يبصق في الطريق العام					
31	يتبول أو يتبرز في الطريق العام					
	سابعاً: سلوكيات تسبب الضوضاء					
32	يرفع صوت الراديو أو التلفزيون عالياً بشكل مزعج					
33	يرفع صوته بشكل مزعج عندما يلعب وحده					
34	يرفع صوته عاليا عندما يلعب مع غيره					
35	يفضل اللعب بأية لعبة يصدر عنها صوت مزعج					

بطاقة ملاحظة أداء المعلم

أولاً: تقويم المعلم مهنياً

م	العبارة	ممتاز	جيد جدا	جيد	متوسط	مقبول
1	يستطيع تهيئة التلاميذ للموقف التعليمي					
2	ينوع في استخدام المثيرات في الموقف التعليمي					
3	يستخدم الأمثلة استخداما وظيفيا					
4	يتخير الواجبات المنزلية ويتابعها					
5	يدير المناقشة بين التلاميذ بطريقة منظمة وفعالة					
6	ينوع في استخدام الأسئلة					
7	يستطيع القاء الأسئلة المفيدة والتي تقيس مستويات عقلية مختلفة					
8	يقوم جوانب التعلم المختلفة لدى تلاميذه (المعرفية والمهارية والوجدانية)					
9	يستخدم الأساليب والأدوات المناسبة لتقويم جوانب التعلم لدى التلاميذ					
10	يعزز سلوك التلاميذ سلبيا أو ايجابيا (الثواب والعقاب)					
11	يكرر ما يطلب التلاميذ إعادته بطرق مختلفة					
12	ينتج مواد تعليمية من خامات البيئة المحلية					
13	يستخدم الوسائل التعليمية المناسبة للدرس					
14	يتبع قواعد وخطوات استخدام الوسيلة التعليمية					
15	يتحكم في الفصل (يدير الفصل بشكل ديمقراطي)					
16	يمهد للدرس بطريقة مشوقة					
17	يحدد المتطلبات السابقة للدرس					
18	يعرض محتوى الدرس عرضا مترابطا					
19	يستخدم التقويم القبلي					
20	يستخدم التقويم البنائي					

21	يستخدم التقويم النهائي					
22	يشترك مع التلاميذ في ممارسة الأنشطة المختلفة					
23	يكلف التلاميذ بأنشطة متنوعة: معارض، نوادي، مجلات، مسابقات، رحلات تعليمية، مسرحيات، وتمثيليات)					
24	يستخدم اللغة العربية (أو الأجنبية) استخداما صحيحا					
25	ينوع في أساليب التدريس المستخدمة					
26	يهتم بتنظيم بيئة الفصل الدراسي					
27	يربط الدرس الحالي بالدرس السابق					
28	يمتاز بهدوء الأعصاب والحزم في المواقف المختلفة					
29	يحترم اجابات وأسئلة وآراء الطلاب					
30	يهتم بالمحافظة على انتباه الطلاب طوال الحصة					
31	يهتم بتنظيم السبورة (أي الاستخدام الجيد للسبورة)					
32	ينوع في صياغة الأهداف (معرفية، مهارية، وجدانية)					
33	يصوغ الأهداف السلوكية صياغة صحيحة					
34	يحدد الزمن المناسب لكل عنصر من عناصر الدرس					
35	يصحح الواجب المنزلي ويناقش الأخطاء مع الفصل بالكامل					
36	يلتزم بإحضار دفتر التحضير في الحصة					
37	يراعي مبدأ الفروق الفردية بين الطلاب					
38	ينطلق من نتائج تقويم الطلاب في علاج نقاط الضعف وتعزيز نقاط القوة					
39	يعود التلاميذ التعلم الذاتي والمستمر					

ثانيا: تقويم المعلم اكاديمياً:

م	العبارة	ممتاز	جيد جدا	جيد	متوسط	مقبول
1	يتمكن المعلم من تخصصه الأكاديمي					
2	يتمتع بمهارات عقلية					
3	يلم بالجديد في مجال تخصصه					
4	يشترك في الجمعيات العلمية المتخصصة					
5	يشترك في الدوريات (عربية واجنبية) المرتبطة بالتخصص					
6	يشارك في الندوات والمؤتمرات العلمية في تخصصه					

ثالثاً: تقويم المعلم ثقافياً:

م	العبارة	ممتاز	جيد جدا	جيد	متوسط	مقبول
1	لا تقتصر معرفته على تخصصه فقط بل تمتد الى مجالات اخرى					
2	يلم بالقضايا العامة التي يتعرض لها العالم					
3	يقيم القضايا والمشكلات التي يتعرض لها مجتمعه					
4	يستطيع الحكم الموضوعي على القضايا والمشكلات العامة					
5	يناقش مع تلاميذه القضايا والمشكلات التي يواجهها مجتمعه بطريقة موضوعية					

رابعاً: تقويم المعلم اجتماعياً:

م	العبارة	ممتاز	جيد جدا	جيد	متوسط	مقبول
1	يقيم علاقات اجتماعية طيبة مع رؤسائه					
2	يقيم علاقات اجتماعية طيبة مع زملائه					
3	يقيم علاقات اجتماعية طيبة مع تلاميذه					
4	يقيم علاقات اجتماعية طيبة مع الآخرين (أولياء الأمور					

خامسا: تقويم المعلم اخلاقياً:

م	العبارة	ممتاز	جيد جدا	جيد	متوسط	مقبول
1	يتمسك بتعاليم ومبادئ الدين الإسلامي					
2	يتمسك بعادات وتقاليد مجتمعه					
3	يتمسك بتعاليم ومبادئ مهنته					
4	يضرب الأمثلة الفعلية على حسن الخلق					
5	يعتبر قدوة أخلاقية صالحة أمام تلاميذه					

سادساً: تقويم الخصائص الشخصية للمعلم:

م	العبارة	ممتاز	جيد جدا	جيد	متوسط	مقبول
1	حسن المظهر					
2	يلتزم بالمواعيد					
3	واثق من نفسه					
4	يتميز بالامانة والصدق					

نماذج لأدوات تحليل المحتوى

من الممكن تصنيف فئات التحليل الى فئات رئيسية وفئات فرعية، والجدول التالي يمثل كيفية التصنيف. (يوسف والرافعي 2001)

م	فئات التحليل	مدى تحققها في مادة التحليل			
		بدرجة كبيرة	بدرجة متوسطة	بدرجة قليلة	لم تتحقق
1	لغة موضوعات الكتاب سليمة				
2	أسلوب عرض موضوعات الكتاب مناسبة				
3	المضمون العلمي لموضوعات الكتاب مناسب				

ولتحليل مضمون الكتاب المدرسي على سبيل المثال، فإن مجالات وجوانب التقييم يجب ان تكون شاملة ومتكاملة بحيث تشمل الأهداف والشكل العام والطباعة ولغة الكتاب والمضمون العلمي والخدمات التربوية والبشرية والمادية المساعدة للكتاب. والشكل التالي يوضح تلك العناصر. (المرجع السابق)

نموذج لتحليل محتوى الكتاب المدرسي. (سيد وسالم 2005)

م	فئات التحليل / درجة تحققها	كبيرة	متوسطة	نادرة	لم تتحقق
1	التأكيد على قيم الدين الإسلامي الحنيف				
2	وضوح أهداف الكتاب ومرونتها				
3	قابلية الأهداف للتطبيق التربوي				
4	مراعاة الأهداف لقيم المجتمع وظروفه				
5	مناسبة الأهداف لطبيعة المتعلم وتطلعاته				
6	شمول الأهداف المعرفية والمهارية والوجدانية				
7	الشكل الخارجي للكتاب وجاذبيته				
8	إخراج الكتاب وتناسب عدد صفحاته				
9	دقة التوثيق والهوامش وحداثة المراجع				
10	مناسبة لغة الكتاب وسلاستها				
11	وضوح الفهرس واحتوائه لعناصر المقرر				
12	تحقق المحتوى العلمي في مجال التخصص				
13	مراعاة محتوى الكتاب للاتجاهات المعاصرة				
14	دعم المتاب بالأشكال أو الجداول المساعدة				
15	احتواء الكتاب على التطبيقات والاسئلة المناسبة				
16	مراعاة الكتاب المدرسي لميول واتجاهات المتعلم				
17	تحقيق الكتاب لطرق تنمية التفكير الابتكاري				
18	احترام قدرات المتعلمين والعمل على صقلها				
19	شمول الكتاب لاتجاهات المعلم وقابلية تحققها				
20	مدى وضوح الكتاب ومناسبته كما يراه المعلم				

ولا يقتصر تحليل المحتوى على الكتاب فقط بل يشمل مجالات أخرى منها تحليل محتوى الاختبار وتحليل دفاتر الإعارة من المكتبات المدرسية لمعرفة مجال القراءة المرغوبة لدى التلاميذ وتحليل محتوى عدد من الصحف المحلية لفترة معينة لمعرفة مدى الاهتمام بقضية ما... الخ (العساف 1995)

ولتحليل محتوى الاختبار على سبيل المثال فهناك ما يسمى بجدول المواصفات لتحليل محتوى الاختبار، وهذا الجدول عبارة عن قائمة تربط بين الأهداف والمحتوى من ناحية، وعدد فقرات الاختبار التي تمثلها من ناحية أخرى. ويعد جدول المواصفات الركيزة الأساسية التي يستند إليها الباحث في الكشف عن مدى صلاحية الاختبار ويساعد في إعطاء حكما دقيقا على تحصيل التلاميذ، كما يعطي مؤشرا واضحا في قياس الأهداف المراد تحقيقها ويساعد في التعرف على نسبة تمثيل محتوى المنهج المراد قياسه من خلال الاختبار، والنموذج المبين أدناه يمثل جدول مواصفات الاختبار. (عبدالهادي 2002)

الرقم	الأهداف التعليمية	المحتوى				عدد الفقرات
		مفهوم مشكلة البحث	مفهوم الفرضية	اهمية العلم في المنهج		
1	ان يتعرف المتعلم على مفهوم المشكلة ومصادر الحصول عليها 20%	40% مصادر الحصول على مشكلة البحث [5]	40% الفروض وانواعها [4]	20% اهمية اتباع الخطوات تطورات العملية في البحث [2]		100% 11 سؤال
2	ان يكتب الطالب مهارة إختبار المشكلة 30%	إختبار مشكلة البحث وتحديدها [8]	الفروض وعلاقتها بالحقائق [7]	العلم واهدافه [7]		19 سؤالاً
2	ان يتمكن الطالب من تحديد مشكلة البحث أو الدراسة 30%	تحديد مشكلة البحث أو الدراسة [7]	بناء الفرضيات وصياغتها [6]	الطرق القديمة المتبعة في الحصول على المعرفة [2]		15 سؤالاً
4	ان يستخدم الطالب المعايير الصحيحة في تقويم مشكلة البحث 12%	تقويم مشكلة الدراسة أو البحث [2]	قبول الفرضيات أو رفضها [4]	الاتجاهات الحديثة في الحصول على المعرفة [2]		8 سؤال
5	ان يدرك الطالب اهمية الرجوع الى الدراسات السابقة 10%	اهمية الدراسات السابقة في التعرف على مشكلات البحث [2]	الفروض وعلاقتها بالفرضيات [3]	خصائص التفكير العلمي [2]		7 اسئلة
6	مجموع الفقرات	24	24			60 سؤال
		30 دقيقة	30 دقيقة	30 دقيقة		90 دقيقة

*الأرقام الموجودة في الزاوية تشكل عدد فقرات الاختبار

والجدول التالي يشير إلى أن هناك ترابط بين الأهداف التعليمية المراد تحقيقها من ناحية والفقرات التي تمثلها من ناحية أخرى.

الرقم	الاهداف التعليمية	مفهوم الفرضية	عدد الفقرات
1	ان يتعرف المفحوص على الفروض وأنواعها	الفروض 40% الفروض بانواعها	(4)
2	ان يحدد المفحوص علاقة الفروض بالحقائق العلمية	الفروض وعلاقتها بالحقائق العلمية	(7)
3	ان يتمكن المفحوص من بناء الفرضيات	بناء الفرضيات وصياغتها	(6)
4	ان يستخدم المفحوص المعايير في قبول الفرضيات أو رفضها	قبول الفرضيات او رفضها	(4)
5	ان يتعرف المفحوص على علاقة الفروض في الفرضيات	علاقة الفروض بالفرضيات	(3)
	المجموع	30 دقيقة	24

أما الجدول المبين أدناه، فيمثل علاقة الأهداف بالمحتوى.

الرقم	الأهداف التعليمية	المحتوى	عدد الفقرات
1	ان يتعرف المفحوص على العملية في البحث	اهمية اتباع الخطوات العملية في البحث	(2)
2	ان يتعرف المفحوص على أسس العلم	العلم واهدافه	(4)
3	ان يقارن الطالب بين الطرق القديمة والأخرى الحديثة	الطرق القديمة المتبعة في الحصول على المعرفة	(2)
4	ان يتعرف على الاتجاهات الحديثة في الحصول على المعرفة	الاتجاهات الحديثة في الحصول على المعرفة	(2)
5	ان يعدد خصائص التفكير العلمي	خصائص التفكير العلمي	(7) أسئلة
			12

نماذج من مقاييس الميول والاتجاهات

1. إختبار الاتجاهات:

عند استخدام مقاييس الاتجاهات تعطى للفرد عبارات بعضها مؤيد لموضوع معين وبعضها الآخر معارض له، ويتبع كل عبارة من هذه العبارات عدد من الاستجابات المحتملة ويطلب من الفرد الذي يفترض أن يجيب على هذه العبارات أن يختار احد الاستجابات التي تعبر عن درجة رفضه أو موافقته على مضمون العبارة ويكون عدد الاستجابات في الغالب خمسة استجابات هي: موافق جدا، موافق، غير متأكد، غير موافق، غير موافق إطلاقا. وتترجم درجات الموافقة إلى أرقام هي: (4، 3، 2، 1، صفر) فتعطى 4 درجات إلى موافق جدا، و3 درجات إلى موافق، ودرجتين إلى غير متأكد، ودرجة واحدة إلى غير موافق، وصفر إلى غير موافق إطلاقا أو ابداً. وفيما يلي نموذجا لمقياس على حالة افتراضية لأحد المعلمين. (خضر 2004)

غير موافق ابدا	غير موافق	غير متأكد	موافق	موافق جداً	الخصائص المهنية والعلمية
					1. يلم المعلم بالمادة التي يدرسها
					2. يراعي النظام داخل حجرة الصف
					3. يشرك التلاميذ في الصف
					4. يستخدم أساليب متنوعة في التقويم
					5. يراعي الفروق الفردية بين التلاميذ
غير موافق ابدا (1)	غير موافق (2)	غير متأكد (3)	موافق (4)	موافق جدا (5)	
					6. يهتم بالجوانب التطبيقية للمادة العلمية
					7. يهتم بربط المادة باحتياجات الطلبة وميولهم
					8. يعد دروسه اعدادا كافيا
					9. يهتم بتوجيه الطلبة نحو مصادر المعلومات
					10. يربط المعلومات السابقة بالحاضرة
غير موافق ابدا (1)	غير موافق (2)	غير متأكد (3)	موافق (4)	موافق جدا (5)	السمات الشخصية
					1. حسن الهندام
					2. يتقبل آراء الطلبة باهتمام واحترام
					3. يضبط نفسه ولا ينفعل
					4. يراعي العدالة بين الطلاب
					5. يتكلم بلغة فصيحة وسليمة
					6. يساعد التلاميذ خارج الصف
					7. يعطف على التلاميذ ويتجاوب معهم
					8. يستحسن الطرفة ويستعملها احيانا
					9. يتسع صدره للنقد الموضوعي
					10. يساير عادات وتقاليد المجتمع

ولمعرفة انطباع مجموعة من التلاميذ حيال العلم والعلماء يمكن استخدام النموذج التالي الذي يبين اتجاه التلاميذ حول الموضوع.

	موافق بقوة (5)	موافق (4)	محايد (3)	معارض (2)	معارض بقوة (1)
1. تطوير افكار جديدة هو اعظم مصدر لرضى العالم					
2. تجري البحوث العلمية كوسيلة لتحصيل الربح الاقتصادي					
3. العلم الحديث معقد جدا بالنسبة للمواطن العادي الذي يصعب عليه فهمه وتقديره					
4. يعتقد العالم ان الطبيعة منتظمة					
5. العلماء مستعدون لتغيير آرائهم ومعتقداتهم عندما يواجهون بأدلة جديدة					
6. تسبب العلم ومخترعاته في ايقاع الضرر اكثر مما حققه من النفع					

والجدول التالي يمثل نموذجا آخر لقياس الاتجاهات حول تلوث البيئة.

الاستجابات / العبارات	موافق بشدة	موافق	غير متأكد	معارض	معارض بشدة
أغضب من أضرار التلوث البيئي					
لا يقلقني تأثير التلوث البيئي					
افضل طريقة للتخلص من مياه المجاري تحويلها الى الأنهار والبحار					
افضل المشاركة مع جماعة حماية البيئة للمحافظة على البيئة من التلوث					
أحزن عندما ارى النفايات والمخلفات ترمى في الانهار					

نموذج قياس الميول

تطبق لقياس الميول نفس طريقة قياس الاتجاهات أي استخدام المقياس المتدرج خماسيا. وفيما يلي نموذجا لقياس الميول العلمية للطلبة. (يوسف والرافعي 2001)

	ممتاز	جيدجداً	جيد	مقبول	ضعيف
ما مدى رغبتك في التخصص في الفرع العلمي سواء في المدرسة ام في الجامعة					
ما مدى حبك لمطالعة المجلات والكتب العلمية					
ما مدى رغبتك في كتابة التقارير أو البحوث المتعلقة بالموضوعات العلمية					
ما مدى اهتمامك في الدفاع عن العلم والعلماء					
ما مدى اهتمامك بتصليح الادوات والاجهزة الكهربائية في البيت					
ما مدى ميلك للمشاركة في النوادي العلمية					
ما مدى حبك لاقتناء بعض الحيوانات (ثدييات، طيور، اسماك... الخ) في البيت					
ما مدى حبك للقراءة عن الاختراعات والاكتشافات العلمية الحديثة					
ما مدى مشاركتك في كتابة الصفحة العلمية في مجلة الحائط في المدرسة					
ما مدى ميلك للبقاء في مختبر المدرسة مدة اطول من المدة المقررة للمختبر					
ما مدى حبك لحل المسائل والتمارين الرياضية ذات العلاقة بالمواد العلمية					
ما مدى مساهمتك بالوقت في المشروعات العلمية					
ما مدى رغبتك في شراء الادوات والاجهزة ذات الطابع العلمي					
ما مدى حبك لمساعدة معلم العلوم في اجراء العروض والتجارب العلمية في المختبر					
ما مدى اهتمامك في عمل الرسومات					

					واللوحات والنماذج ذات الطابع العلمي
					ما مدى مشاركتك في حضور المحاضرات والندوات العلمية العامة
					ما مدى اهتمامك في مناقشة الموضوعات ذات الطابع العلمي
					ما مدى حبك لامتلاك العاب ذات طابع علمي
					ما مدى رغبتك بالمساهمة بالمال بالمؤسسات ذات الطابع العلمي
					ما مدى اهتمامك باعداد مشغل للعلوم في المدرسة
					ما مدى رغبتك بان تعمل جزئيا في مهنة ذات علاقة بالعلوم
					ما مدى اهتمامك بالقيام بهواية التصوير العلمي لاشياء ذات طابع علمي
					ما مدى رغبتك في حفظ العينات والنماذج الحيوانية أو النباتية في البيت
					ما مدى اهتمامك بزيارة مراكز البحوث العلمية
					ما مدى اهتمامك بتناول وجبات متزنة غذائيا
					ما مدى رغبتك في زيارة المعارض العلمية
					ما مدى مشاركتك في صنع ادوات أو اجهزة علمية بسيطة في المدرسة
					ما مدى رغبتك في المشاركة في حملة النظافة والمحافظة على مصادر البيئة من التلوث
					ما مدى اهتمامك بالقصص العلمية التي يثيرها معلم العلوم أو تلك التي تكتب بالصحف والمجلات
					ما مدى رغبتك في الحصول على مهنة أو عمل ذي علاقة بالعلوم
					ما مدى رغبتك في دراسة مادة علمية اختيارية اضافية

بعض النماذج لتطبيق البرمجيات التعليمية:

بطاقة تقويم البرمجيات التعليمية للحاسب الآلي

تخصص لهذه البطاقة المكونة من 28 فقرة درجة إجمالية قدرها 140، ويتم من خلال فقرات هذه البطاقة فحص وتحليل برمجيات الحاسب الآلي التعليمية التي وضعها المعلمون، ويخصص لكل فقرة من تلك الفقرات درجة أدناها صفر واعلاها 5 درجات وتحسب الدرجة الكلية من الدرجة النهائية للبطاقة. والنموذج التالي يوضح كيفية بناء واستخدام تلك البطاقة. (بدر 1995)

	الدرجة					
	5	4	3	2	1	صفر
أ ـ المحتوى:						
1. يحقق البرنامج الأهداف التي وضع من اجلها						
2. طريقة العرض مناسبة						
3. المحتوى العلمي دقيق						
4. بناء المفاهيم واضح						
5. البناء اللغوي سليم						
6. يقدم البرنامج أسلوباً جديدا يميزه عن الورقة والقلم						
7. الحوار التفاعلي بين الكمبيوتر والمتعلم جيد						
ب ـ سهولة الاستخدام:						
1. التوثيق الداخلي (بالترميز) كاف لفهمه وتعديله						
2. طريقة إدخال البيانات سهلة وبسيطة						
3. يقلل البرنامج من أخطاء المتعلم						
4. البرنامج سهل التشغيل						
5. يتيح البرنامج للمتعلم تصحيح أخطائه بسهولة						
6. يتيح البرنامج للمتعلم فرصة الخروج التلقائي						

7. تعليمات البرنامج واضحة						
8. يمكن إعادة قراءة التعليمات اختياريا						
9. يحتاج البرنامج لتدريب قصير لإتقانه						
10. يمكن التحكم في الصوت الموسيقي أن وجد						
ج ـ الأساليب:						
1. تنسيق الشاشة مناسب						
2. تحسن الرسوم من التعلم بالبرنامج						
3. تنساب الشاشة بشكل مناسب						
4. يمكن للمتعلم التحكم في سرعة العرض						
5. يتفرع البرنامج للأجزاء السهلة أو الصعبة						
د ـ نموذج التعلم						
1. يتبع البرنامج إحدى النظريات التربوية						
2. يراعي البرنامج التنوع عند تكرار عرضه						
هـ ـ التغذية المرتدة والتعزيز:						
1. يقدم البرنامج تغذية مرتدة مناسبة						
2. يقدم البرنامج إرشاد ومساعدة للمتعلم						
و ـ التسجيل:						
1. يقوم البرنامج بتسجيل استجابات المتعلم بشكل دائم.						
2. يقيم البرنامج استجابات المتعلم بالدرجات						

نموذج تقويم برنامج تعليمي:

يشـتمل هـذا النمـوذج عـلى معـايير خاصـة بشـكل ومحتـوى برمجيـات الحاسـب الآلي التعليمية وهو كالتالي: (الحازمي، 1995)

عنوان البرنامج: ( )

البرنامج مسجل على

ـ	شريط كاسيت	( )
ـ	قرص	( )
ـ	كارتدج	( )
ـ	سي دي روم	( )

2- نوع الجهاز: الذاكرة   ( )

الزمن التنفيذي للبرنامج:

3 ـ المادة:

المتطلبات: الموضوع:

4ـ المستوى الدراسي:

المرحلة الابتدائية	المرحلة المتوسطة	المرحلة الثانوية
(1) (2) (3) (4) (5) (6)	(1) (2) (3)	(1) (2) (3)

5ـ الغرض من استخدام البرنامج:

محاكاة	( )
العاب تعليمية	( )
مهارات وممارسات	( )
تدريب	( )
حل مسائل	( )
اختبار	( )
إدارة	( )
أثراء	( )
معالجة	( )

6ـ البرنامج من الناحية التعليمية مفيد:

لشخص واحد ( )

لمجموعة صغيرة ( )

لمجموعة كبيرة ( )

ملاحظات:

....

....

....

7ـ المحتوى:	مناسب جدا	مناسب	غير مناسب
التركيز على الموضوع	( )	( )	( )
محتوى البرنامج	( )	( )	( )
مستوى الصعوبة	( )	( )	( )
مناسبته لسن الطالب	( )	( )	( )
الألفاظ	( )	( )	( )
التقديم بطريقة مرتبة ومنطقية	( )	( )	( )
8ـ طريقة التدريس:	( )	( )	( )
مراعاة النظريات التربوية	( )	( )	( )
متابعة الطلاب	( )	( )	( )
مراعاة الفروق الفردية	( )	( )	( )
استخدام الالعاب التعليمية	( )	( )	( )
استخدام الحركة	( )	( )	( )
استخدام الالوان	( )	( )	( )
استخدام الصوت	( )	( )	( )

351

التغذية الراجعة Feed Back ( ) ( ) ( )

9- طريقة العرض: ( ) ( ) ( )

التعليمات واضحة ( ) ( ) ( )

تقويم المادة العلمية ( ) ( ) ( )

حرية الحصول على المعلومات ( ) ( ) ( )

سهولة الاستعمال ( ) ( ) ( )

ملاحظات:

....

....

10- المعلم والطالب:	نعم	لا
البرنامج يعزز التعاون بين الطلبة	( )	( )
المدرس يستطيع الحصول على درجات تحصيل الطالب	( )	( )
باستطاعة المدرس متابعة كل طالب بصورة منفردة	( )	( )
باستطاعة المدرس ان يعدل البرنامج	( )	( )
11- الأهداف ووضوح البرنامج:	( )	( )
البرنامج واضح وشامل	( )	( )
توجد أخطاء علمية	( )	( )
توجد عقبات أو مشاكل في البرنامج	( )	( )
البرنامج مناسب للأغراض التدريسية	( )	( )
الأهداف واضحة أثناء استخدام البرنامج	( )	( )

لخص أهداف البرنامج المستخدم باختصار

مراجع الفصل العاشر

1. الحازمي، مطلق طلق (1995) دراسة حول تقويم البرمجيات الرياضية المستخدمة على الحاسب الآلي (رسالة الخليج العربي) العدد 55 السنة 16.

2. العساف، صالح بن حمد (1995) المدخل الى البحث في العلوم السلوكية، الرياض: العبيكان.

3. خضر، فخري رشيد (2004) التقويم التربوي، دبي: دار القلم.

4. دروزة، أفنان نظير (2005) الأسئلة التعليمية والتقييم المدرسي، عمان: دار الشروق.

5. سيد، علي أحمد وسالم، أحمد محمد (2005) التقويم التربوي في المنظومة المدرسية، الرياض: مكتبة الرشد.

6. عبدالهادي، نبيل (2002) مدخل الى القياس والتقويم التربوي، عمان: دار وائل.

7. بدر، محمود إبراهيم (1995) الكمبيوتر والتربية، جمهورية مصر العربية، بنها: مكتبة شباب 2000

8. يوسف، ماهر إسماعيل والرافعي، محب محمود (2001) التقويم التربوي، أسسه وإجراءاته، الرياض: مكتبة الرشد.

Printed in the United States
By Bookmasters